互联网＋珠宝系列教材
高等教育珠宝专业精品教材

珠宝首饰营销实务
（第二版）
ZHUBAO SHOUSHI YINGXIAO SHIWU

范陆薇　林　斌　主编

图书在版编目(CIP)数据

珠宝首饰营销实务/范陆薇,林斌主编. —2版. —武汉:中国地质大学出版社,2023.7
(2024.11重印)

ISBN 978-7-5625-5611-4

Ⅰ.①珠… Ⅱ.①范…②林… Ⅲ.①宝石-销售学-高等职业教育-教材 ②首饰-销售学-高等职业教育-教材 Ⅳ.①F768.7

中国国家版本馆 CIP 数据核字(2023)第 119343 号

珠宝首饰营销实务(第二版) 范陆薇 林 斌 主编

责任编辑:彭 琳 武慧君	选题策划:张 琰	责任校对:徐蕾蕾

出版发行:中国地质大学出版社(武汉市洪山区鲁磨路388号) 邮编:430074
电　　话:(027)67883511　　传　　真:(027)67883580　　E-mail:cbb@cug.edu.cn
经　　销:全国新华书店　　　　　　　　　　　　　　　　　http://cugp.cug.edu.cn

开本:787毫米×1092毫米 1/16	字数:275千字	印张:11
版次:2014年3月第1版 2023年7月第2版	印次:2024年11月第2次印刷	
印刷:湖北睿智印务有限公司		

ISBN 978-7-5625-5611-4　　　　　　　　　　　　　　　　　　　　　　　定价:48.00元

如有印装质量问题请与印刷厂联系调换

互联网＋珠宝系列教材
参编单位

（按音序排列）

安徽工业经济职业技术学院
北京城市学院
北京经济管理职业学院
佛山市顺德区郑敬诒职业技术学校
广州番禺职业技术学院
海南职业技术学院
昆明冶金高等专科学校
兰州资源环境职业技术大学
辽宁地质工程职业学院
宁夏工商职业技术学院
青岛经济职业学校
青岛幼儿师范高等专科学校
陕西国际商贸学院
上海工商职业技术学院
上海建桥学院
上海市机械工业学校
上海信息技术学校
上海远东现代职业培训中心
深圳市博伦职业技术学校
四川文化产业职业学院
武汉工程科技学院
武汉市财贸学校
梧州学院
新疆职业大学
云南国土资源职业学院

前 言

《珠宝首饰营销实务》自 2014 年问世以来,承蒙广大读者和业界人士的厚爱,在短短的几年内已经多次重印。现应出版社之邀进行修订、再版,不胜感激。笔者对 2014 年出版的教材的原有章节进行了适当的修改、增删和调整,着重对全书的文字进行了重新修订,并配有课件,使得内容更趋实用,更加符合现代珠宝首饰营销发展的要求和满足珠宝首饰营销实务教学需求。

本书从市场的概念和首饰的起源入手,以基本理论知识为主线,逐步展开,系统地介绍珠宝首饰基础知识、贵金属知识、珠宝首饰选购要点、珠宝首饰佩戴常识、珠宝营销知识和珠宝首饰营业员业务规范等内容,力求兼顾基础知识和应用实践。本书适合用作珠宝爱好者的科普读物、首饰行业从业人员培训教材、珠宝首饰专业教材等。由于编写时间仓促,水平有限,书中难免出现疏漏,恳请读者批评指正。

编者

2022 年 12 月

目 录

第一章 绪 论 …………………………………………………………………（1）
第一节 市场的概念 ……………………………………………………………（1）
第二节 市场营销的概念 ………………………………………………………（6）
第三节 珠宝首饰市场营销的研究对象和研究内容 …………………………（8）
第四节 中国珠宝玉石首饰行业现状 …………………………………………（9）

第二章 珠宝首饰基础知识篇 …………………………………………………（13）
第一节 首饰的起源与佩戴意义 ………………………………………………（13）
第二节 首饰的种类 ……………………………………………………………（16）

第三章 贵金属知识篇 …………………………………………………………（26）
第一节 黄 金 …………………………………………………………………（26）
第二节 铂 金 …………………………………………………………………（30）
第三节 钯 金 …………………………………………………………………（33）
第四节 银 ……………………………………………………………………（34）

第四章 珠宝首饰选购知识篇 …………………………………………………（38）
第一节 珠宝首饰选购指南 ……………………………………………………（38）
第二节 如何选购珠宝首饰 ……………………………………………………（42）
第三节 珠宝首饰选购实例 ……………………………………………………（46）
第四节 常见珠宝玉石品种选购要点 …………………………………………（52）

第五章 珠宝首饰佩戴知识篇 …………………………………………………（59）
第一节 珠宝首饰与佩戴礼仪 …………………………………………………（59）
第二节 首饰的色彩与肤色、服装的搭配 ……………………………………（61）
第三节 珠宝首饰的装饰规则 …………………………………………………（62）
第四节 珠宝首饰的细节搭配 …………………………………………………（63）
第五节 首饰佩戴的方法 ………………………………………………………（65）

第六章　珠宝首饰的佩戴与维护保养……………………………………（67）
第一节　珠宝饰品时尚佩戴巧搭配…………………………………（67）
第二节　佩戴金属首饰的忌讳………………………………………（67）
第三节　珠宝首饰维护保养九问……………………………………（68）

第七章　珠宝首饰营销实用知识篇……………………………………（74）
第一节　选址开店……………………………………………………（74）
第二节　珠宝首饰市场调查…………………………………………（76）
第三节　人员招聘……………………………………………………（78）
第四节　珠宝品牌经营………………………………………………（79）

第八章　珠宝首饰营业员职业素质、道德与规范……………………（87）
第一节　职业素质……………………………………………………（87）
第二节　职业道德……………………………………………………（88）
第三节　新形势下社会主义商业职业道德的特点…………………（93）
第四节　珠宝首饰营业员职业道德规范……………………………（94）

第九章　珠宝首饰营业员基本业务知识………………………………（99）
第一节　柜台服务知识………………………………………………（99）
第二节　珠宝首饰营业员售货技能…………………………………（129）
第三节　珠宝首饰陈列心理学………………………………………（132）
第四节　珠宝首饰营业员心理分析…………………………………（140）
第五节　接待顾客的技巧……………………………………………（145）

第十章　珠宝首饰网络营销篇…………………………………………（150）
第一节　珠宝网络营销概述…………………………………………（150）
第二节　珠宝的网络营销策略………………………………………（153）
第三节　珠宝网络营销成功案例……………………………………（157）

第十一章　珠宝企业销售人员培训知识………………………………（160）
第一节　专营店规范与制度…………………………………………（160）
第二节　销售技能……………………………………………………（163）

主要参考文献……………………………………………………………（168）

第一章 绪 论

第一节 市场的概念

一、市场的含义

1. 市场的定义

市场原指进行商品交换的场所。在市场营销理论中,市场指的是特定时空下消费者对商品或服务意愿的需求关系的总和。市场有3个必不可少的要素,即时空、商品和从事商品买卖活动的人。其中,起主导作用的是从事商品买卖活动的人,他们均希望通过商品或服务,最大限度地满足自身利益需求。基于买卖双方的利益需求,市场存在三向竞争:卖方角度,销售者之间为争取有利的市场而形成的竞争;买方角度,消费者之间为获取商品或服务而展开的竞争;买卖双方,销售者和消费者为各自取得最惠利益而产生的竞争。

市场竞争的直接结果有两种:一种是供过于求,卖方之间竞争加剧,买方之间竞争缓和,出现了对消费者有利的"买方市场";另一种是供不应求,买方之间竞争加剧,卖方之间竞争缓和,出现了对销售者有利的"卖方市场"。两类市场互为动态因果关系,可互相循环转化。其中买卖双方是市场调节的主体,三向竞争是市场调节的动力。两类市场交替出现,是市场调节经常呈现的格局。

2. 市场的类型

1)不同划分形成的市场
(1)根据市场所在区域性质划分。
①国际市场、国内市场。
②城市市场、农村市场。
(2)根据市场客体划分。
①商品经济发展的第一阶段:生产资料市场和生活资料市场。
②商品经济发展的第二阶段:劳动力市场、房地产市场、货币市场、资本市场。
③商品经济发展的第三阶段:技术市场和信息市场。

(3) 根据购买目的划分。
① 生产商市场。
② 消费者市场。
③ 中间商市场。
(4) 根据竞争程度划分。
① 完全竞争市场：在一个行业中有非常多的独立生产者，他们以相同的方式向市场提供同类的标准化产品。
② 完全垄断市场：在一个行业中只有一家企业，或一种产品只有一个销售者或生产者，没有或基本没有替代者。
③ 寡头垄断市场：在一种产品有大量消费者的情况下，由少数几家大企业控制了绝大部分产品的生产量和销售量，剩下的一小部分则由众多小企业生产和销售。
④ 不完全垄断市场：在一个行业中有许多企业生产和销售同一种产品，每一个企业的生产量或销售量只占总需求量的一小部分。
(5) 根据供求关系划分。
① 买方市场：供大于求、商品价格有下降趋势的市场。这时，买方在交易中处于有利地位，有挑选商品的主动权。
② 卖方市场：供不应求、商品价格有上涨趋势的市场。这时，买方很少有挑选商品的余地，而卖方则在交易中处于有利地位。
(6) 根据商品流通环节划分
① 批发市场：存在将商品卖给最终消费者以外的任何购买者的交易活动的市场。
② 零售市场：存在将商品直接卖给最终消费者的交易活动的市场。
(7) 根据市场交换方式划分。
① 易货交易市场：以货易货的市场。
② 现货交易市场：立即进行交割的市场。
③ 期货交易市场：在未来指定时间进行交割的市场。
(8) 根据市场出现的先后划分。
① 现实市场：存在对企业经营的商品有需要，有支付能力，又有购买动机的现实顾客的市场。
② 潜在市场：有可能转化为现实市场的市场。
③ 未来市场：暂时尚未形成或只处于萌芽状态，但在一定条件下必将形成并发展成为现实市场的市场。

2) 市场的需求

同理，我们可将市场的需求分为现实需求和潜在需求。现实需求指已经存在的市场需求，表现为消费者既有欲望，又有一定的购买力。潜在需求指消费者虽然有明确的欲望，但由于种种原因还没有明确的显性需求。一旦条件成熟，潜在需求就可转化为显性需求，为企业提供无限商机。在消费者的购买行为中，大部分现实需求是由消费者的潜在需求引起的。因此，企业要想在激烈的市场竞争中取胜，不但要着眼于现实需求，更应捕捉市场的潜在需求，进而采取行之有效的开发措施。

a. 潜在需求的类型

潜在需求根据其所受的客观条件的限制可分为 4 个类型。

(1)购买力不足的潜在需求。这是指市场上某种商品或服务已实际存在,消费者有购买欲望但因受到限制而暂时不能实现购买行为,使得购买行为处于潜在状态。这种类型的需求所对应的商品多是高档耐用的消费品,如住宅、汽车等。

(2)适销商品短缺的潜在需求。这是指市场上现有商品或服务并不符合消费者的需求,消费者处于待购状态,一旦有了适销商品或服务,购买行为随之发生。

(3)对商品或服务不熟悉的潜在需求。这是指消费者对某一商品或服务不了解,甚至根本不知道,导致消费需求处于潜在状态。

(4)市场竞争倾向的潜在需求。这是指由于生产厂家很多,同类商品很多或服务市场竞争激烈,因而消费者选择范围广,在未选定之前,这种需求处于潜在状态。

b. 潜在需求的特点

由此,我们可以归纳出潜在需求具有以下几个特点。

(1)主观性。潜在需求的本质是一种心理活动,指消费者受某种生理或心理因素影响而产生的与周围环境不平衡的状态,存在于潜意识之中。

(2)并存性。由于是心理活动,因而潜在需求不具有显性需求的严格指向性。它既可能是生理层次的潜在需求,也可能是自我实现层次的潜在需求,更多的还是两者或多者并存。在一定时期,某种潜在需求占据主要地位。

(3)转化性。潜在需求的实现过程为:潜在需求引发购买动机──→实现购买行为──→满足需求──→产生新的潜在需求。这种转化是在潜在需求和现实需求间发生的。

影响潜在需求向现实需求转化的因素主要有:市场因素,包括人口数量的增加、收入的增加、购买力的提高、购买习惯的改变、购买欲望的增强、竞争的变化等;企业自身的因素,包括产品的质量、价格、包装、服务等;经营商店的规模、购买气氛、营业员的素质和能力等。

3. 市场的功能

市场作为社会分工和商品生产的产物,作为实现商品或服务价值的场所,是商品生产顺利进行的必需条件,是商品生产发展的推动力量。市场在商品经济中具有以下主要功能。

(1)经济结合功能,即可以实现不同的商品生产者之间的经济联系和经济结合。生产的社会分工必须以分工后生产者能紧密结合为条件。分工使生产者互相分开,市场则使生产者互相结合。不同的商品生产者(个人或企业)通过市场实现自己商品的价值,取得他人商品的使用价值,从而互相结合在一起。正是由于这种结合,商品经济条件下的社会经济才得以正常运转。因此,生产的社会分工愈是向前发展,市场在经济生活中的地位就愈重要;商品经济愈是向前发展,市场在社会经济生活中的枢纽作用就愈明显。

(2)指导商品生产面向消费需求的功能。生产是为了满足消费需求,因而就生产的物质内容和数量界限来说,生产由消费需求决定。在商品经济中,首先反映为市场需求结构制约着生产结构。一切产品只有满足市场上的消费需求,才能作为商品销售出去而实现自身的价值。否则,生产中所耗费的劳动就会因为产品卖不出去而成为无效劳动,造成人力、物力、财力的浪费,再生产过程就会难以为继。因此,市场总是迫使产品生产者在生产活动开始之前就必须考虑自己将要生产的产品是否适销对路。市场因指导着商品生产面向消费需求,而成为商品经济条件下国民经济的一面镜子,成为商品生产能否满足社会消费需求的检测器和指示器,成为商品供求关系的调节器。

(3)劳动比较功能,即比较同种商品的生产经营者各自消耗在商品中的劳动量。由于每种商品的生产经营者在生产技术、劳动熟练程度、生产资料的规模和效能、经营管理能力等方面的不同,生产、经营同一种商品所耗费的劳动时间就会不同,因而商品的个别价值也就不同。但是,同一种商品一旦进入市场就只能有一种价值,即不同的个别价值会在市场上通过市场竞争转化为一种社会价值——市场价值。商品就是根据这种社会价值进行交换的。如果商品的个别价值能够低于市场价值,商品的生产经营者就可以获得额外收益,并能提高其产品的市场占有率;反之,就会有一部分商品价值不能实现,生产经营者的收益水平就会因此而低于社会水平,甚至产生亏损。由此可见,只有通过市场,才能比较个别生产经营者的劳动耗费。市场通过这种劳动比较的作用,督促商品生产经营者必须采用新技术、新材料、新工艺、新方法,并大力加强经营管理以提高劳动生产率,降低生产成本,取得少投入、多产出的良好经济效果。市场也就成了发展社会生产力、提高社会经济效益的推进力量。

二、消费者市场

消费者市场指个人或家庭为满足生活需求而形成的需求关系系统。作为驱动整个经济活动为之服务的终端市场,消费者市场无疑是现代营销理论研究的重要对象。随着时代的进步和革新,消费需求、消费行为、消费环境等也呈现出复杂、多元、变化迅速的特点。

1. 消费者特征市场的特点

(1)无限性。消费者市场需求变化较快。随着社会生产的发展,科学技术的不断进步及普及,经济收入和生活水平的不断提高,人们的消费观念、消费心理、消费习惯也在不断改变。市场需求在消费习惯改变的驱使下,也发生了相应的变化。市场需求的变化将经历两个过程:量变过程,即对商品的需求变化过程,从改变包装、外观造型,增加某些新的功能和改变规格、款式、风格开始;量变积累到一定程度,就会引起消费水平的根本变革,即质变过程,产生对新产品的强烈欲求。市场需求的量变和质变,均具有无限发展的性质,而且这种无限发展的趋势同时还具有由低级向高级不断发展的特点,因此这种市场需求变化规律被经济学家们概括为"需求上升规律",即市场需求会不断由物质需求向精神需求转化,由简单需求向复杂需求转化。

(2)多样性。在崇尚个性彰显的现代社会中突出个体的差异是人们的普遍心理需求。消费者群体因年龄、性别、民族、地域、文化、职业、信仰、价值观的不同,也会要求利用多种特色产品来满足不同需求。这就使市场需求呈现多样化特点,使消费需求呈现较大的差异性。

(3)个性化。多样化的消费需求,必然演化出个性化的市场需求特点。消费者在购买和使用消费品时想要突出个性化,必须满足以下两点要求:①商品的使用功能要能够体现消费者个性发展方面的要求(包括兴趣、爱好、习惯、自我成就感等);②商品的外观、风格、特色能够体现消费者个性心理特性(包括气质、风度、个性、社会地位、身份等)。时代性与流行性是消费者市场需求变化的又一显著特点。时代不同,人们的观念不同,价值观、审美观亦有所不同,消费水平与档次也会相应地发生重大变化。跟上时代的变化,是人们的普遍要求,这一点也会充分地体现在人们对商品的需求上。时代性变化往往会导致消费需求的革命性变化。消费需求的时代性变化,经历的时间往往比较长。但随着交通的便利、科学技术的进步和信息时代的到来,这种消费需求的时代性变化周期进一步缩短。时代性带来了产品的流行和迅速转换。

所谓消费流行,就是某一种消费方式或消费品,被社会上某些消费者接受以后,很快就得以传播,以至形成一种需求浪潮,并被多数消费者接受。随着经济的发展、人民收入水平的提高、科学技术的进步和新产品的不断出现,新的消费潮流将会不断涌现。这一点在服装领域反映得最为显著,因此就产生了变幻莫测的时装款式。时代性也带来了流行色、流行款式、流行风格、流行消费等方面的变革。

(4)可诱导性和伸缩性。消费者市场需求是一个变量,是一个有较大弹性的因素。消费需求源于消费者的生理和心理欲望,但是又受社会环境等诸多因素的影响和制约。在具备货币支付能力的条件下,如何满足消费者自身的多方面需求,消费者的货币投向如何安排,既取决于消费者的消费与支付计划,又受社会环境因素的影响和制约。消费品的购买行为一般都是非专家性的,这是因为消费者对许多消费品,特别是对耐用消费品缺乏专门知识。因此,消费者在购买时受广告宣传和其他各种促销手段的影响比较大。

(5)层次性。消费者市场是有层次的,不同收入的消费者对消费品有不同的需求。因此,珠宝首饰消费市场需要高、中、低不同档次的消费品。

(6)习惯性。所谓消费习惯,就是消费者在长期生活中所形成的一种习惯。它包括信仰习惯、节日习惯、饮食习惯、服饰习惯和首饰习惯等。

2. 消费品的分类

消费品种类繁多,可以满足不同的年龄层次、收入水平、教育程度,不同地区、不同民族的消费者的需求。根据商品的性质、价值、用途以及耐用程度,人们通常将消费品分为日用品、选购品和特殊品(高档消费品)三大类。这三大类商品的消费周期,消费者为购买所作的努力、购买时的计划性、对商品的关心程度,价格,资金周转率,利润,购物环境等属性均各具特点。

从表1-1我们可以看出,选购品和特殊品需求量与收入水平密切相关,按典型的生命周期规律成长。促销环节和售前、售中、售后服务质量在销售此类产品过程中尤为重要。

表 1-1 消费品的分类与特点

分类	日用品	选购品	特殊品
商品实例	牙膏、肥皂、日用杂货等	电视机、电冰箱、家具等	珠宝首饰、照相机、高级时装等
消费周期	消费周期短，产品稳定	按生命周期逐步普及	成长速度慢
为购买所作的努力	最少	要考虑	认真考虑
购买时的计划性	习惯性购买	计划购买	认真计划
对商品的关心程度	不关心	关心质量和品牌	关心更新换代的趋势
价格	普通价（差价小）	高价（商品差价）	很高价（特殊差异）
资金周转率	高	中	低
利润	小	大	特大
购物环境	有地方特色、便利	有好的服务质量	店面装饰讲究、有好的服务态度
选购地点	百货公司、超级市场、小商店、便利店	百货公司、专营商店	百货公司、专卖店

第二节 市场营销的概念

营销理论是在西方企业经营实践和管理思想演变的过程中逐步发展成熟的，它上升为专门的学科——市场营销学仅有数十年，但已经成为对企业经营及其他组织发展都具有普遍指导意义的重要理论。"现代营销学之父"菲利普·科特勒提出，市场营销是个人或集体通过创造、提供、出售等方式，同别人交换产品和价值，以获得所需所欲之物的一种社会和管理过程。工业革命和现代科技的迅猛发展营造出了庞大的产品卖方市场，造就了一批市场营销专家，从而形成了市场经济条件下的市场营销学。现今，互联网及由它引发的信息革命还在不断给市场营销学注入新的思想和提供新的方法。营销观念的变革大致经历了以下 5 个阶段。

一、生产观念阶段

生产观念是一种最古老的经营观念，认为消费者喜爱那些可以随处得到且价格低廉的产品。在此观念的指导下，企业的中心任务是组织所有资源，集中一切力量增加产量，降低成本，提高效率。企业没有考虑或者很少考虑是否存在不同的具体需求。很明显这种经营观念是在卖方市场条件下形成的，它的存在以产品供不应求、不愁销路为前提，以大批量、少品种、低成本为生产的追求目标。"能生产什么，就卖什么，能生产多少，就卖多少"的经营方针，是这一观念最典型的表现。

生产观念的假设前提是：消费者可以接受任何买得起和买得到的商品，因而企业的主要任务就是努力提高生产效率，降低生产成本。随着社会生产力的发展和市场供求条件的变化，生产观念必将被其他观念所替代。

二、产品观念阶段

产品观念指消费者最喜欢高质量、多功能和有特色的产品。因此,只要提高产品的质量,做到物美价廉,就一定会产生良好的市场反应,无须开展推销活动。这种观念本质上还是生产什么销售什么,但它比生产观念多了一层竞争的色彩,并且考虑了消费者对产品质量、性能、特色和价格方面的期望。在产品供给稍有宽裕的情况下,这种观念往往成为一些企业经营的指导思想。

产品观念与生产观念的不同之处在于,前者注重产品的品质与性能,后者注重产品的产量与成本。两种观念的相似之处在于,两者都不关心市场需求的变化,也不注重推销,局限于片面地扩大生产规模。在产品观念的指导下,企业以生产为中心,忽视了市场的变化。一旦消费者需求发生改变,企业在提高产品的质和量方面所作的努力,也将付之东流。随着社会生产力的发展,卖方市场向买方市场过渡,产品观念被推销观念所替代成为必然趋势。

三、推销观念阶段

推销观念认为消费者通常表现出一种购买惰性,需要指导他们购买。也就是说,只有企业努力推销产品,消费者才会购买或更多地购买此种产品。在此观念的指导下,企业十分注重运用推销技术和投放广告,向现实买主和潜在买主推销和宣传产品,以期压倒竞争对手,提高市场占有率,取得丰厚的利润。这种强调推销的经营观念从既有产品出发,因而本质上依然是生产什么销售什么。在产品供给稍微宽裕、卖方市场向买方市场转化的过程中,许多企业往往奉行推销观念。

生产观念、产品观念向推销观念的转化是市场指导思想的进步。但是,推销观念的经营方针仍然没有摆脱"以产定销"的束缚。因为推销观念只着眼于如何把产品销售出去,而对消费者对购得的产品是否满意、如何满足消费者的需求等问题,并没有给予足够的重视。因此,推销观念只在20世纪30—50年代的西方国家中盛行,它与当时的市场态势,即由卖方市场向买方市场转化相适应。

四、营销观念阶段

营销观念认为,实现组织目标的关键在于正确把握目标市场的需求和欲望,比竞争对手更有效、更有利地传送目标市场所期望的商品。在这种观念的指导下,企业十分重视市场调研,在消费需求的动态变化中不断发现那些尚未得到满足的市场需求(包括潜在的需求),并集中企业一切资源和力量,千方百计地去适应这种变化和满足这种需求,以期不断扩大市场销售规模,长久地获取丰厚的利润。

营销观念是在买方市场中形成的。这一阶段,企业认为了解并满足消费者的需求比单纯地生产产品更为重要。在现代营销学中,奉行这种观念的企业,将借助崭新的经营管理方法不断地拓宽市场,取得良好的经济效益。

五、社会营销观念阶段

社会营销观念认为组织的任务是确定目标市场的需求和利益,并以保护或者提高消费者的社会福利的方式,比竞争者更有效、更有利地向目标市场提供它所期待的商品。这种经营思想是对社会营销观念的重要补充和完善。社会营销观念强调,企业提供的产品,不仅要满足消费者的需求与欲望,而且要符合消费者和社会长远利益。企业要关心与提高社会福利,要将企业利润、消费需求、社会福利3个方面统一起来。

第三节 珠宝首饰市场营销的研究对象和研究内容

一、珠宝首饰产业

珠宝首饰产业是以珠宝首饰市场为对象,为珠宝首饰消费者提供珠宝首饰产品和服务的综合性产业。广义上说,它包括探矿(寻找天然宝石、玉石资源和贵金属资源)、采矿(开采宝石、玉石资源和贵金属资源)、科学研究(包括珠宝玉石的鉴定、优化处理等)、人工宝石制造(包括合成宝石、人造宝石、再造宝石和拼合宝石等)、珠宝首饰加工(包括切磨宝石、珠宝首饰款式设计和珠宝首饰制作)、珠宝首饰营销(包括宝石和玉石的原石贸易、宝石半成品贸易和珠宝首饰成品贸易)等诸多方面。

二、珠宝首饰市场营销的研究对象

珠宝首饰市场营销的研究对象主要是珠宝首饰企业在市场中的营销活动及其内在规律性。即珠宝首饰市场营销是研究珠宝生产企业和销售企业如何满足和刺激珠宝首饰市场需求,通过企业的整体营销活动向消费者提供优质的珠宝首饰产品,从而提高企业的整体市场占有率和经济效益。

从市场营销的角度来看,珠宝首饰市场营销的研究对象,不仅包括珠宝首饰产品通过市场这一中介转移到消费者手中的全过程,还包括珠宝首饰产品的来源、种类、选购要点,以及售后服务(如珠宝首饰产品的保养、维修等)。珠宝首饰市场营销过程的目标在于满足市场、消费者的需求,从根本上保证珠宝首饰企业获取相应的经济效益。珠宝首饰企业应树立现代市场营销观念,在实践中不断丰富和发展珠宝首饰市场营销的理论内涵。

三、珠宝首饰市场营销的研究内容

根据珠宝首饰市场营销的研究对象,珠宝首饰市场营销的研究内容可分为以下3个部分。

1. 珠宝首饰市场营销的基本理论研究

珠宝首饰市场营销的基本理论研究内容主要包括珠宝首饰企业市场管理观念的树立、影响珠宝首饰市场环境的因素、珠宝首饰市场调查的步骤与方法、珠宝首饰消费者的心理需求等。

2. 珠宝首饰市场经营战略与营销策略研究

珠宝首饰市场经营战略与营销策略研究内容主要包括珠宝首饰市场的经营战略，行业市场细分的主要依据，行业市场定位和企业形象，以及为珠宝首饰商品进入市场和发展市场而实施的产品策略、价格策略、销售策略和促销策略等内容。

3. 珠宝首饰市场营销的主要产业研究

珠宝首饰市场营销的主要产业研究内容包括珠宝首饰零售业、珠宝首饰拍卖业的基本特点以及未来发展趋势。

上述3个部分研究内容是相互关联的整体，实质上是市场营销学中珠宝玉石首饰行业研究的分支。它运用现代市场营销学的基本理论和研究方法，结合珠宝玉石首饰行业中具体的消费行为和销售过程，客观分析这类市场的环境变化，制订最佳的营销方案，采取最佳的营销策略，在珠宝首饰市场中实现企业的经营目标。

四、研究珠宝首饰市场营销的方法与意义

珠宝首饰市场营销，是市场管理理论在珠宝首饰市场中的应用，是专业化的市场营销学。珠宝首饰具备不同于其他商品的特性，研究时不能照搬市场营销学的一般理论。珠宝首饰市场营销学建立在市场营销学理论的基础上，结合珠宝玉石首饰行业特点进行珠宝首饰市场营销研究，将更好地指导珠宝首饰市场的营销活动。

珠宝首饰市场营销学涉及经济学、消费心理学、行为科学、管理学、市场营销学、宝石学、美学等多学科领域，研究内容广泛，属交叉学科范畴。故珠宝首饰市场营销学的理论研究，须兼容并蓄多学科的研究成果，综合运用多种研究手段，方能科学、准确地归纳珠宝首饰市场的变化规律，分析影响珠宝首饰市场营销的内在因素。研究珠宝首饰市场问题，要做到理论联系实际，要结合企业的实际，灵活运用相关理论、策略和方法。

随着我国经济的发展，珠宝首饰产业有望成为支撑国民经济稳步发展的又一支柱产业。这对拉动内需，推动国民经济的增长，推进珠宝首饰产业经济的发展，更好地满足人民群众日益增长的物质文化需求，为国家开发资源、出口创汇具有重大的现实意义。加入世界贸易组织后，我国珠宝首饰产业的机遇与挑战并存。珠宝首饰企业应不断提高自身在市场中的应变能力，以适应不断变化的珠宝首饰市场；通过实际的市场营销活动，开辟企业特有的营销途径，进一步丰富珠宝首饰市场的基本理论，使它能沿着专业化的珠宝首饰市场营销学的方向发展。珠宝首饰市场营销活动必将在企业的经营管理中发挥巨大的作用。

第四节 中国珠宝玉石首饰行业现状

2022年4月12日，在全国珠宝玉石首饰行业协（商）会联席会议上，中国珠宝玉石首饰行业协会（以下简称中宝协）发布了《2021中国珠宝行业发展报告》（以下简称《报告》）。《报告》显示，2021年，按销售额计算，中国珠宝首饰市场总规模一举跃上了7200亿元新台阶，同比

2020年的6100亿元，增幅达约18%。数据表明，2021年，珠宝首饰行业的发展呈现了稳中有进、稳中向好的态势，市场的"基本盘"得到进一步的巩固并不断加实加厚。

中华人民共和国海关总署公布的数据显示，2021年，珠宝行业进口总额为774.17亿美元，同比增长143.9%；出口总额为293.34亿美元，同比增长59.1%。整体来看，受上一年低基数影响，2021年进口总额和出口总额均实现高位数增长，且与2019年进、出口总额同比也分别增长28.5%和43.6%。各珠宝品类原材料依然以进口为主，继续保持巨大贸易逆差。其中，镶嵌首饰依然是中国珠宝行业出口最多的珠宝品类，出口额达144.86亿美元，同比增长81.39%，占出口总额的49.4%，进一步奠定了中国作为珠宝首饰深加工大国的龙头地位。

2021年，从中宝协对珠宝玉石首饰行业近全品类综合统计数据来看，珠宝各品类市场规模均呈现增长态势。其中，黄金品类市场规模约为4200亿元，同比增长23.5%，同时黄金首饰消费量同比增长45%，较2019年同期增长了5.2%；钻石产品市场规模约为1000亿元，同比增长25%；翡翠产品市场规模约为1000亿元，同比增长11.1%；彩色宝石产品市场规模约为315亿元，同比增长5%；珍珠产品市场规模约为160亿元；铂金及白银产品市场规模约为100亿元；其他品类产品市场规模共计约为150亿元。

根据部分珠宝上市公司已披露的数据测算，2021年上半年A股、新三板、港股所有珠宝上市公司的营收总额同比增长38.80%，且较2019年上半年也同比上涨13.01%，表明2021年国内珠宝首饰市场不断回暖，珠宝首饰消费势头持续向好。

截至2021年12月31日，A股珠宝上市公司共有15家，其中大部分企业2021年前三季度营业收入和净利润已恢复至2019年的水平；新三板珠宝上市公司共有25家，大部分企业前三季度营业收入较2020年同期取得了一定幅度的增长，半数以上的企业净利润实现同比增长；港股珠宝上市公司共有16家，其中大部分企业的营收和净利润均较2020年同期取得了大幅增长。

中国知识产权网数据显示，2021年，法律状态为"有效"的珠宝首饰类外观设计专利为8375件，同比增长40.73%，2017—2021年，我国珠宝类发明和实用新型有效专利数量逐年上升，年均增幅达27.81%，表明珠宝产业的竞争生态正在从以价换量向以创新引领市场的模式转变，这也是珠宝产业驶向高质量发展新赛道、实现质量型增长的重要体现。

从珠宝类专利申请的国别来看，对国际专利数据库的数据分析表明，自2010年起，中国的专利申请量一举超过美国，跃居世界第一并保持至今。

根据国家统计局的数据，我国黄金、珠宝、玉器等首饰市场摊位数量呈波动上升态势，截至2019年底，中国拥有的亿元以上黄金、珠宝、玉器等首饰市场摊位达22 017家。

《报告》指出，2021年我国珠宝行业在"稳"和"实"的主基调上，具有以下几个方面的鲜明特点：市场恢复性增长态势更加稳固，产业链/供应链韧性优势进一步凸显，双循环新发展格局加快形成，市场集中度显著提高，创新驱动更加强劲，终端渠道格局重构更趋白热化，数字化转型加快探索步伐。

随着中国经济的发展，人民消费水平的提高，珠宝首饰消费持续升温。我国珠宝玉石首饰行业多年的蓬勃发展得益于多方面的优势。

第一，经济的发展是珠宝玉石首饰行业发展的前提。多年来，我国经济飞速发展，经济实力明显增强。人民生活水平的提高带动了珠宝玉石首饰等商品的消费。

第二，黄金、玉石、白银等采掘业的稳步发展，为珠宝玉石首饰行业提供了支持。中华人民共和国成立以来，我国陆续开发了位于山东昌乐、河南镇平、辽宁岫岩、新疆和田、内蒙古巴林等地的宝玉石矿产。采掘业的发展，使珠宝玉石首饰行业有了坚实的物质依托，发展后劲十足。

第三，国内市场的发展、国际贸易市场的繁荣，推动了珠宝玉石首饰行业快速发展。2022年1月7日，国家统计局通报，2021年我国全年社会消费品零售总额为440 823亿元，比上年增长12.5%，两年平均增速为3.9%。强大的国内需求使珠宝玉石首饰行业有了强劲的发展动力，相对廉价的劳动力使我国珠宝玉石首饰的出口具备不可比拟的价格优势。我国珠宝玉石首饰行业在国际贸易发展的快车道上，正在驶出自己的"特快专列"。

第四，政策法规的完善为我国珠宝玉石首饰行业的发展提供了政策支持。近年来，珠宝玉石首饰行业相关政策法规逐步完善。这些政策法规对黄金开采、珠宝玉石名称及标识、贵金属纯度、进出口管理、税收、传统工艺保护、宝玉石检验员的培训和考试等都作了详细的规定。在这些政策法规中，《珠宝玉石 名称》（GB/T 16552—2017）和《钻石分级》（GB/T 16554—2017）最受业内人士和广大珠宝玉石首饰消费者关注。中国人民银行、国家经济贸易委员会、国家工商行政管理总局、国家税务总局发出《关于规范黄金制品零售市场有关问题的通知》（银发〔2001〕329号），取消了黄金制品的零售业务许可证管理制度，改而实行核准制，这对拓宽珠宝玉石首饰的销售渠道起了非常大的推动作用。2006年6月7日出台的《财政部 海关总署 国家税务总局关于调整钻石及上海钻石交易所有关税收政策的通知》（财税〔2006〕65号）规定，纳税人自上海钻石交易所销往国内市场的毛坯钻石，免征进口环节增值税；纳税人自上海钻石交易所销往国内市场的成品钻石，进口环节增值税实际税负超过4%的部分由海关实行即征即退。

目前，我国珠宝玉石首饰行业已经初具规模，发展势头良好，呈现以下趋势。

(1)珠宝玉石首饰行业销售额持续增长。2019年我国珠宝玉石首饰行业市场规模居世界首位，占世界市场规模约33%，中国、美国、印度、日本市场规模排名位于全球前列。我国人均珠宝消费量处于较低水平，对比发达国家仍有较大差距。2019年中国、美国人均珠宝消费金额分别为535.91元、1 568.2元，未来我国珠宝消费量仍有较大的增长空间。

(2)珠宝玉石首饰的消费格局将由以钻石、铂金、黄金为主角，转为翡翠等玉石和流行饰品占主流。近几年，我国翡翠等玉石饰品的销售额呈逐年上升趋势。我国有七千多年的玉文化历史，当前越来越多的消费者开始为珠宝玉石首饰商品的文化附加值买单。

(3)农村珠宝玉石首饰消费群体异军突起。随着中共中央、国务院颁布建设社会主义新农村的支农政策，农民的经济收入呈上涨趋势，这必将带动农村奢侈品消费。珠宝玉石首饰消费作为奢侈品消费的主流，即将迎来发展的春天。

(4)珠宝玉石首饰行业从业人员的素质和技术水平将不断提升。目前国内市场不成熟，技术上缺乏自主创新的能力，存在模仿发达地区的问题。未来随着国内黄金珠宝首饰的加工水平逐渐提高，有关部门加强行业人才培训的力度，因此，从业人员素质有望大幅提高。

(5)珠宝玉石首饰行业的售后服务将日趋完善。珠宝玉石首饰是贵重物品，广大消费者对其售后服务要求很高。现在,由于各大商场纷纷推出售后服务,消费者的投诉量呈下降趋势。随着国内珠宝玉石首饰行业的逐渐成熟,珠宝玉石首饰行业的售后服务将呈现新的亮点,广大消费者也将对此更加满意和放心。

我国的珠宝玉石首饰行业发展时间短、速度快,由此也引发了一系列瓶颈问题。中国珠宝玉石首饰行业协会专职副会长史洪岳曾表示:现在珠宝玉石首饰行业最大的瓶颈是品牌,国内企业的品牌知名度和美誉度都亟待提高。

我国的珠宝玉石首饰企业数量达近万家,但是规模小且分散。大规模从事生产和销售的企业数量有限,加工和技术水平也落后于发达地区,国内企业要打造出自己的品牌,任重而道远。

中国珠宝玉石首饰行业协会高级理事孙凤民说:"中国珠宝玉石首饰行业与国外的差距很大,而最根本的差距是人才的差距。虽然中国珠宝玉石首饰行业有200多万名从业人员,但是得到正规培训的不足两万人,数量仅占从业人员总数的1%,这就产生了今天千店一面、百厂同样的尴尬局面,严重影响整个行业的可持续发展。"

分析珠宝玉石首饰行业的人才现状发现,根本问题是人才的培养不能适应珠宝产业的快速发展。一方面是人才培养的速度跟不上市场吸纳的速度,另一方面是人才培养与市场需求脱节。国内一些高校虽然已开设了珠宝鉴定等注重技能的专业,但是培训规模有限,而且培训周期过长,培训模式、内容与国内市场的需求存在一定的差距。中国珠宝玉石首饰行业的人才培养要赶超世界先进水平,还有很长的路要走。

第二章 珠宝首饰基础知识篇

第一节 首饰的起源与佩戴意义

一、首饰的起源

在几千年的历史进程中,首饰的用途并非一成不变。最初,人类为获取猎物,常将兽皮披挂在身上,将犄角戴在头上,装扮成猎物的同类以迷惑对方。也有先人出于记事需要,在脖子上佩挂小砾石或者小动物的骨头及牙齿。随着人类的进步和文化的嬗变,首饰的功能经历了政治功能、道德功能、经济功能、礼仪功能、宗教功能等一系列功能的转变。现如今,首饰最广泛的用途是装饰和玩赏。

二、首饰佩戴的意义

1. 辟邪求安

自然界中的风雨雷电,人类繁衍中的生老病死,都是正常的自然现象。但在古人看来,这些都是上天和神鬼在操纵。为了躲避灾难,求得生存,人们往往借助巫术礼仪活动来祈求神灵的保护。于是,在一些特定的时候,男女老少围着火堆跳舞或举行祭祀活动,并在脚踝上、手腕上挂一些会发出响声的东西。随着舞蹈动作,这些挂坠发出的响声非常动听,同时也满足了人们辟邪的心理需求。这些挂坠被认为是首饰的起源。

2. 图腾崇拜

"图腾"一词为北美印第安阿尔衮琴部落奥吉布瓦方言"totem"的中文译名,那里的人认为自己的氏族源于某种动物或植物,便使用其名字作为氏族的徽号。什么是图腾呢?图腾,是古代原始部落迷信某种自然生物或有血缘关系的亲属、祖先、保护神等,而参考他们的形象形成的本氏族的徽号或象征。原始民族对大自然的崇拜是图腾产生的基础。人们认为图腾可以用来解释神话,是记载神的灵魂的载体。图腾是群体的标志,旨在区分群体,记载古典及民俗民风,是人类历史上最早的一种文化现象。

图腾装饰是图腾活动中的一种艺术手段。人们希望图腾能随时随地保护自己,就将自己同化于图腾。如穿戴着图腾动物的皮毛或其他部分,或辫结毛发、装饰身体等。格罗塞说:

"原始装饰,一半是固定的,一半是活动的。"固定装饰有文身、结发、穿鼻、镶唇、凿齿等。如澳大利亚的一些氏族,大多穿通鼻梁,然后再插入骨片等,他们并不是为了追求美,而是将它作为一种记号,祈求图腾的保护。非洲一些土著氏族和北美印第安人有镶唇的习俗,为的是让嘴唇的形状与图腾动物相似,是一种图腾信仰。不固定装饰主要指衣物和佩饰。比如,狼氏族成员以完整的狼皮为衣。澳大利亚的一些氏族在举行仪式时,用彩土、羽毛、树叶等材料装扮成图腾的形态。中国云南洱海附近的白族,古代曾以鱼为图腾,故盛行"鱼尾"头饰,也有的以虎头、虎皮或以狗头冠、鸡头冠作为饰物。在图腾活动中,舞蹈往往是重要的艺术形式,氏族成员穿戴上图腾服饰,或装扮成图腾模样跳舞。

古代首饰主要用于图腾崇拜与图腾活动。在现代首饰中,各种动物、植物的首饰造型,如中国传统挂坠中的龙凤图样,戒面上的龙、蛇、龟、虫图样深受人们喜爱,这或许与人类的图腾崇拜有潜在的联系。

3. 彰显财富与身份

著名影星索菲亚·罗兰在《女人与美》一书中提出如下观点:女人在某些重要的场合,为了彰显自己的身份,必须佩戴价格昂贵的珠宝首饰;而在平时,为了安全,则常常佩戴物美价廉的首饰(图2-1)。在非洲,许多部落的首领,为了炫耀自己的地位与财富,常在妻子、女儿的身上佩挂许多首饰,有的甚至到了极其夸张的地步。比如,一名叫作曲姆布里的非洲部落首领,他的老婆们脖子上戴的项链加起来足有800lb(1lb≈0.453 6kg)。

图2-1 首饰

西方社会过去常以拥有首饰的多少与贵重程度来衡量一个人的地位与身份。莫泊桑的小说《项链》中的女主人公玛蒂尔德,在一次盛大的晚会上,戴着向朋友借来的钻石项链来炫耀自己的美丽。不料项链在回家途中不慎丢失。为了赔偿项链,她整整劳苦工作了10年。

结果却令人啼笑皆非,玛蒂尔德丢失的只是一条不值钱的仿钻石项链。这个故事也许能从侧面反映首饰对于彰显女人身份与地位的重要性。

在我国,历朝历代的首饰都有着严格的等级之分。皇后、嫔妃、侍女的耳环、步摇等饰品,不仅在材质上有区别,而且对其款式、色彩、佩戴的部位都有明确的规定。在许多朝代,民间女子不允许佩戴金银珠宝类的高贵首饰,只能佩戴一些廉价的首饰,以此来区分身份的高低贵贱。

当人们发现了首饰的美之后,便赋予了它审美价值。首饰的发展伴随生产力的发展,从原始的石骨饰品、铜器饰品、金银珠宝饰品,发展到现在各种各样、无奇不有的饰品,这既是人类审美情趣的发展,也是文化、科技发展的一个重要标志。

4. 装饰美化

格罗塞在《艺术的起源》一书中写道:"喜欢装饰,是人类最早也最强烈的欲求。"人们为了美而装饰,用各种材料、各种手段对身体上最具美感的部位加以装饰和点缀。除了发型、妆容、服装三大主体之外,佩戴各类饰品是人们最为热衷的事。各个民族都有着各自的传统装饰物和装饰方法。不同的时代,装饰的风格也在发生着变化。

在不同的时代背景、文化背景和地域背景下,人们会产生不同的审美标准和审美情趣。如唐朝追求华丽与烦琐,明清崇尚自然与清新;西方人追求审美的个性化,东方人倾心含蓄的美,非洲一些民族则热衷强烈而浓郁的装饰风格。

除了时代、文化背景之外,服装的流行与变化,首饰材料种类的增加与制作工艺的发展,也在很大程度上影响着人的审美。现代人的审美是多层次和富于变化的。首饰的装饰风格,因服装流行周期的缩短而不断向求新求异的方向发展。

5. 宗教信仰

在我国首饰的造型中,传统的图案常与龙纹、凤纹、如意纹、双喜纹、寿字纹、福字纹等许多象征着美好、发达、吉祥、幸福、称心、圆满的纹样有关。这不仅是对历史与传统的沿袭,也是人们真实的心理需求与信念寄托。

宝石虽然只是矿物结晶,但在人们的心目中总是与吉祥、幸福等美好的寓意联系在一起。比如:许多人认为玉石可以消灾避难,绿松石有"万事如意、顺利"的寓意,琥珀可以镇邪保平安,钻石寓意忠实纯洁,红宝石为爱情的象征(图 2-2),珍珠可以保佑人健康长寿。

近几年,西方人所信奉的星座与诞生石,也随着东西方文化的交流逐渐地被我国的年轻人所接受。按照星相术的理论,每一个人诞生时,地平线上的黄道十二宫的星座位置与诞生者的命运有关。这和中国人关于生辰八字的命理学说类似。珠宝商正是根据人们这种寻求精神寄托的心理,在推销商品的同时,赋予商品美好的象征意义。佩戴诞生石在《旧约全书·出埃及记》《新约全书·启示录》中都有记载。书中 12 位圣徒、12 块胸牌前的宝石、天国的 12 个角度、一年 12 个月均可相互对应。

图 2-2 红宝石戒指

人们在购买宝石首饰时,除了考虑装饰、价值等因素之外,还以宝石的寓意作为选购的参考依据。首饰给人带来的心理上的安慰与平衡、精神上的享受与升华,都是其他物质无法比拟的。

第二节 首饰的种类

东汉末年的刘熙在《释名·释首饰》中写道:"凡冠冕、簪钗、镜梳、镇珰、脂粉等都为首饰。"可见当时首饰仅仅是头部和面部的装饰物。后来,清代的翟灏在《通俗编·服饰》中,把带钩、佩坠也都归入了首饰的范围。现在,除了上述饰品之外,戒指、手镯、手链、脚链等,也都囊括于首饰之中。总之,从头到脚全身各部位所佩戴的装饰品,均可称为首饰,如发饰、项饰、服饰、耳饰、手饰、足饰等。化妆品现在已不属于首饰了。

珠宝首饰自古以来就在人类生活中扮演着重要的角色,与人类的饮食起居、思想感情乃至国家的政治、经济密不可分。它的内容和表现形式在不断地发生着变化。那么什么是珠宝首饰呢?人们对它的理解或许因时空的变迁、地域文化的差异而有所不同。但是,人们普遍能接受的说法是,珠宝首饰是一种贵重的且受人喜欢的人身装饰品,这种装饰品所代表的意义和价值,会因人、因地、因事而有所不同。珠宝首饰是一种有形的存在,具有3个方面的功能:装饰功能、实用功能和传达信息的功能。其中装饰功能是珠宝首饰最基本的功能。

用于装饰人体的珠宝首饰类型有多种,如头饰、发饰、耳饰、颈饰、手饰、腰饰和足饰等。根据其使用材质及表现形态,可以划分为以下类型。

(1)贵重珠宝首饰(图2-3)。制作贵重珠宝首饰的材料以贵金属[铂金(白金)、黄金、白银]与贵重宝玉石(钻石、红宝石、蓝宝石、祖母绿、翡翠等)为主。制作工艺力求精致,镶工与表面处理工艺考究。材料及人工价格均较昂贵,首饰售价相对较高。

图 2-3 贵重珠宝首饰

（2）流行珠宝首饰。流行珠宝首饰的功能以配合服饰为主，强调流行性、时尚性。使用的材料突破了传统的首饰材质的限制，属广义的珠宝玉石材料范畴（如铜、铝、铅锡合金、人工宝石等）。制作工艺相对粗糙，镶嵌部分大多以黏合剂固定。材料及人工价格均较低廉，首饰售价较低。

（3）艺术珠宝首饰。制作艺术珠宝首饰的材质不限，这类珠宝首饰成为一种艺术创作的载体，传达和表现着创作者的理念与情感。珠宝玉石材料仅是这种艺术创作的素材，经由设计、制作而成为独特的艺术品。

珠宝首饰根据具体款式类型又可以划分为戒指、耳环、颈饰、手镯和手链、胸针等。

一、戒指

戒指的品种，从材质上划分，有黄金戒、白金戒、银戒、钻戒、嵌宝戒、玉石戒等。黄金戒又分为纯金戒指与K金戒指。钻戒是用钻石镶制而成的戒指。嵌宝戒是在戒面上镶嵌了宝石的戒指。玉石戒则是指用各种玉石材料制成的戒指。

从戒指的造型上划分，有方戒、线戒、名字戒、钻戒、玉石戒、嵌宝戒等。

1. 方戒

方戒（多为男戒）的开面（素金戒指的台面）大，具有立体感较强的花纹，戒指的线条块面以直线条、大块面为主，整体造型简单、大方、棱角分明。方戒适合于男性佩戴。

方戒一般多用纯度高于18K的黄金制成，具有金含量高、质量大的特点，戴在手指上很气派。方戒的戒面造型一般比较简洁，但也有刻花纹的方戒和镶嵌宝石的方戒。

2. 线戒

线戒是一种最常见、最普通的戒指，因其造型流畅、富于变化、适用面广而备受青睐

(图 2-4)。

线戒有 3 种类型。第一种是光线戒,即戒身上刻有菱形、波纹形、S 形或其他几何图样的戒指。由于这种戒指所刻的花纹具有一定的闪光度,故也可称为刻花闪光戒。这种光线戒有粗细之分,男女皆可佩戴。第二种类型是钻石线戒,即在戒身上并列镶嵌一排小钻石。由于小钻石排列成一排,故而形成一种流畅、精致的造型。钻石线戒不仅造型秀美,并且因钻石的闪光而显得无比雅致。第三种类型是阔条戒,其造型以方、正为主要特点,比较适合于男士佩戴。

3. 名字戒

名字戒的戒面上刻有各种字,如"福""禄""寿""吉"等,寓意吉祥。刻字的戒面形状有方形、菱形、圆形、椭圆形等。制作名字戒的材料以金、银为主。

4. 钻戒

在戒身上镶嵌钻石的戒指称为钻戒。镶嵌的钻石有单粒的,也有多粒的。钻戒造型丰富,是市场上的主流产品(图 2-4)。

图 2-4 钻石线戒和钻戒

5. 玉石戒

用翡翠、玛瑙等玉石材料制成的戒指,在色彩与造型上别有一番情调。玉石戒由于材料本身的色泽与质感不同于金属材料,因而呈现出独特的戒指造型与色彩美感。

6. 嵌宝戒

在戒身上镶嵌各种宝石的戒指称为嵌宝戒。宝石的造型有椭圆形、方形、多边形等。目前,市场上有用大块的宝石镶嵌的嵌宝戒,也有用大块与小块宝石组合镶嵌的嵌宝戒。

7. 装饰戒

装饰戒也称作艺术戒,是近年来十分受欢迎的一种饰品。

佩戴首饰虽然有许多传统的习惯和规范,但在不同的时期,审美观念和审美情趣也会承载时代的印记。现代年轻人除了佩戴传统的订婚戒指和结婚戒指外,平时也会佩戴具有个人风格的装饰性戒指。因此,各种材质、各种造型新颖的戒指应运而生。

这类装饰性戒指并不注重材料贵重与否,而是注重款式设计的新颖、别致、奇特,以及色彩的巧妙运用。常见的装饰戒指有面具戒指、生肖戒指、抽象图案戒指等。这类戒指强调造型的新、奇、特,往往戒面面积较大。有的戒指甚至是组合型的,可以拆开或合并,做到一戒多用。装饰戒由于选材多样、价格实惠、造型时尚,因而十分受年轻人的喜爱。

二、耳环

耳环的品种和样式很多,从结构上分,有插针型、螺丝型、弹簧型、搭扣型等。有耳洞者可佩戴插针型耳环,无耳洞者可佩戴螺丝型耳环、弹簧型耳环、搭扣型耳环(图2-5)。

图2-5 耳环

从造型款式上分,耳环有无坠型和有坠型两类。无坠型耳环指没有坠子的耳环,也可称为单圈。有坠型耳环指带有坠子的耳环,也叫作荡圈。耳环不论是有坠还是无坠,都有极其丰富的款式造型,如圈环形、点形、心形、花形、方形、菱形、长条形、动物形及不规则几何形。

制作耳环的传统材料有黄金、铂金、白银、玛瑙、钻石、翡翠、珍珠等,还有近年来利用新科技、新工艺合成的各种合金材料、车料玻璃、高级塑料,以及木料、贝壳、兽骨等。这些新材料耳环,在款式上追求新潮、奇特、个性化。

三、颈饰

颈饰是颈部首饰的统称。颈部的饰物有项链、珠链、项圈等。

1. 项链

人们常习惯将颈链与项链都称作项链(图2-6)。颈链短,项链略长。制作项链的材料很多,有黄金、铂金、K黄金、K白金、白银、水晶等。每一种材料制成的项链,都有其独特的造型。仅金项链、银项链,就有许多不同的样式,如方丝链、花丝链、松子链、马鞭链、水波链、双套链、花式链等。

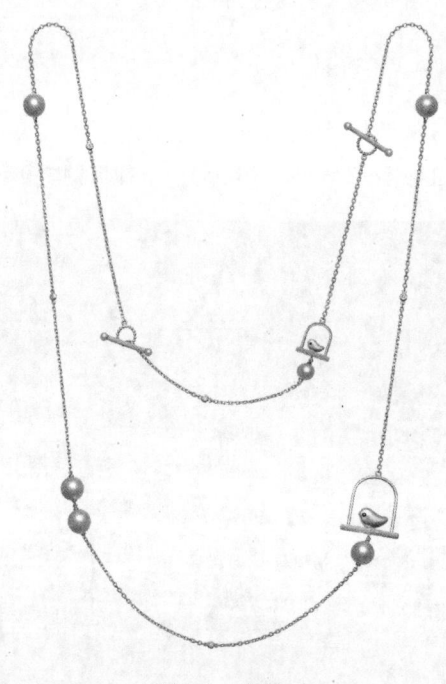

图2-6 项链

项链分为有挂坠的项链与无挂坠的项链两种。不镶嵌宝石的挂坠有锁片、鸡心、花篮、元宝等传统样式。这种类型的挂坠,多制成我国人民较为喜爱的传统造型。挂坠上常刻有各种花纹、生肖图案、寓意吉祥的文字等。受国外首饰的影响,挂坠上的图案越来越丰富,有各种动植物图案、人物肖像及抽象的图案。

还有可存放小照片的照盒挂坠。这种挂坠常常是恋人之间互赠的信物。其款式有"开闭式"和"移动式"两种,"开闭式"照盒挂坠可像门一样随意开关。"移动式"照盒挂坠可通过左右移动开启照盒。

"耶稣受难"十字架挂坠等富有宗教色彩的挂坠,也受到许多年轻人的喜爱。随着首饰材料种类的日益丰富,项链的式样、挂坠的造型也格外多姿多彩。

在制作镶嵌宝石的挂坠时,大多是在金属圈中镶嵌宝石。

2. 珠链

珠链主要由珍珠、玛瑙、翡翠、象牙等宝石串制而成(图2-7)。这类项链材质珍贵,色泽艳丽,造型丰富,具有较强的装饰性。宗教人士佩戴的珠链主要由象牙、水晶、木、砗磲等制成。

图 2-7 珠链

各种类型的项链都具有美妙的色彩,颇有现代感,因而受到许多年轻人的喜爱。

3. 项圈

用金、银、铜等不同材料制成的圈状项饰品称作项圈。其形状有传统的纽结形、竹形、麻花形、曲弧形等。项圈在少数民族中较为常见。如瑶族妇女喜爱多层项圈;侗族妇女在欢庆节日时,常佩戴厚重的银制项圈。

国外的项圈更是琳琅满目。项圈的材料不仅丰富,而且色彩艳丽、光泽好,有很强的装饰性。项圈的中间部位,往往是设计造型的重点,也是起点缀效果的关键。现代项圈的结构,有时也部分采用项链的结构。在对传统的项圈结构进行改良的基础上,演变后的项圈增强了实用性与装饰性。在民族服饰艺术中,项圈有着独特的魅力。

四、手镯和手链

手镯和手链都是手腕部位的装饰品。传统的手镯有金手镯、银手镯、嵌宝手镯、珐琅手镯、玉石手镯等。近年来,新科技、新工艺、新潮流的发展为手镯增添了许多新的材质和新的品种、样式。

1. 金、银手镯

用黄金、铂金或白银制成的环镯叫作素金手镯或素银手镯。造型有单环式和双环式。有的镯身上还刻有各种图案,使金、银手镯显得华贵而富丽。

2. 嵌宝手镯

嵌宝手镯一般是用黄金镶嵌宝石,并用金属链连接而成的手镯。这种手镯可以体现出佩戴者的高贵优雅。

3. 珐琅手镯

珐琅手镯也称作景泰蓝手镯,其特点是造型浑厚、色彩丰富、图案富于变化。

4. 玉石手镯

玉石手镯由整块玉料加工而成,常见的圈口形状有圆形、椭圆形、方形(图2-8)。玉石手镯与夏季柔软、飘逸的服装相配,有凉爽舒适之感。

图 2-8　玉石手镯

5. 手表式手链

手表式手链因其造型接近于手表而得名(图2-9)。链条的基本材料是金、银,有些手表式手链镶嵌有珍珠、钻石等珠宝。

图 2-9　手表式手链

6. 花式手链

花式手链与手表式手链的不同点在于其造型不规则。手表式手链多由相同的单个链节重复组合而成，而花式手链则在链条中镶接不同的花型，有的还在链条中镶嵌宝石。因而，这种手链具有美观、富于变化的特点，同时，由于款式多样而广受欢迎。

7. 组合式手链

组合式手链具有多种功能，又被称为多用式手链。它其实是一根细长的链子，组合后可作为手链佩戴。

8. 艺术手镯

艺术手镯也可叫作装饰手镯，因为它主要起装饰作用，所以人们并不注重它材料的价值。制作这种艺术手镯的材料极其丰富，有各种金属、新型塑料、仿玉、仿骨、木头、皮革、玻璃等。材料的丰富性使得艺术手镯在造型、色彩上都占有很大的优势。

各式各样的艺术手镯由于能与服装进行巧妙的搭配，能体现出个人的性格与趣味，因此，备受年轻人的喜爱。

五、胸针

胸针作为服装的点缀品，由于佩戴的位置在胸前显著的部位，容易引起人们的关注，因而成为许多人喜爱的首饰（图2-10）。胸针也称为别针或胸饰，是生活中最常用的首饰之一。

图 2-10 欧泊胸针

制作胸针的材料有金、银、珍珠、宝石、玉石等贵重材料，也有仿金、仿宝石等价格较低廉的材料，更有许多新型材料。

胸针的图案造型大致有以下几种类型。

1. 植物图案型

以植物（多为花卉）的图案造型制作胸针，是最普遍、最常用的一种造型手段。有的图案造型是直接仿生，如仿兰花、玉兰花、梅花、牡丹花、菊花、树叶等。其造型与自然界的植物造型十分接近。有的是将植物造型图案化，即对自然界中的植物形态做较大的改变或夸张变形。这种胸针的图案造型，虽然以植物作为原型，但又与原型有很大的差异。

2. 动物图案型

自古以来，人们总爱根据动物的形态制成饰品佩挂在身上。追根溯源，这种做法或许与远古时期的图腾文化有一定的关系。胸针的图案与款式造型常以蝴蝶、兔子、熊猫、大象、鸟、虫等作为设计的原型。

人们出于各种原因而喜爱动物图案胸针。有的人是为了在穿着的服装上增添一些生动的细节。比如，在一套端庄的套服或套裙上，别一枚小动物胸针，顿增几分活泼之感。也有的人喜爱佩戴自己的生肖胸针。在一套色彩与款式都具有强烈现代感的服装上，别一枚憨态可掬的小动物胸针，要比非动物图案胸针更显生动、更有个性。

动物图案型胸针的特点在于，大部分动物型胸针都是卡通造型的，直接的仿生型图案用得较少。这是因为图案化的动物比动物原型更可爱，更有美感。

3. 寓意图案型

在首饰图案中，有许多图案被人们赋予一定的寓意。如龙凤象征富贵、如意；松树、仙鹤象征长寿，莲花、鲤鱼象征生活富裕、年年有余，梅、兰、竹、菊象征品格高尚等。这些代表着吉祥的图案经过长期流传，已被大多数人认可。

4. 运动图案型

各种体育运动项目动作、体育运动器具等标志性图案，也常被人们当作装饰内容，如体操动作、游泳动作、跑步动作，乒乓球拍、羽毛球拍、足球等。是否选择佩戴运动图案型胸针往往与穿着的服装有关。在T恤等服装上，别一枚造型生动的运动图案胸针，会使人显得富有生气。

5. 几何造型图案

几何造型图案是首饰图案设计中运用得最频繁的一种，其形状有圆形、方形、多边形、不规则形等，还有的是几种几何造型的组合。几何造型的胸针无论是由何种材料制成，都有其独特的艺术美感。

六、套件首饰

套件首饰是将耳环、项链、戒指、胸针、手镯等饰品在色彩上、款式上进行统一设计、造型，使之形成整体配套的一组首饰（图2-11）。

图 2-11　祖母绿套件首饰

　　套件首饰有几种类型，第一种是大套件，即项链、耳环、手镯、戒指、胸针组合在一起的五件套。

　　第二种是四件套，由项链、耳环、戒指、手镯组合而成，也有的四件套没有手镯而有胸针。

　　第三种是三件套。三件套的组合形式最多，最常见的三件套由耳环、项链、戒指组合而成，也可以由戒指、胸针、项链组合而成。此外，还有项链、耳环、手镯组合形式，耳环、戒指、胸针组合形式。

　　第四种是两件套。配套的方法多而灵活，可以将耳环、项链、戒指、手镯、胸针等首饰中的任意两件进行组合。两件套首饰是许多消费者在日常生活中会经常选用的搭配类型。

第三章 贵金属知识篇

第一节 黄 金

一、黄金的概述

黄金即金,英文名称为"gold",拉丁文名称为"aurum",有灿烂、曙光之意。金是元素周期表中第79位元素,元素符号为Au,是一种金黄色、柔软、抗腐蚀的金属。黄金是人类最早发现并利用的金属之一,在阳光照耀下显现高贵的金黄色光泽。黄金在拉丁文中的意思是"曙光",在古埃及文字中的意思是"可以触摸的太阳"。人类发现并利用黄金的历史,比现在所熟悉的铜、铁、铝等众多常见金属的使用历史要早几千年。黄金因为稀有而十分珍贵,其开采成本非常高。黄金具有稳定的物理、化学性质,这些特点使黄金得到了人们的青睐。黄金同时具有流通货币的功能。马克思在《资本论》里写道:"金银天然不是货币,但货币天然是金银。"在人类过去的几千年历史里,黄金基本上属于帝王贵族才能拥有的财富,拥有黄金意味着拥有权势。黄金使得古埃及、古罗马的文明显得别样辉煌。

黄金在自然界中以单质形式存在。自然界中产出的高纯度的金极少,常常与类质同象混入物银(元素符号:Ag)形成自然金-自然银系列的天然产物。黄金按是否经过冶炼、提纯可分为生金和熟金。生金是从矿山或河底冲积层开采的没有经过熔化提炼的黄金,它又可以分为矿金和砂金两种。

矿金产于矿山,常分布于石英脉中。矿金通常与其他金属伴生。矿金产于不同的矿山,因含其他不同的金属成分,其成色高低不一。砂金是由原生金矿和含金较多的岩石经过长期的风化破碎、搬运到适当的地点富集而形成的。砂金矿床是产出黄金的主要矿床。但经过上千年的开采,砂金富矿多已枯竭。金矿的品位单位是g/t。一般品位大于3g/t的金矿就有开采价值。

英国金属聚焦公司2018年统计的数据显示,全球黄金储量约为56 770t,探明储量约为129 460t,合计约为186 230t。世界上产黄金的国家有80多个。我国金矿分布广泛,除上海市和香港特别行政区外,全国各地都有金矿产出。其中,山东省独立金矿床最多。中国黄金协会发布的《中国黄金年鉴2020》显示,截至2019年底,全国黄金查明资源储量达14 131.06t。自2007年以来我国黄金产量已连续13年居全球首位。

二、黄金的基本性质

黄金呈金黄色,具有强的金属光泽,无解理,是电和热的良导体,熔点为1064℃,易于加工。黄金的密度很大,为 19.3g/cm³,但摩氏硬度很小,为 2~3,用手指甲即可刮出划痕。金排列在金属活动顺序表的最后一位,在通常情况下不与任何物质反应,即使高温熔化时也不易氧化。所以,黄金可反复熔化加工,但质量的损耗却非常小。黄金可溶于王水,汞、氰化钾、氰化钠、氰化铵的溶液中。此外,黄金的延展性极好,1g 纯金可拉成直径为 0.004 3mm、长为 4320m 的细丝,可碾压成厚度为 0.000 3mm 的金箔,面积约为 80m²。故俗话说"一两黄金包一亩地"。

三、黄金的基本用途

首先,黄金是一种资产。黄金的稀有性使黄金十分珍贵,黄金的化学稳定性使它便于保存。所以,黄金不仅是人类的物质财富,更是人类储藏财富的重要载体。目前,全球储备了约 $3.1×10^4$ t 的黄金,以备不测之需,还有 2 万多吨黄金属于私人财富。根据数据分析,人类开采的约 $14×10^4$ t 黄金中有 4 成左右作为金融资产,存在于金融领域,6 成左右是一般性商品。黄金主要用于消费。

其次,黄金是一种货币。黄金作为货币的历史十分悠久,出土的古希腊亚历山大金币距今已有 2300 多年,波斯金币距今已有 2500 多年,现存中国最早的金币是春秋战国时楚国铸造的"郢爰",距今也已有 2300 多年。

最后,黄金也是一种商品。制作黄金饰品(包括首饰、佛像装饰、建筑装饰等)和黄金器具,是黄金最基本的用途。如果说黄金作为商品从古至今有什么变化的话,那就是金饰逐渐从宫廷、庙宇走向了民间,由象征达官贵人特权的饰品变成了大众可以消费的商品。现在每年世界黄金供应量的 80% 以上是由首饰业所吸纳的。

当前黄金还集中用于电子工业、牙科、金章及其他工业。应该承认,目前黄金的商品应用领域仍十分狭窄。这也是黄金长期作为货币金属,受到国家严格控制的结果。今后随着国际金融体制改革的推进,黄金商品属性回归趋势的加强,黄金商品需求的增加对黄金业的发展将具有更为重要的意义。

四、黄金饰品的种类

1. 金饰品

目前市场上销售的黄金首饰,分为千足金、足金和 K 金。常见的几种黄金首饰的金含量为:千足金[①]——金含量不低于 99.9%,俗称 999 金;足金——金含量不低于 99.0%,俗称

---

① 国家标准化管理委员会通过的国家标准《首饰 贵金属纯度的规定及命名方法》(GB 11887—2012)第 1 号修改单,删除了"千足金""千足铂""千足钯""千足银"的纯度表示方法及其相关内容;规定足(金、铂、钯、银)是本标准规定的首饰产品的最高纯度,其贵金属含量不低于 990‰。

99金；18K金——金含量不低于75.0%。

《首饰 贵金属纯度的规定及命名方法》(GB 11887—2012)规定，表示纯度的方法有两种：一种是国标中规定的以贵金属的质量含量千分数表示，另一种是用阿拉伯数字加"K"表示。24K的理论纯度为100%，所以计算方法为1K=100%/24，1K的金含量约为4.166 666%，即18K=100%/24×18=75%。在理论上，纯度为100%的黄金才能称为24K金，但实际上不可能有纯度为100%的黄金，所以我国已经取缔了24K金的说法。我国还规定低于9K的黄金首饰不能称为黄金首饰。国标中对黄金制品印记有规定，一般要求有生产企业代号、材料名称、含量印记等，无印记的黄金制品为不合格产品。对于一些特别细小的制品也允许不打印记，但在包装上必须有相应的说明。

(1)K金饰品(图3-1)。几个世纪前，人们已经懂得通过调整黄金和其他金属的配比来改变黄金的性能，这种合金被称为K金。K金不仅比纯金拥有更高的硬度，还能减少加工成本，并可呈现多种颜色。不同颜色的K金又被称为彩金，彩金的颜色主要有黄色、红色、白色。其中，K黄金中添加了银和铜，K白金中一般加入银和钯作为补口金属，K红金中添加了银、铜、锌、钯等金属。在众多的K金中，18K金是最受国内消费者喜爱和熟悉的品种，原因是18K金不但拥有黄金珍贵的价值，而且其成分比例完美，具有延展性强、硬度高、色彩多变的优点，运用在饰品设计上，能充分表现出复杂精致的创意。因此，18K金不仅能单独制成素金饰品，还能在镶嵌领域"独当一面"，成为深受消费者喜爱的、经久不衰的金制饰品。

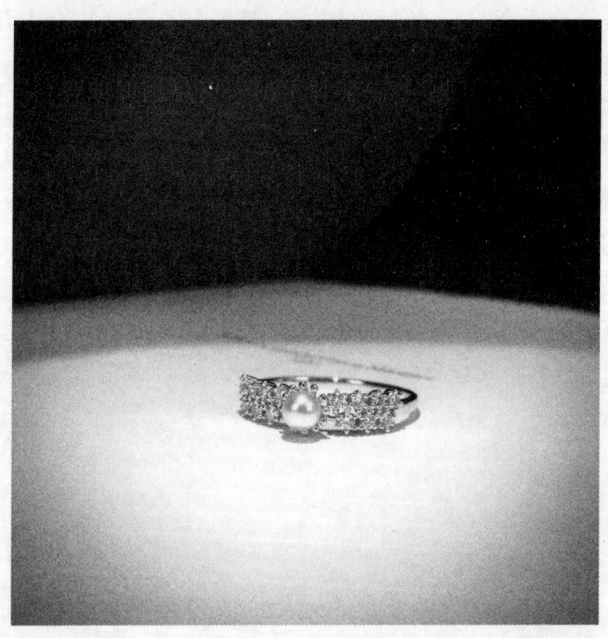

图3-1　K金戒指

(2)镀金饰品。镀金饰品指用电镀的方法，在银、铜、铝等的胎架上镀一层黄金的饰品。镀层较薄，仅有3~5μm厚。镀金饰品表面光泽如金，且价格便宜，但由于镀层很薄，因此镀金饰品不耐磨，容易"褪色"。

(3)鎏金饰品。鎏金饰品的历史悠久。在古代，人们用金汞齐(用汞从天然金矿石中萃取金微粒形成的初级金产品)在银、铜、铝或者非金属材料的表面涂抹,然后加热,使汞蒸发而金附着,该方法称为鎏金。现在,一些大而难以电镀的塑像和装饰品,仍采用鎏金方法制作。鎏金饰品同样能展示黄金饰品的外观,但汞有毒性,故该工艺过程易造成污染。

(4)贴金饰品。将纯金碾压成极薄的金箔,然后将金箔贴在饰品上的工艺称为贴金工艺。贴金工艺一般用于制作大型的工艺品、佛像、招牌、建筑物等。贴金饰品能长久保存,并且工艺过程无污染,但它不耐磨,金箔易脱落。

(5)包金饰品。在铜、铝等胎体外用压轧的办法包裹上一层K金的工艺叫作包金工艺。包金饰品的K金层比镀金饰品的K金层厚,故包金饰品耐磨,寿命比镀金饰品要长。

2. 仿金饰品

由于黄金价格昂贵,一些仿金饰品常被用来模仿黄金饰品。常见的仿金饰品有以下几种。

(1)稀金饰品。稀金饰品由黄铜加少量稀土金属制成,金黄色,不褪色,价格是黄金的几十分之一。

(2)镀铜饰品。镀铜饰品是在铜、铝等胎体上镀一层黄铜的饰品,外观如金,但不耐磨,且易褪色。

(3)黄铜饰品。黄铜可以直接用于制作各种仿金饰品,价格低廉。

(4)白色合金饰品。白色合金的成分复杂,外观为银白色,用于仿制K白金,需要用仪器检测才能确定其材质。

五、黄金的鉴别

1. 观察印记

正规的黄金商品上会有清晰、完整的印记,消费者可以通过观察印记来了解黄金的成分。

2. 条痕比色法

用样品在致密坚硬的黑色、灰色或墨绿色的石块上刻画,然后将划痕与足金的划痕对比,即可鉴别样品是否为足金。但是K金因所含其他金属的成分和比例不同,其划痕的颜色也不一样,所以这种方法有很大的局限性。

3. 掂重法

足金的密度为 19.3g/cm^3,远大于其他金属,因而可以通过手掂重的方法判断样品是否为足金。足金有沉甸甸的压手感。

4. 硬度法

足金的摩氏硬度为2.5,用小刀在饰品的隐蔽部位刻画,能刻画出划痕的是足金。

5. 化学分析法

黄金不溶于浓硝酸,但其他金属,如铜、银等皆可溶于浓硝酸。在样品不显眼的位置加一滴浓硝酸,如果样品的颜色不发生变化则是足金;如果样品部分溶解,则可能是 K 金;如果样品全部溶解,则不含金;如果样品溶解后溶液呈蓝色,则样品可能含铜。

6. X 射线荧光光谱法

贵金属首饰表层经 X 射线激发,发射出特征 X 射线。测量特征谱线的能量或波长,可进行定性分析;测量谱线的强度,与标准物质的工作线比较计算,可进行定量分析。这种测试方法操作简单快捷,但是容易产生误测。

实际上,国家质量技术监督局 1999 年印发的《金银饰品标识管理规定》第八条指出:"金银饰品印记应当包括材料名称、含金(银、铂)量"。国际上也有此严格规定。这种印记一般打在戒指内圈或饰品背面,有"G18K""足""G"等字样。消费者可以凭这些字样判断饰品的材质。常见的金属印记及其含义如下。

(1) G:黄金;

(2) G18K:18K 金;

(3) GP 或 KP:镀金;

(4) GF 或 KGF:锻压金;

(5) KF:包金;

(6) SL:包银;

(7) FS:镀银。

第二节 铂 金

一、铂金的概述

从史前文明到现代社会,贵金属的流行主角——铂金(所谓的"新金属"),它的故事远比你想象的古老(图 3-2)。

铂金蕴藏于陨石之中,最早的记录可以回溯至 20 亿年前。从一颗流星撞向地球时起,这种稀有迷人的宝藏就在整个历史长河中零星出现,有时数个世纪都不见其踪影,既让人们感到困惑,又吸引着那些期待与它不期而遇的人们。

铂金,英文名"platinum",是一种稀有的白色贵金属,在化学元素周期表中排名第 78 位,元素符号为 Pt。铂金是世界上最稀有的首饰用金属之一。

古埃及人、古印加人以及西班牙征服者们都用过黄金和铂金的合金,但是限于当时的技术条件,一直没有真正意识到铂金的存在。

1590 年,铂金又一次被西班牙征服者们发现,但被误认为是"数量稀少的银"。这些西班牙征服者急于寻找黄金,于是把他们眼中的"下等金属"扔回了厄瓜多尔的河流中。铂金再一

图 3-2 铂金戒指

次神秘地在历史长河中消失。

1751年,在瑞典科学家特非尔·西佛将铂金归为贵重金属后,铂金迅速成为皇室的宠儿。18世纪80年代,法国国王路易十六宣布它是唯一适合国王的金属。他的珠宝工匠马克·艾提尼·坚尼提为他设计了几款铂金制品,其中还包括一件华丽的糖罐碗。

在19世纪和20世纪,铂金越来越受到人们的推崇和喜爱。

19世纪,数项重大发现使铂金在科学和时尚领域的价值倍增。1803年,英国科学家瓦拉斯顿研发了新的加工方式,充分发挥了铂金的延展性,使它更具商业应用的价值。1819年,在俄罗斯的乌拉尔山脉发现了铂金。1866年,在南非的金伯利发现了钻石。从此,铂金和钻石成为首饰加工材料中天造地设的绝配。

1912年,世界上最大的豪华邮轮泰坦尼克号,在从英国南安普敦开往美国纽约的处女航途中,在距离纽芬兰南部约643.72km的地方,撞上了冰山而沉没。船上有约1500人丧生。为了悼念遇难者,纽约的上层社会竞相佩戴黑色和白色的"哀悼饰品",铂金饰品成为白色金属饰品的不二之选。

1924年,德国地质学家汉斯·莫兰斯基在南非的约翰内斯堡附近发现了世界上最大的铂金矿,从此拉开了现代铂金工业的序幕。

现在,世界上仅南非和俄罗斯等少数国家出产铂金,每年铂金产量仅为黄金产量的5%。成吨的矿石,经过150多道工序,耗时数月,所提炼出来的铂金仅能制成一枚数克重的戒指。难怪著名设计师路易斯·卡地亚称铂金为"贵金属之王"。

我国是铂族金属稀缺的国家之一。20世纪50年代我国只发现了个别小型砂铂矿,1959年发现了金川含铂铜镍矿。自1966年镍电解车间投产,铂族金属的应用范围才得以扩大,加工效率也得以提高。目前,我国已探明的铂金储量为300多吨,铂矿主要集中在西部的甘肃、云南、四川。

二、铂金的用途

铂金早期主要用于制作首饰,20世纪50年代后开始大量应用于石油、汽车、电子、化工、原子能等行业。铂族金属在这些行业中用量并不大,但所起的作用非常关键,所以被喻为"工业维生素"。在铂族金属中,铂金的用途最广,可单独使用或与其他铂族金属联合使用。如铂金可以作为催化剂制造硝酸与氨,用于生产高质量的航空汽油;铂金可用于制造电器与电子工业中的接触点、铂铑合金热电偶、铂铱火花塞电极;在玻璃工业中,铂金可用于制造铂坩埚;在国防工业中,铂金是制造导弹发射燃料——过氧化氢的催化剂与宇宙飞行器的燃料电池电极;等等。

三、铂金的基本性质

铂金为锡白色,条痕色为烟灰色—银白色,具有金属光泽。铂金密度为$21.45g/cm^3$,熔点较高,为1772℃,加工时需要使用加氧的高温喷枪,但也因此而产生较大的损耗。铂金的摩氏硬度为4,有良好的导热性、导电性和延展性,其延展性仅次于黄金。在常温下,铂金的化学性质非常稳定,不与氧气、酸、碱、盐等反应,所以适合用于制作首饰。铂金可溶于水银、王水和强碱溶液。铂金在加热至接近450℃时,表面会生成二氧化铂,加热至450℃时,二氧化铂会分解,所以铂在首饰加工过程中的损耗率高。

四、铂金首饰的种类

在美国,饰品的铂含量以K为计量单位,但在其余国家或地区一般使用千分数表示铂金的含量。例如,千分数印记为Pt999(俗称千足铂),即含铂量为999‰。千足铂非常软,不能用于镶嵌宝石。市场上用于镶嵌宝石的铂金品种有Pt990、Pt950、Pt900、Pt850。

五、铂金首饰的鉴别

首饰市场上的白色金属或合金非常多,这些颜色相近的饰品很容易与铂金饰品混淆。常用的鉴别方法有以下几种。

1. 观察印记

正规的铂金饰品上会标注清晰、完整的印记,消费者可以根据印记来识别饰品的成分及纯度。

2. 掂重法

铂金是所有首饰用金属中最重的一种,所以可用手掂重的方法来判断足铂的真伪。

3. X射线荧光光谱法

目前全国各检验机构在检验铂金饰品时都是采用X射线荧光光谱法,这种检测方法无损、快捷、准确性高。

第三节 钯 金

一、钯金的概述

钯金,英文名"palladium",元素符号为 Pd,是铂族金属之一。

1802年,钯金由英国化学家沃拉斯顿在分离铂金时发现。钯金与铂金相似,具有绝佳的特性:常态下不易氧化和失去光泽,是一种异常珍贵的贵金属资源。

铂金、钯金为铂族金属里储藏量最小的两种矿物,它们的冶金性质类似,因为它们同样稀有且用途类似,所以常在各种应用领域中互为替代品。

但是,钯金是世界上最稀有的贵金属之一,只有俄罗斯和南非等少数国家出产,每年总产量不到黄金总产量的5‰,比铂金还稀有。钯金异常坚韧,制成的首饰不仅具有类似铂金的迷人光彩,而且经得住岁月的磨砺,历久弥新(图3-3)。钯金几乎不含杂质,纯度极高,闪耀着洁白的光芒。

在国际贵金属现货、期货交易中,黄金、铂金、钯金、银4个品种榜上有名。

图 3-3 钯金戒指

二、钯金的用途

钯金具有极佳的物理化学性能,耐高温、耐腐蚀、耐磨损,具有极强的延展性,是制作首饰的理想材料。此外,钯金还是航天、航空、航海、兵器和核能等高科技领域及汽车制造业不可缺少的关键材料,也是国际贵金属投资市场上不容忽视的投资品种。氯化钯还用于电镀。钯与钌、铱、银、金、铜等熔成合金,可提高钯的电阻率、硬度和强度,这类合金可用于制造精密电阻等。

三、钯金的基本性质

钯金呈银白色，条痕色为灰白色，密度为 12.023g/cm³，摩氏硬度为 4～4.5，熔点为 1552℃。钯金具有良好的延展性，适合锻造、压延和拉丝。常温下，1 体积海绵钯可吸收 900 体积氢气，1 体积胶体钯可吸收 1200 体积氢气。将钯金加热到 40～50℃，吸收的氢气会释放。所以钯金可以用于气体反应，特别是用作氢化或脱氢催化剂。

四、钯金首饰的种类

常见钯金首饰的钯金含量如下：
(1) 千足钯：钯金的含量≥999‰；
(2) 足钯：钯金的含量≥990‰；
(3) 950 钯：钯金的含量≥950‰；
(4) 500 钯：钯金的含量≥500‰。

五、钯金首饰的鉴别

钯金的鉴别方法主要有以下两种。

1. 印记法

在首饰行业中用"Pd"表示钯金，千分数表示钯金的含量。

2. X 射线荧光光谱法

鉴别钯金一般用 X 射线荧光光谱法，从谱线的强度可准确判断并得出结论。

第四节　银

一、银的概述

银在英语里被称为"silver"，即"白色光辉"之意，源自"silubr"（图 3-4）。银和黄金一样，是一种应用历史悠久的贵金属。使用银的历史可以追溯到公元前 3000 年，在西亚最早的两河流域文明产物里便发现了银制的器皿。15 世纪至 16 世纪，自欧洲航海家发现新大陆以来，英国人自北美运回了大量的贵金属，加上英国本身的制银技术大为改进，因此英国成为此时期的制银重地。同时期的西班牙不仅在本国拥有大量的银资源，还通过殖民统治从别国掠夺了大量资源，成为银器市场的主力军。到 20 世纪初，意大利开始崭露头角，成为世界银制品产业的领导者。那时的意大利平均每年加工上千吨银，其中 60% 的产品用于出口。

中国是最早使用银的国家之一，银最初用于保值和避邪。随着时间的推移、经济的发展，银的保值功能日趋弱化，装饰功能不断增强。世界上主要产银的国家有秘鲁、墨西哥、中国、澳大利亚、智利、波兰和美国等。其中秘鲁是世界上最大的产银国，矿山银的产量持续增长，

图 3-4 银项链

2004 年以来每年银产量高达 3000t 以上；墨西哥为第二大产银国，银年产量为 3000t。自 2009 年以来，中国银产量增长迅速，2010 年产量高达 11 617t。2006 年 3 月中国黄金协会公布中国目前拥有 11.65×10^4 t 的银储量，排名位于美国、加拿大、墨西哥和秘鲁之后。我国银矿资源的分布特点是产地分布广泛，储量相对集中，伴生银资源丰富，产地多，但富矿少。在我国已发现的 569 个银矿中，江西省的银储量最大，为 $1.801\,6 \times 10^4$ t，占全国总储量的 15.5%。其他银矿资源主要分布在云南、内蒙古、广东、广西、湖北和甘肃。其中，独立的银矿少，大部分银矿与铜、锌、铅矿伴生。

二、银的基本用途

银具有诱人的白色光泽、较高的稳定性和收藏价值，深受人们喜爱。它自古以来就被广泛地用于制作首饰、装饰品、餐具、货币等。20 世纪 90 年代，每年仅造币用的银就达 1000～1500t，占银消费总量的 5% 左右。随着科学技术的发展，银被广泛用于电子电气、感光材料研发、医药化工、环保等领域。有数据表明，工业用银量占白银开采总量的 70% 左右。

电子电气是用银量最大的行业，银可作为电接触材料、复合材料和焊接材料。目前，全世界银和银基电接触材料年产量为 2900～3000t。

银的导热性和导电性在金属中名列前茅。银丝可用来制作灵敏度极高的物理仪器元件，各种继电器中重要接触点的接头就是用银制作的，无线电系统中重要的元件在焊接时也要用银作焊料。

卤化银感光材料领域是用银量最大的领域之一。目前生产量和销售量最大的几种感光材料是摄影胶卷、相纸、X 光胶片、荧光信息记录片、电子显微照片软片和印刷胶片等。20 世纪 90 年代，世界照相业用银量为 6000～6500t。虽然电子成像、数字化成像技术的发展使卤化银感光材料用量有所减少,但卤化银感光材料在某些领域尚不可替代,仍有很大的市场空间。

在医疗领域,银的使用范围很广。针灸用的针、缝合伤骨和结缔组织用的线、导流管等都是用银制成的。银和铜、锡的合金还可作为牙齿的修补填充材料。此外,银离子能杀菌,每升水中只需含有一千亿分之二的银离子便足以使大多数细菌死亡。古埃及人在2000多年前就已经将银片覆盖在伤口上进行杀菌。现代,人们用银丝织成银"纱布"包扎伤口,医治某些皮肤创伤或难以愈合的溃疡。

三、银的基本性质

银呈白色,具有强烈的金属光泽,是元素周期表中的第47号元素。银的熔点为961.78℃,密度为10.49g/cm^3,摩氏硬度为3,属柔软金属,可塑性良好,导电性优良。

银虽然属于化学性质较稳定的金属,但与黄金、铂金相比,较易与其他物质发生反应。常温下,银不与氧气反应,但熔融时能与氧气发生反应,且易挥发。因此,银饰品熔化加工时会有损耗,损耗率通常在1‰以下。

银在常温下能与硫化物反应生成灰黑色的硫化银。银器和银饰品容易变黑,就是因为银与空气中微量的硫化氢反应生成灰黑色硫化银所致。单质硫也会与银发生反应,在其表面形成一层灰黑色的"硫银"。剧毒的砒霜中含有少量的硫和硫化物,古人用银试毒就是利用了这个原理。

银能溶于浓硝酸、浓硫酸和氰化钠的水溶液。银耐碱,所以在化学实验中,盛放熔融的氢氧化钠或其他氢氧化碱时一般用银坩埚。

四、银饰品的种类

(1)足银(银的含量不得低于990‰)。成色较好的足银,一般常用来制作高档的餐具。在我国,很多少数民族都喜欢用足银制作服装上的装饰品和各种首饰。市场上也常用990‰的足银制作摆设饰品,如银元宝和其他银工艺品等。

(2)925银。925银也有人称之为纹银,要求银的含量不得低于925‰,剩下75‰的成分可能是铜或其他抗氧化金属,印记为"S925"或"Ag925"。

此外,银与其他金属的合金,如银表面镀金、成色银(成色银指银含量较低的银)表面镀足银、铜表面镀银等新产品正在市场上悄然出现。

银作为一种贵金属,可塑性强,适合制作款式夸张的流行首饰。同时,银又是对人体有益的金属,素有"健康银"之说。银饰品由于价格比黄金、铂金饰品低数十倍,属于平民饰物,可常换常新,使佩戴者永居时尚前沿。近几年,银饰品在欧美、日本等地区大受年轻白领的青睐,成为配饰新宠。

五、银饰品的鉴别

1. 观察印记

正规厂家的银饰品会标有规范印记,例如用"S"或"Ag"代表银,用"SL"代表包银。

2. 微化分析法

微化分析法指将样品在试金石上留下条痕,再在条痕上滴浓硝酸,条痕消失后,加入重铬酸铵,若生成橘红色的物质则样品为含银饰品,否则不含银。

3. X射线荧光光谱法

与银外观相似的白色金属及合金众多,肉眼很难准确判别成分。根据国家标准,银的鉴别方法主要是X射线荧光光谱法,根据银的特征吸收峰可判断其真伪。

第四章 珠宝首饰选购知识篇

第一节 珠宝首饰选购指南

美丽的珠宝首饰不仅能美化我们的生活,还能显示一个人的品位和身份。走进珠宝首饰店,珠宝首饰琳琅满目,令人应接不暇。如何选购珠宝首饰饰品是一门学问。选购珠宝首饰主要从直观因素、心理因素和价值因素3个方面去考虑。

一、珠宝首饰选购的直观因素

珠宝首饰的真、善、美是由珠宝本身的特征反映出来的。直观因素主要包括珠宝首饰的颜色、质地、质量(大、小)等。

1. 珠宝首饰颜色系列的选择

珠宝给人的直观感觉首先是颜色。珠宝首饰五彩缤纷,选择珠宝颜色是选购珠宝首饰的首要任务。

现代人大多根据季节的变化来选购和佩戴不同颜色的珠宝首饰。譬如:在夏季人们喜欢佩戴浅色的首饰,如钻石、珍珠、水晶、欧泊等首饰;在冬季则喜欢佩戴深色的首饰,如红宝石、蓝宝石、祖母绿、乌钢石等首饰。

佩戴什么类型的首饰还跟佩戴者的肤色、发色以及眼睛的颜色有很大的关系。由于肤色、发色和眼睛颜色的差异,世界各民族对珠宝首饰的选择是不同的。如金发碧眼的西方人,适合佩戴浅色调的暖珠宝首饰。如粉红色的石榴石和芙蓉石,可使人的皮肤增加红晕,使人看上去富有生机和活力。黑发、黑瞳孔、黄皮肤的东方人宜佩戴暖色调的珠宝首饰,如橘黄色、米黄色的宝石。红宝石、石榴石和黄玉等首饰,可以使人的面部色彩生动。肤色红艳的人可选用浅绿色、墨绿色的珠宝首饰,但不宜佩戴大红色、紫色或亮蓝色的珠宝首饰,以免将肤色衬托得黯淡。肤色较黑的人不宜佩戴白色或粉色宝石,以免因对比强烈而使皮肤显得更黑,但他们适合佩戴茶晶、黄玉等中间色调的宝石,这类色调的宝石可以弱化宝石颜色与皮肤颜色的反差。

总之,珠宝首饰的颜色是人们决定选购、佩戴何种珠宝首饰最直观的因素之一。

2. 珠宝首饰质地的选择

在珠宝首饰选购的直观因素之中,宝石的质地是区分珠宝首饰档次的主要因素。依据宝石的质地,可以将珠宝首饰划分为高档珠宝首饰、中档珠宝首饰、低档珠宝首饰。

宝石的质地特征主要包括硬度、透明度、亮度等。一般来说,质地好的宝石主要指硬度大、透明度高、亮度高的宝石,当然也有例外。

一般来说,硬度越大,宝石的质地越好。例如,众所周知的世界四大名贵宝石——钻石、红宝石、蓝宝石、祖母绿的摩氏硬度均在7以上。硬度大的宝石不仅耐磨,而且尖锐的刻面棱也增添了宝石的美感。

透明度指宝石透过光线的能力。影响宝石透明度的因素很多,如杂质、包体、裂隙、棉等。宝石一般被划分为透明、半透明、微透明、不透明四级,其中质地纯净透明的宝石最美。

一般透明度高的宝石质地好。如钻石、红宝石、蓝宝石、祖母绿、翡翠等,其透明度越高,质地越好。透明度低的宝石档次低。如那些不透明的刚玉,尽管块大也不能当作宝石,而只能作为工业级的磨料。

宝石的亮度主要指宝石材料反光的强度。众所周知,高档次的珠宝首饰亮度高。宝石散发出的迷人的珠光宝气美化着人们的生活。

在选购珠宝首饰时,除了观察宝石的硬度、透明度、亮度等特征外,检查珠宝首饰的完美程度也很重要。完美程度包括宝石是否有包体和其他缺陷等,内涵十分丰富。

3. 珠宝首饰质量(大、小)的选择

一般来说,同级别的珠宝首饰,质量越大越珍贵。珠宝首饰的质量是选购珠宝首饰的另一直观因素。珠宝首饰质量也影响着价格。例如,选购同级别的钻石,质量大者的价格可能成倍增长。有的人看到质量大、艳丽的珠宝首饰,会立即产生购买欲,这种情况在拍卖会上经常可以见到。

例如:一颗重达2.23ct的血红色艳钻,1989年在巴黎珠宝展销会上标价为4200万美元;一颗重达14.65ct的鸽血红红宝石,售价达143.5万美元;一颗重达393ct的星光蓝宝石,标价达8500万美元;一颗重达62.8ct,如葡萄粒大小的星光祖母绿宝石,标价为1亿元人民币。

珠宝首饰选购的直观因素与心理因素、价值因素密切相关。消费者选购时还要从自身的经济状况和审美角度出发,最终综合各种因素后做出选购珠宝首饰的决定。

二、珠宝首饰选购的心理因素

爱美之心人皆有之,但是由于人们的文化素质、生活习俗、兴趣爱好不尽相同,因而选购心理也存在差异。这正是仁者见仁,智者见智。

珠宝晶莹闪光,赏心悦目,令人神往!美丽、珍贵、稀有的珠宝给人一种神秘感,人们把珠宝作为幸福、幸运和美好希望的精神寄托,有时它们还是权力和财富的象征。基于对珠宝的这些认知,人类社会逐渐形成了一些与珠宝有关的习俗。

1. 与珠宝颜色有关的习俗

人们对珠宝颜色的喜爱各有所异,通常认为红色代表活力、健康、热情和希望,黄色代表温和、光明和快乐,绿色代表青春、和平和朝气,蓝色代表秀丽、清新和宁静,紫色代表高贵、典雅和华丽,白色代表纯洁、神圣和清爽,金色代表光荣、华贵和辉煌,橙色代表兴奋、喜悦和活泼、华美,青色代表希望、坚强和庄重,黑色代表庄严、神秘。

2. 珠宝作为国石的习俗

国石一般是指具有国家特色,深受国民喜爱的珠宝玉石。国石一般在当地资源丰富,蕴含深刻的民族文化内涵。例如:英国、荷兰、南非、纳米比亚以钻石为国石,美国、希腊以蓝宝石为国石,缅甸以红宝石为国石,哥伦比亚、西班牙以祖母绿为国石,澳大利亚、捷克、奥地利、匈牙利以欧泊为国石,埃及以橄榄石为国石,土耳其以绿松石为国石,阿富汗、玻利维亚以青金石为国石,瑞士、日本、瑞典、乌拉圭以水晶为国石,菲律宾、印度、法国以珍珠为国石,意大利、摩洛哥、阿尔及利亚以珊瑚为国石,巴西以海蓝宝石为国石,德国、罗马尼亚以琥珀为国石,斯里兰卡以猫眼石为国石,葡萄牙以金绿宝石为国石,马达加斯加、智利以孔雀石为国石,墨西哥以黑曜石为国石。

3. 珠宝作为生辰石的习俗

生辰石又称诞辰石。人们一般认为:石榴石是1月生辰石,象征忠诚、友谊,被誉为"幸运宝石";紫晶是2月生辰石,象征诚实、稳重、心地善良;海蓝宝石是3月生辰石,象征沉着、勇敢;钻石是4月生辰石,象征纯净无瑕、忠贞和天真;祖母绿是5月生辰石,象征幸福和长久;珍珠是6月生辰石,象征富裕、健康、长寿;红宝石是7月生辰石,象征热情、爱情、品德高尚;橄榄石是8月生辰石,象征幸福、美满、和谐;蓝宝石是9月生辰石,象征慈爱、诚实、德高望重;欧泊是10月生辰石,象征欢喜、安乐、美好和希望;托帕石是11月生辰石,象征友爱、真挚的爱;绿松石是12月生辰石,象征兴旺和成功。

4. 戒指佩戴的习俗

戒指戴在食指上,表示求婚或想结婚;戴在中指上,表示正在恋爱;戴在无名指上,表示已经结婚或订婚;戴在小指上,表示独身。大拇指一般是不戴戒指的。戒指通常戴在左手上。

5.结婚周年纪念的珠宝习俗

结婚15周年称水晶婚,结婚16周年称托帕石婚,结婚17周年称紫晶婚,结婚18周年称石榴石婚,结婚20周年称瓷婚,结婚25周年称银婚,结婚30周年称珍珠婚,结婚35周年称珊瑚婚,结婚40周年称红宝石婚,结婚45周年称蓝宝石婚,结婚50周年称金婚,结婚55周年称翡翠(或祖母绿)婚,结婚60周年称钻石婚。结婚周年宜选购相应的珠宝纪念品。

6. 星座珠宝习俗

水瓶座的吉祥珠宝是紫晶,双鱼座的吉祥珠宝是海蓝宝石,白羊座的吉祥珠宝是金绿宝石,金牛座的吉祥珠宝是珊瑚,双子座的吉祥珠宝是玛瑙,巨蟹座的吉祥珠宝是珍珠,狮子座的吉祥珠宝是钻石,处女座的吉祥珠宝是碧玉,天秤座的吉祥珠宝是祖母绿,天蝎座的吉祥珠宝是红宝石,射手座的吉祥珠宝是绿松石,摩羯座的吉祥珠宝是黑玛瑙。

7. 中国民间十二生肖珠宝习俗

中国民间有本命年佩戴生肖首饰的习俗。因而,生肖形制的首饰在市场上很常见。市场上的生肖首饰既有纯宝石制作的,也有纯金属制作的。

8. 其他吉祥物及珠宝首饰习俗

清朝时期,官职不同,帽顶的珠宝也不同。如一品官的帽顶珠宝为红宝石,二品官的帽顶珠宝为珊瑚,三品官的帽顶珠宝为蓝宝石,四品官的帽顶珠宝为青金石,五品官的帽顶珠宝为水晶,六品官的帽顶珠宝为砗磲,七品官的帽顶珠宝为素金,八品官、九品官的帽顶珠宝为纹镂花金。皇帝的皇冠都是用金、银和宝玉石制作而成的。

民间的珠宝玉佩题材种类繁多,如有福、禄、寿、禧,龙凤呈祥,二龙戏珠,松鹤延年,岁寒三友,喜鹊登梅,喜上眉梢,喜报春光,喜从天降,双喜临门,欢天喜地,竹梅双喜,喜在眼前,喜报三元,多福多寿,福寿双全,福寿三多,三星高照,寿比南山,流云百福,平安如意,一路平安,岁岁平安,事事如意,诸事遂心,必定如意,年年有余,万象升华,国富民强,五业兴旺等。

综上所述,珠宝首饰选购的心理因素是多种多样的。随着人们的生活水平、欣赏水平逐渐提高,珠宝首饰之美必将为人们的生活平添风采。

三、珠宝首饰选购的价值因素

珠宝首饰价格的影响因素很多。珠宝美丽、稀少、珍贵,珠宝首饰的价格随着时间、空间的变化而不同。在当前珠宝首饰市场销售竞争十分激烈的情况下,商家采取了拍卖、议价、打折、有奖销售等促销手段。现今珠宝首饰市场上的价格并不统一。

按质定价是珠宝首饰定价方式中最基本的一种,其价格是由直观因素决定的。部分商家还以珠宝首饰的美观程度、稀少程度为依据定价。除此之外,珠宝首饰的来源、运输途径、消费者的需求等都有可能影响珠宝首饰的定价。

珠宝首饰作为一种特殊的商品,保值与增值是消费者的购买愿望之一。真正有价值的珠宝首饰具有一定的升值空间。但是珠宝首饰市场上的一些假冒伪劣商品则不具有收藏价值。目前的珠宝市场运营尚不规范,由于一些珠宝首饰商家的炒作,非价值因素影响着珠宝首饰商贸。所以消费者掌握一定的珠宝首饰知识是十分必要的。

综上所述,消费者在选购珠宝首饰时,直观因素、心理因素、价值因素都会对消费行为产生影响。一般在选购时,要综合自己的经济实力、爱好,以及生活习惯等因素进行考虑。

第二节 如何选购珠宝首饰

一、选购珠宝首饰的基本原则

1. 宝石选购的基本原则

大多数宝石的价格昂贵,若在购买时上当受骗,消费者将损失巨大。因此,消费者应当选择正规商店购买珠宝首饰。为维护企业信誉和消费者的利益,国内一些珠宝商家主动为广大消费者提供咨询服务。一些珠宝首饰店聘请珠宝专家,现场为消费者解答各种疑问,并当场免费鉴定珠宝。消费者应充分利用这些资源。

为提高鉴定的准确性,消费者可携带放大镜、聚光手电筒等便携式鉴定工具。放大镜可用于观察宝石表面的光亮程度、磨损程度以及鉴别宝石的品种。聚光手电筒可用于观察宝石的透明度、内部结构等。

宝石的颜色是影响宝石价格的重要因素,但珠宝商店里多为强光源或有色光源,因而消费者在选购时要注意光源及环境对颜色的影响。

此外,成品宝石的净度、切工和质量(大、小)也是消费者需要认真考察的方面。宝石的质地要达到硬度大、透明度高、纯净无杂质、无隐裂、无其他瑕疵等标准。宝石成品的做工要精细,式样要美观,要能满足消费者的审美需求。

选购镶嵌宝石的消费者要格外认真、谨慎。由于金属托架限制了某些鉴定方法的应用,消费者在确定了宝石种类以后须在高倍镜下观察宝石是否经过了某种处理以及是否是人造宝石。

2. 贵金属首饰选购的基本原则

市场上销售的贵金属首饰,多数配有质检机构出具的检验标识。检验标识明确标注了首饰的成分、成色、质量(大、小)。另外,打印在首饰上的印记还包括厂家代号等信息。消费者在购买时应仔细查验这些标识。

消费者在检查贵金属首饰的工艺质量时,应注重检查首饰表面的光洁度、尖角处有无毛刺。不扎不刮、无砂眼、无裂隙、无夹杂、焊接牢固、簧口紧密、开启方便、顶插针长短一致、耳壁松紧适度的贵金属首饰才是合乎质量标准的贵金属首饰。

在购买以质量结算的首饰时,消费者应当场复称核实,结账时应向销售方索要销售凭证。销售凭证应包含首饰名称、成色、质量、购买日期,销售方应盖章。

二、珠宝首饰选购步骤和要点

珠宝首饰选购步骤和要点如下所示。

1. 珠宝首饰的选购步骤

(1)视佩戴对象选购。购买者可能为自己购买,也可能为他人购买珠宝首饰。不同的佩戴对象决定了不同的选购范围。如果珠宝首饰是购买者本人佩戴,在选购时顾忌较少,在自己所能承担的范围之内,消费者可选符合自己特点的较新颖的款式;如果佩戴人为配偶,应尽量选择庄重的、有纪念意义的首饰;而赠送朋友,则最好选择有纪念意义又实用的珠宝首饰。

(2)宝石材质的选择。消费者应根据个人的具体情况,选择不同材质的宝石。目前市场常见的高档宝石有钻石、红宝石、蓝宝石、祖母绿、高档翡翠、猫眼、黑欧泊等,中档宝石有海蓝宝石、粉红色电气石、尖晶石、橄榄石、锆石等,低档宝石有水晶、红色石榴石、黄玉、玉髓、月光石等。根据用途不同,购买者可选择不同材质的宝石,如订婚一般选择钻石戒指,生日纪念一般选择生辰石。

(3)选择商店和款式。消费者应货比三家,从价格、工艺质量、款式质量、镶嵌质量及售后服务几个方面进行选择,并对宝石进行仔细观察。消费者一般应到信誉好、能提供完善售后服务的商店购买珠宝首饰,而不要被"低价位""高折扣"所迷惑。

(4)查看标识。按照国家规定,商店出售的珠宝玉石商品必须经检验合格,方可销售。因此每件珠宝玉石都必须配备检验证书,其内容包括宝石的名称、检测单位的名称和监督电话等。检测机构须为国家政府部门正式认定的质量检验权威机构,如山东省黄金珠宝玉器产品质量检验中心、济南宝玉石产品质量检验站等,或省、市质量检验协会。消费者在购买时还须查看商品上的印记,一般在金属底座上印有金属的成分和成色,钻石制品还应印有钻石的质量(大、小)。如"Pt900 D040"表示底座含铂金量为 90%,钻石大小为 40 分(100 分 = 1ct=0.2g)。

(5)索取购物发票和鉴定证书。消费者购买珠宝首饰后一定要索取购物发票。发票中应注明购买珠宝的品种,以备日后作为咨询、投诉和获取售后服务的依据。消费者购买高档宝石时还应索取宝石鉴定证书。正规的检测证书上有宝石名称、技术参数及鉴定机构的名称和电话,并有签名和钢印。目前市场上鉴定证书有多种,应以带有权威机构标志"CMA"(China Inspection Body and Laboratory Mandatory Approval)、"CAL"(China Accreditecl Laboratory)或"中国实验室国家认可"的证书为信。

2. 珠宝首饰的选购要点

选购珠宝首饰要明确自身整体形象。所谓整体形象指根据自己的脸型、肤色、体型、文化背景、职业、年龄等各种条件来选择合适的珠宝进行整体搭配。

(1)脸型。人的脸型可分为长方形脸型、方形脸型、圆形脸型、椭圆形脸型、正三角形脸型、倒三角形脸型。长方形脸型的女性可选购圆形的大耳环或镶嵌宝石的圆耳环、细短项链,以增加脸部的宽阔感。方形脸型的女性可选购中等大小的椭圆形耳环、细长项链,以增加脸部的柔和感。圆形脸型的女性可选购带棱角坠饰的耳环及带坠的粗长项链,以增加脸部的轮廓感。椭圆形脸型的女性可选购小型耳环、中长项链,以增加脸部的优美感,当然别的款式的耳环、项链、戒指也适用。正三角形脸型的女性,可选购中型的圆耳环或垂珠式中型耳环、带坠饰的粗短项链,以减少下部的宽阔感。倒三角形脸型的女性,可选购小型的三角形耳环及短款项链,以增加下部的宽阔感。

(2)肤色。人的肤色大致可分红润、洁白、略黄、灰青、偏黝黑几种。肤色红润的人,可选购色彩鲜艳的首饰,如镶嵌了彩色宝石的耳环、K金戒指,配有彩色坠饰的黄金项链等,以显得健美。肤色洁白的人,可选购浅色彩色宝石首饰,如镶嵌宝石的项链和戒指,以显示文静、秀美。肤色过于洁白的人,不宜佩戴镶嵌白色宝石首饰,以免显得苍白、病态。肤色略黄的人,可选购镶嵌透明无色宝石的首饰,如镶嵌钻石的戒指、水晶项链、水晶或珍珠耳环,以增添优雅感。肤色灰青的人,可选购透明无色的珠宝首饰,以增添刚毅感。肤色偏黝黑的人,可选购粗犷风格的K金首饰,以显出阳刚之气。

(3)体型。人的体型可分为颀长、瘦小、中等、矮胖、高壮几种。体型颀长的女性,通常手指也纤细修长,可选购粗轮廓的项链、大的胸针、款式厚重的戒指,以平衡清瘦的感觉。体型瘦小的女性,可选购精细的短项链、小耳环,以突显小巧的特点。中等身材的女性,可选购各种中型金银首饰,但同一类不宜超过一件,也不宜全副披挂,以防破坏整体协调性。体型矮胖的女性,一般颈短、手指粗,可选购长项链、异型花戒、宽而松的手镯,以转移他人对粗短身形的关注。身材高壮的女性,可选购中等粗的项链、大而宽的方戒、大型耳环、粗壮的手镯,使高壮与柔美达到平衡。

(4)文化背景。所谓文化背景指的是地域、民族风俗、职业、文化修养、年龄等,这些构成了每个人特殊的"气质"。欧美人一般喜爱色彩鲜明、线条粗放的低K数K金首饰,亚洲人一般喜爱精巧、线条细腻的足金、"纯银"首饰或不同成色的K金首饰。由于工艺的限制,民族风格首饰的色彩一般不太鲜明,款式都比较朴素。

(5)职业。从事不同职业的消费者选购的首饰也会有差别。例如,从事艺术类职业的消费者可选购新潮、色彩鲜艳的首饰,文员可选购高贵、线条简洁的首饰,从事服务行业的消费者可选购精巧、质地好的首饰,普通职业消费者可选购线条优美的K金首饰。

(6)年龄。年轻的女性可选购色彩鲜艳、款式新潮而价格低廉的K金首饰。中年女性可选购线条明快、款式普通而价格昂贵的首饰。老年女性可选购价格昂贵、有明显传统特征的镶嵌宝石的首饰,如带翡翠坠饰的项链和带祖母绿戒面的戒指。

珠宝首饰的选购要考虑整体形象、气质和场合,特别要考虑首饰的多用性、可搭配性,这样可以提高珠宝首饰的利用率。

三、珠宝首饰选购存在的常见误区

1. 选购珠宝要当心"网骗"

近几年,随着网上购物的兴起,国内一些网站瞄准年轻白领,推销形形色色的廉价珠宝。他们的诈骗招数主要有以下几种(以售卖钻石为例)。

(1)以廉价诱人。不少网站上的钻石标价要比市场价低40%~50%,有的甚至低至市场价的2折。实际上,这些不过是吸引消费者眼球的"钓鱼价",如果消费者打电话咨询,工作人员会说低价钻石"刚巧"已售完,转而推销另一种"更加划算"的廉价钻石。

(2) 用假证书"提级"。钻石出售时大多附带证书,一些不法商家在网上销售钻石时会附上篡改过的假质量检验证书,以次充好,欺骗消费者。

(3) 用"水货"冒充正品。在我国,上海钻石交易所是唯一合法进出口钻石的机构,市场上所有零售钻石都必须有该交易所的源头发票。不少网站销售的钻石都是走私的"水货",品质自然没有保证。

由于我国目前网上销售的行业规范和相关法规尚不完善,大家选购珠宝首饰时,应到正规的商场或专营店挑选。

2. 珠宝首饰市场三大陷阱

陷阱一:部分打金店和首饰店的黄金首饰成色不足。一些打金店、首饰店和厂家联合起来欺骗消费者。主要做法是:打金店向厂家订购金含量为95%的金饰,但要求打上金含量为99%的印记,厂家则暗中只给打金店金含量为85%以下的金饰,并承诺卖不完可免费退货。

陷阱二:部分珠宝店通过低价黄金引诱消费者购买高价玉石等。俗话说"黄金有价玉无价",黄金的市场定价规则较为规范,而玉石的定价规则比较复杂,一些不规范的珠宝店就利用这点,以低价的黄金饰品诱导消费者购买玉石等珠宝产品,从中赚取差价。

陷阱三:某些金饰批发店出售黄金制品或开展旧货换新品的活动时,不按规定开具有店名和签章的质量保证单,损害了消费者利益。一些商店出售商品时,对商品名称含糊其辞,当消费者发现商品有质量问题再找这些商家时,他们往往以消费者提供的商品标识和质量保证单上的标识不一样为由,拒绝承担责任。由于消费者无法提供证据,无法维权。

购买珠宝首饰一定要到正规首饰店。对于价格明显过低的珠宝首饰,消费者要有所防范。

3. 珠宝首饰选购六大误区

误区一:以买足金能保值的心态购买金饰。其实,购买珠宝首饰并不单单是为保值,还为了装扮自己。镶嵌宝石首饰选择K金较为理想。足金过于柔软,不适合做镶嵌宝石的首饰。

误区二:珠宝很贵,消费不起。实际上,珠宝首饰有高档、中档、低档之分,价格的区别也很大。我国珠宝市场至今仍以中、低档珠宝消费为主,个人完全可以根据自己的经济实力选购珠宝首饰。

误区三:低价购买高品质珠宝。想用便宜的价格购买又绿又透的翡翠,这是根本不可能的。有些商人正是利用某些消费者贪便宜的心态,低价出售伪劣品。所以在购买珠宝首饰时,消费者一定要购买信誉好的珠宝公司的产品,产品要配有鉴定证书,珠宝公司同时应开出正规发票,以便消费者发现问题后可及时索赔。

误区四:一味追求完美的珠宝。有些消费者挑选宝石时慎之又慎,唯恐买到内部有一丝杂质或极细微裂纹的宝石。其实真正的天然宝石难免会有这样或那样细微的缺陷,只要不影响宝石的外在美,就不是大问题。如消费者就几乎不可能买到没有丝毫裂纹和包体的祖母绿。

误区五:宝石很硬,不怕摔碰。宝石的硬度和脆性是毫无关联的两个性质。一颗宝石硬度大,却不一定韧性好。例如,钻石是自然界中硬度最高的宝石,但在受外力撞击后也可能破碎。

误区六:只有购买高档珠宝才合算。在不少消费者眼里,只有高档宝石才算真正的宝石,而将许多中、低档宝石视为半宝石,这是一个消费误区。中、低档宝石中的石榴石、橄榄石、托帕石、紫晶等具有各自独特的美,可为人们的生活带来理想的装饰效果。

第三节 珠宝首饰选购实例

一、戒指的选购

1. 戒指指环大小的测量

如何选择适合的戒指呢?下面推荐几种测量戒指指环大小的方法。

方法一:铁丝测量法。

用铁丝模拟戒指绕手指一圈做成一圆形指环,确保指环大小适中后固定指环并做标记,取下指环将它展开后测量周长,即可得所需戒指的周长。选用铁丝测量法时最好用没有弹性的铁丝,并且不能直接沿指根量,要做成环反复调整大小以确保手指能通过。因为一般指关节会比指根稍粗一些,所以仅沿指根量所得周长数据将会偏小。

优点:铁丝测量法的误差相对较小。

缺点:对材料要求较高,不够便捷。

方法二:长度工具测量法(图 4-1、图 4-2)。

长度工具测量法指选择游标卡尺进行测量,游标卡尺显示的刻度值就是人的手指直径。

优点:方便直观,操作简单。

缺点:误差较大。

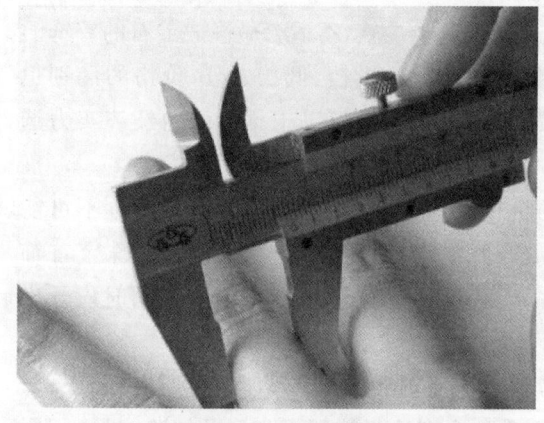 

图 4-1 用游标卡尺测量手指的宽度　　图 4-2 用游标卡尺测量戒指的内径

方法三:纸条法。

纸条法是找到一条细绳或者宽度为 1~2cm 的纸条,围绕手指的根部绕一圈,然后在纸条上或者绳子的交叠处做标记,把纸条或绳子展开,测量两端的长度,最后根据戒指内径周长选择合适的指环尺寸。

优点:材料易得,便捷。

缺点:误差大。

方法四:珠宝店直接测量。

珠宝店直接测量指利用珠宝店内配有成套的指环测量尺寸。消费者最好在黄昏或晚上,即血液循环活跃的时间段测量指环尺寸。如戴设计较宽的指环,戒指圈号应比正常尺码大一号。

2. 佩戴戒指的注意事项

戴在食指上的戒指,要求造型立体,款式可以夸张,材料和用石不必追求高档。戴在中指上的戒指,要求大气、有质感,能够给人以较正式、积极的感觉。戴在无名指上的戒指,宜选择正统造型,因为其位置适中,视觉上平衡感最好,能够显示正统造型的美感。戴在小指上的戒指,可选择可爱、秀气的造型,因为小指能展现出女性的柔美。

手指修长,适宜佩戴宽戒和有体积感的戒指,但整体要求不笨重、累赘。指环过窄、主石太小的戒指,与手指比例不协调,看起来显得太弱小。肥胖型的手适合戴螺旋造型的戒指,这种款式的戒指能使手指稍显纤细。短粗型的手可选择流线型的戒指。

将戒指组合佩戴时也要注意副戒不能喧宾夺主。将戒指戴在食指上时,一般不需要副戒陪衬。除此之外,戒指与指甲油、服饰的色彩相衬、相统一,也是佩戴时应注意的要点。

二、项链、吊坠的选购

项链以其大方、小巧、温馨浪漫而受众多女性的青睐。几个世纪以来,用钻石项链修饰颈部和肩部是女性的梦想。17世纪初至19世纪,欧洲的女性,无论是贵族还是平民,都以佩戴着钻石项链为骄傲。

目前,铂金钻石吊坠多以单颗钻石为主,配以弯曲、盘绕的铂金项链,形成款式各异、趣味无穷的造型。铂金钻石吊坠总体以简洁、清丽、秀逸为主,款式均透露出女性的纤巧、雅洁、灵慧。

1. 项链的尺寸

当消费者选购项链时,首先要考虑的是项链的长度。项链的长度由女性身体曲线确定。

周长为40.64cm(16英寸)的项链一般坠于锁骨上方,与颈围一致,重点突出佩戴者颈部曲线的美。

周长为45.72cm(18英寸)的项链一般坠于锁骨位置。该长度是最常见的项链长度。

周长为60.96cm(24英寸)的项链一般坠于胸部,适合着低领服装时佩戴。

2. 脸型与项链的搭配

不同脸型的人选择合适的项链佩戴,可以起到美化脸部线条的作用。椭圆形脸型的人基本不受限制，适合佩戴任何形状的项链。圆形脸型的人适合佩戴长形或"T"形式样的项链，以使脸型显得修长。长椭圆形脸型的人适合佩戴有质感的粗项链。方形脸型的人适合佩戴长项链或珍珠项链，以柔化脸部线条。三角形脸型的人棱角分明，可以选择线条柔和的项链来弱化脸部棱角。

三、手链、手镯的选购

手链、手镯是多数女性钟情的首饰，但大小和款式的选择十分重要（图4-3）。

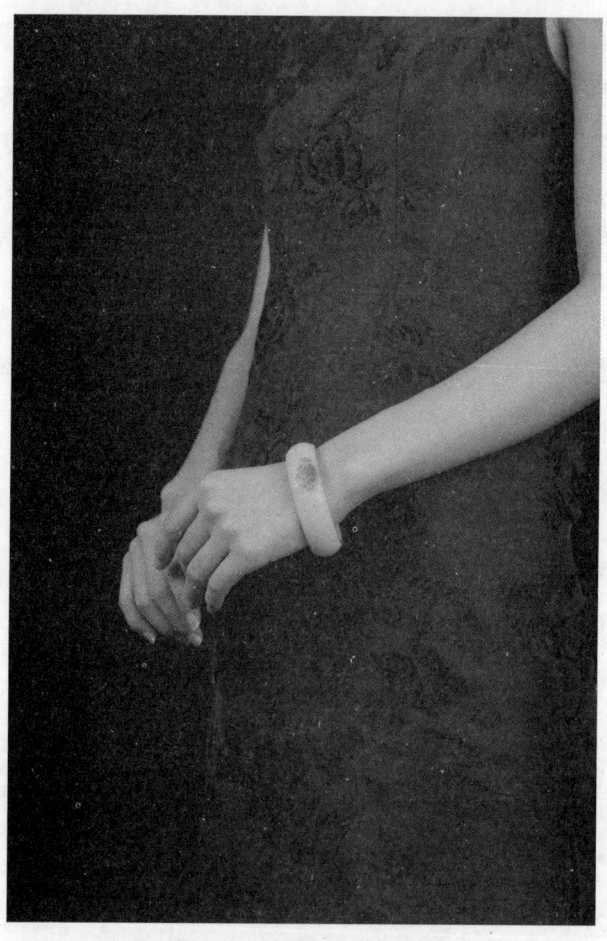

图 4-3 手镯佩戴效果图

1. 手镯内径的测量

方法一：在测量时，将除大拇指外的4根手指并拢，然后用测量工具测量手围，在此基础上加 2~3mm 就是合适的手镯内径。

方法二：五指并拢，用软绳量出手掌最粗部位的周长，用测量值除以 3.14，再加 1~2mm，即是适合消费者的手镯的内径。例如，测量的长度是 170mm，那么手镯的内径通过公式计算为 $170/3.14+(1\sim2)=55\sim56(mm)$。

2. 手链与手腕的搭配

人们在日常生活中手腕活动频繁,易于引起他人注意。如果在手腕上佩戴了合适的手链,会为自己的形象加分。手腕纤细、骨骼不明显者,适合佩戴基本链、造型链或主题链;手腕纤细、骨骼明显者,适合佩戴两条基本链,让手腕更显柔美;手腕丰润、骨骼不明显者,适合佩戴款式宽松的造型链或主题链;手腕丰润、骨骼明显者,适合佩戴个性化的造型链或主题链,将他人注意力从手腕引至手链。

四、耳饰的选购

耳饰总是默默地增添着我们的魅力,它从不喧宾夺主,却往往恰到好处地将女士优雅的风度尽情呈现(图4-4)。

图4-4 耳钉

娇小玲珑的女性不宜佩戴大型的耳环,宜选择一些小巧、精致的耳饰。身材高大的人,则不宜佩戴小型的耳饰。

耳饰的色彩或材质与肤色和着装色彩相协调,可以产生和谐的美感。反差比较大的色彩搭配要恰如其分,可使人充满动感。肤色较暗的人不宜佩戴过于明亮鲜艳的耳饰。皮肤白嫩的女士适合佩戴红色和暗色系耳饰,以衬托肤色的光彩。

具有淑女气质的女性可选择小而淡雅的耳坠。职业女性在工作环境中可以简洁的耳饰搭配套装,既显示女性的柔美,又显得端庄稳重。夸张的几何图形耳环、粗犷的木质耳环、吉卜赛式的巨型圆耳环很有野性味道,与牛仔衣、夹克相匹配,可使人富有豪放的现代感,别有韵味。参加晚宴时适宜佩戴工艺精良、贵重的耳饰,既显华贵高雅,又展示出女性魅力。

发型与耳坠的搭配理应遵循长配长、短配短的原则。长发与狭长的耳坠搭配可显示淑女的风采,短发与精巧的耳钉搭配可衬托女性的干练,古典的发髻搭配吊坠式耳饰使人优雅高贵。

此外,脸型与耳环的搭配也很重要。椭圆形脸型的人佩戴任何形状的耳环效果都不错,圆形脸型的人可以通过佩戴水滴形的耳环来达到拉长脸的效果,长椭圆形脸型的人宜佩戴耳钉,三角形脸型的人可以选择下宽上窄的耳环来平衡窄下巴的线条。

五、金饰品的选购

金饰品属于高档耐用消费品,具有保值价值,在市场上深受消费者欢迎。选购金饰品时,消费者首先应考虑商品的质量,确定它的成色;其次要考虑金饰品的种类和款式,单项或是配套使用等;最后还要根据佩戴者的年龄、职业、身份、体态等综合考虑,尽量选择那些适合自己的金饰品。

1. 素金戒指的选购

消费者若购买素金戒指,先要掂试轻重,再看色泽,还要检查硬度。成色高的黄金戒指必然是沉甸甸的,呈金黄色调,质地柔软而有韧性,落在桌面会发出"卟哒卟哒"的低沉声调。如成色不高,只要有0.01%的铜或银,素金戒指的色泽就会略带紫红色或青白色,密度会变小,硬度会增大,且有弹性,落在桌面会发出"叮叮当当"的清脆声调,成色越低,这些特征越明显。

2. 镶宝石金戒指的选购

消费者如购买镶嵌宝石的金戒指,还需要具备宝石方面的知识,同时对其镶嵌工艺进行检查。选购镶嵌宝石的金戒指时,消费者还要检查戒面与环脚,看其轻重是否得当,如戒面过重就会向指肚坠落。测试的方法是将戒指先戴在小指上试一试,并晃动几下,以戒面不转向、不沉滑为佳。

3. 金项链的选购

选购金项链时,消费者可先用手指捏起项链的顶端,使项链悬空垂直,凭手感初步判断它的成色。成色高的金项链重而不沉、线条匀称,转动几下,熠熠生辉。一条好的项链,要平直挺拔、伸缩自如、圈环相扣,不可有歪扭弯曲的现象。最后,消费者还要看项链顶端连接用的簧钩弹性好不好,连接的圆环和合圈是否牢固。

4. 金耳环的选购

消费者选购金耳环除了应注意成色外,还应注意款式的搭配,以及耳环的锁扣是否开合灵活。

5. 金手镯的选购

消费者选购金手镯时,要注意款式的搭配,还要注意手镯的锁扣是否开合灵活。

6. K金饰品的选购

K金首饰因造型变化多端,独具个性的鲜明特色,常被时尚人士用来充分展现个人魅力。在欧美、日本等地区,色彩富于变化的K金首饰逐渐成为流行时尚,并成为人们表现自我、展现个性的最好选择。一些款式新潮、光泽好、工艺精细的品牌K金首饰甚至比足金首饰的价格还要高。

一般而言,消费者在购买K金首饰时,应首先用手摸焊接处、边角处是否光滑、均匀;其次,可以试戴。K金项链的链扣通常是圆形的,试戴时可以检查链扣是否牢固,弹簧的弹力好不好。

此外,佩戴K金首饰,尤其是K金镶钻首饰时要注意保养,比如:干重体力活或洗澡的时候应该取下首饰;为保持首饰光亮,可以经常用绒布擦拭;隔一段时间应将首饰送到首饰店清洗;等等。

六、银饰品的选购

银饰品款式大方、富有民俗特点,深受人们喜爱。在选购银饰品时,可以从以下几个方面进行考察。

1. 看颜色(又称看面档)

白银纯度愈高,银饰品的颜色愈洁白,面档细腻、均匀、发亮、有润色。如果银饰品含铅质,面档会出现潮花,带有青灰色;如含铜质,面档会粗糙及出现烂心,有干燥感。被氧化了的白银尽管表面有"黑锈",但其色泽黑而光亮。铅、锡、白铜则没有光泽。

2. 掂重量

白银密度较一般常见金属略大,一般来讲"铅质轻,银质重,铜质不轻又不重"。因而通过掂重可对饰品是否为白银做出初步判断。若饰品体积较大但质量较轻,则可初步判断该饰品系其他金属制品。

3. 查硬度

白银硬度较铜小,较铅、锡大,故可用大头针稍用力在实物的不显眼处进行刻画测试,若针头打滑,表面很难留下痕迹,则可判定为铜质饰品;若实物为铅、锡质地,则痕迹很明显、突出;若实物表面留有痕迹而又不太明显,便可初步判定为白银制品。纯白银饰品用手拉、折就能使之变形。因此,我们在鉴定时要注意此方法为有损鉴定方法,须慎用。

4. 听声韵

饰品若为高成色白银,则掷地有声无韵、无弹力,声响为"卟哒卟哒"。成色越低,声音越低。若为铜质,其声高且尖,韵声急促而短;若为铅、锡质地,则掷地声音沉闷、短促,且无弹力。

5.仿白银制品的特点

仿白银制品一般是用红铜、黄铜、白铜、铅、锡、铝等制造,它们各具特点。红铜质制品,外表紫红色,茬口黑红色,生绿锈;黄铜质制品,外表黄色,茬口豆绿色,生绿锈;白铜质制品,外表灰白色,茬口砖灰色,生绿锈;铅质制品,灰蓝色,质软,用指甲可划出道痕;锡质制品,银白色,质软,用指甲可划出道痕;铝质制品,白灰色,质较软且轻。

七、铂金饰品的选购

在选购和佩戴铂金饰品时应注意以下几点。

1. 查验金属标识

消费者应查验饰品上的材质标识和纯度标识(如"Pt900""Pt990"或"Pt850")以及厂名标识。无标识者,均不可视为合格的铂金饰品。

2. 检查首饰的瑕疵

消费者在选购时应注意款式是否新颖,表面是否光洁明亮,饰品每个部位的线条花纹是否清晰,有无浇铸时留下的残渣。

3. 检查镶嵌工艺

消费者在检查镶嵌工艺时应注意以下两点:检查爪子是否稳固,会不会钩挂衣服;项链搭扣是否焊接牢固,有无潜在裂纹。

4. 佩戴时注意保护

消费者在佩戴戒指时应注意,不要把铂金戒指和黄金戒指同时戴在相邻的手指上,以免因铂金比黄金的硬度大得多而被"染黄"。佩戴时,还应避免首饰受力变形。若变形了,消费者不要自己盲目"整形",而应去专业的店铺进行整形和抛光。若佩戴扁而阔的铂金链,佩戴者睡觉时应取下,以免折坏而难以修复。

5. 保留购买凭证

消费者在购买铂金饰品时,应到正规商店购买,以避免买到成色不足的产品。同时,消费者在购买时应要求商家开具凭据,以备必要时以此为凭据进行交涉。

第四节 常见珠宝玉石品种选购要点

一、珠宝玉石的基本选购要素

天然珠宝玉石按其品种和质量可分为2个档次:高档珠宝玉石,如钻石、红宝石、蓝宝石、高档翡翠等；中、低档珠宝玉石，如海蓝宝石、托帕石（黄晶）、碧玺（电气石）、尖晶石、石榴石、橄榄石、紫晶等；也可分为常见宝石和稀有宝石。同一品种的珠宝玉石，由于质量不一，价格相差甚为悬殊。基本选购标准如下。

1. 颜色

有色宝石，以色泽均匀、鲜艳纯正、浓淡相宜为佳。无色者以无杂色为上品，如钻石色调的深浅直接影响其价值。

2. 透明度

宝石透明度愈高，其价值也愈高。宝石中存在的各种杂质、裂隙等所谓的瑕疵，其多寡程度也将会影响宝石的价值。

3. 特殊光学效应

猫眼、星光、变彩等特殊光学效应，不仅能增加宝石的美感，更能提高其价值。常见的具有特殊光学效应的宝石有金绿宝石猫眼、星光红宝石、星光蓝宝石、具有变彩效应的欧泊等。

4. 光泽

一般说来，珠宝玉石的光泽越强越好。一些珠宝玉石的特殊光泽也增加了它们的价值，如珍珠的珍珠光泽、虎睛石的丝绢光泽等。

5. 质量（大、小）

珠宝玉石愈大愈重愈好，尤其是高档珠宝玉石，其价值随质量的增加而成倍增加。

6. 商家信誉

选购珠宝玉石最好到信誉高的商家。消费者在购买高档珠宝玉石时，应向商家索取政府部门授权的珠宝玉石鉴定机构签发的宝石鉴定证书。

二、常见珠宝玉石品种的选购要点

1. 钻石的选购

消费者在选购钻石时，应选信誉度高的商场，并索取钻石鉴定证书、发票和质量保证书。

钻石的价格主要是由净度、颜色、切工和质量（大、小）四项指标所决定。钻石的总价格中，质量权重占 40%～60%，净度权重占 15%～25%，颜色权重占 15%～20%，切工权重占 20%～35%。

（1）质量。钻石是按质量分级计价的，如 18～22 分的为 20′级，23～27 分的为 25′级，28～39 分的为 30′级，每个级差之间的差价达到 3500～10 000 元/ct。所以 22 分钻石与 23 分钻石、27 分钻石与 28 分钻石虽然只差 0.01ct，但价格却有一个级别之差。消费者可根据自身经济条件选择合适的饰品。

（2）净度。市场上常见的钻石的净度分3档——VVS、VS、SI（净度为LC/P的钻石在市场上较为少见），3档之间的差价为3000～5000元/ct，相当于总价的10%～15%。例如，价格为3000元的VVS级别钻石比同质量的VS级别钻石的价格要高出300～450元。

（3）颜色。美国宝石学院（Gemological Institute of America）把无色到浅黄色或浅褐色系列钻石颜色变化划分为23个连续的级别，级别由高到低用英文字母D、E、F、G、H、I、J、K、L、M、N、O、P、Q、R、S、T、U、V、W、X、Y、Z表示。根据标准，D—F等级钻石是"无色"的，G、H等级钻石是"近无色"的，K—M等级钻石是"轻微黄"（faint yellow），N—R等级钻石是"非常浅黄"（very light yellow），剩余等级钻石的颜色是"浅黄"（light yellow）。各类型钻石之间价格相差总价的10%～15%，每个等级之间又相差10%。

（4）切工。钻石切工的好坏直接影响其"火彩"程度和台面大小，因而钻石的切工权重占总价的20%～35%。以30%计，3000元的钻石，基准切工价是900元。不同加工商的切工价格又有一定的差价，印度切工价格最低，比利时切工价格最高。如比利时切工价格比以色列切工价格高25%～30%，以色列切工价格又比印度切工价格高15%。一颗价值3000元的印度切工钻石（切工工费以900元计），按以色列切工计价格就是1035元，按比利时切工计价格为1294～1350元。

（5）品牌。品牌权重是个不定数。由于我国珠宝业起步较晚，因而品牌意识还处于起步阶段。据市场调查，全国比较知名品牌的钻石售价约比一般品牌高出20%～33%。所以，消费者选购钻石要考虑自己的经济能力和目的（装饰还是保值）。一般来说，知名品牌的钻石饰品，其切工好、品质稳定、镶嵌工艺好，因而价格相对一般品牌会高出许多。

2. 红、蓝宝石的选购

红、蓝宝石属于有色宝石，它们的价格由净度、切工、质量（大、小）及颜色来决定，其中，颜色是评价红、蓝宝石最重要的因素。一颗颜色上乘的红宝石或蓝宝石的价格，可能比颜色较次的红、蓝宝石的价格高出数倍至数十倍。

红宝石的主色调是紫色、红色、橘色。蓝宝石的主色调是蓝绿色、蓝紫色。

（1）颜色与光泽。在挑选红、蓝宝石的裸石时，应将宝石倒置于白色的背景上，观察宝石的颜色。红宝石的颜色若为纯红色，则该红宝石为最高品质的红宝石，价格也最为昂贵；若是红中含有微紫色，或含有微橘色，则该红宝石被评定为次级品，随着紫色或橘色的加深，品质也就更为降低；紫色或橘色若较红色更明显，则该宝石不再称为红宝石，而以紫色蓝宝石或橘色蓝宝石为其名称，价格也就更为低廉。

蓝宝石的颜色测试方法与红宝石相同，蓝宝石以蓝中带有微紫色为最佳，纯蓝色次之，蓝中带绿色的蓝宝石级别较低。

在选购时，我们可将宝石放置于黑色的背景上，晃动宝石并仔细观察是否能看见彩色的闪耀光芒及光芒的强弱度。如果该宝石拥有良好的切工，光芒将较为闪烁耀眼，整颗宝石看起来亮丽无比；反之，宝石就会显得黯淡无光，即便颜色再好，也无法显现出宝石的亮丽。

由于人体肤色的深浅不同，佩戴有色宝石也会显现出不同的效果。要选出最适合自己的有色宝石,应将宝石放置于手背的两根手指之间,观察宝石颜色是否与自己的肤色搭配。有的宝石戴起来会让自己的肤色显得较黑,但有的宝石却有画龙点睛之效。

检查宝石颜色时所使用的光源,也是必须注意的。日光、钨丝灯光源、日光灯光源因本身光的组成不同,照射在同一颗宝石上将会产生不同的颜色。如钨丝灯光源,因本身含有较多的红光,会使红宝石看来更红,珠宝店内所使用的卤素灯,就是这一类;日光灯则含有较多的绿光及蓝紫光,因此照射在红宝石上,就会使其颜色看起来偏紫色或橘色,所以几乎没有一家珠宝店使用日光灯来作为主要的照射灯具。一般来说,正午的日光是观察宝石颜色最准确的光源。总而言之,在比较两颗不同的红宝石时,一定要使用相同的光源来做比较,才能得到正确的比对结果。

(2)切工、净度与质量。每一位宝石切割师,在切割一颗宝石前,除了将颜色列为第一考虑因素外,还需要考虑如何最大限度地保留宝石的质量。几乎所有宝石原石体内或多或少都会有一些杂质存在,这些杂质有些是固态的结晶矿物,有些是液体或气体。宝石切割师在切割宝石时,往往为了使切割后的宝石晶莹剔透,会避开宝石原石中的这些杂质,因而产生不良的切割比例,或是将宝石原石切割成较小颗的裸石,以获取一颗内部干净的宝石成品。综上所述,想要寻找一颗颜色艳丽、切工良好、内部又非常干净、颗粒大的高品质红宝石或蓝宝石,确实是非常困难的事。

使用手持式 10× 放大镜,观察宝石的切工状况及内部干净的程度,是购买宝石前的必要步骤。一般来说,红、蓝宝石结晶体内部的杂质愈少,品质愈高,但是对于天然的红、蓝宝石,要达到晶体内部毫无瑕疵几乎是不可能的。因此,在观察宝石时,只要该宝石内部的杂质微小且不影响其颜色及透明度时,都不会被列为瑕疵,反而这些内部杂质成为了宝石鉴定师鉴定宝石的真伪及判断矿石出产地的最佳线索。

红、蓝宝石的价格随质量的变化趋势和钻石相似,质量愈大则价格愈高。如果两颗红宝石的颜色、净度、切工比例大致相同,一颗质量为 1ct,另一颗为 2ct,那么质量为 2ct 的红宝石价格将远远不止 1ct 红宝石价格的两倍。

3. 祖母绿、海蓝宝石的选购

和选购红宝石时的情况类似,选购祖母绿时,颜色是最重要的考虑因素。祖母绿中以纯正的翠绿色的祖母绿最为名贵,颜色过淡或过深对其价值都有影响。祖母绿多有瑕疵,但不能有明显的裂纹。除了考虑上述基本条件外,不同产地的祖母绿价值差别很大,如巴西祖母绿每克拉仅值 10~12 美元,而哥伦比亚的优质祖母绿每克拉卖价平均为 400~600 美元。10ct 以上的哥伦比亚祖母绿,每克拉超过 1 万美元,远高出巴西祖母绿的卖价。

国内珠宝市场常有低档祖母绿蛋形光身戒面出售,系我国云南所产,透明度较差,大都有微裂纹。为了掩盖裂纹,珠宝商常用雪松油或人工合成的液态环氧树脂浸渍祖母绿。此外,还有人工合成的祖母绿,它与天然祖母绿很难区别,因此鉴别祖母绿的难度很大,如购买价格昂贵的祖母绿首饰,最好有珠宝检测机构出具的鉴定证书。

海蓝宝石以深海水蓝者为佳,蓝色纯正、琢磨精细者价格高。

4. 碧玺的选购

碧玺的选购主要注意如下几个方面。

(1)透明度。碧玺常含有杂质、裂隙,因而半透明、不透明的居多。透明度高的碧玺极为难得,为上品。

(2)颜色。红色、蓝色、绿色的碧玺较少,故较为名贵。在选择镶嵌碧玺的首饰时,碧玺以红色、蓝色、绿色为宜,要求颜色均匀艳丽。碧玺项链和碧玺手链则以颜色丰富为佳,每粒珠子的颜色可以不同,搭配红、黄、蓝、绿、紫等多种颜色。同一粒珠子上有两种或多种颜色相间的碧玺,被称为双色碧玺或多色碧玺,更为名贵。另外,碧玺猫眼属于碧玺中的上品。

(3)纯净程度。碧玺容易产生裂隙,内部常含有大量包体。这些瑕疵会影响碧玺的透明度、颜色,而内部十分纯净的碧玺也比较难得,属于上品。在挑选碧玺时,消费者应尽量挑选内部干净的。由于碧玺具有脆性,所以在佩戴的时候应注意避免撞击。

5. 水晶的选购

水晶饰品是常见的饰品。如何挑选到一件中意的水晶饰品呢?消费者可以从以下方面选择。

(1)看质地。水晶以纯净、光润、晶莹为好,如果发现有深浅、长短不一的裂纹、斑点,则属于次品。

(2)看做工。水晶制品的加工工艺分为两种,即磨工和雕工。如制作水晶项链、手链、耳环等的工艺属磨工,制作观音像、内画鼻烟壶等的工艺属雕工。一件做工精良的水晶制品做工应考究、精细,不仅能充分展现出水晶制品的外在美(如造型、款式、对称性等),而且能最大限度地挖掘其内在美(如质地的晶莹、颜色的巧妙运用等)。

(3)看抛光。抛光工艺的好坏直接影响水晶制品的价值。水晶在加工过程中须经过金刚砂的琢磨,粗糙的抛光工艺会使水晶表面存在摩擦的痕迹。好的水晶制品,透明度、光泽都比较好,按行话说叫作"火头足"。

(4)看孔眼。对于缀穿水晶制品(如项链、手链、佛珠),要看孔眼是否平直,孔的粗细是否匀称,有无细小裂纹。孔壁必须清澈透明。

(5)看颜色。即使同一种类的水晶,不同部位的纹理、色泽也各有千秋。单色水晶,要颜色均匀;在同一块水晶上颜色有深浅的,则要求色调、纹路美观自然。

(6)看协调性。消费者在购买水晶首饰时应试戴,检查饰品的大小、长短是否合适,还应注意水晶首饰的款式、色彩是否与自己的身材、肤色、脸型和服装颜色相协调。

6. 翡翠的选购

翡翠是玉石的一种,它的高雅气质深深吸引着消费者。俗话说"黄金有价玉无价",许多消费者在购买翡翠时感到无从下手。针对这一现象,我们就如何选购翡翠,从以下8个要点进行阐述。

(1)看质地。消费者应选购透明度较好、呈玻璃光泽的饰品,但要防止购买到玻璃制品

(俗称"料件")。鉴别的要点是翡翠透光照时有些部位呈雾状或斑状,玻璃制品不呈雾状和斑状,但有气泡。绿色翡翠的色泽有浓淡深浅、有翠点,而玻璃制品的色泽基本一致。

(2)看硬度。翡翠的硬度大,甚至比玻璃和其他玉石都硬,可以用来划玻璃。消费者在购买时,可当着商家的面划玻璃,如果商家不同意则不要轻易购买。

(3)掂重量。翡翠密度大,掂在手上有沉感,如是玻璃品则有轻飘感。中国河南的独山玉密度也大,容易用来冒充翡翠,其色泽也接近翡翠,须综合判断。

(4)看颜色。凡是高绿(特别艳丽)或满绿的饰品,选择时一定要特别慎重,因为如果是真货其价位极高,商家是不可能以一般的价格出售的。如带有少量的绿色而色泽较明亮鲜艳的翡翠即大概率为真货,其价位也比较适中。

(5)看饰品大小。翡翠佩件的常规大小(佩在腰带上)为3cm×3cm左右,挂坠(挂在颈项上)大小为2cm×2cm左右最适当,摆件大小可随意,但要注意厚度,饰品的厚度直接影响其透明度(俗称"水头")。薄的翡翠透明度高,厚的翡翠透明度低,一般厚度为3~5mm最适合鉴别透明度,俗称1分水头,有1分水头的翡翠即为优质翡翠。

(6)看做工。消费者还要注意观察雕琢工艺(最好用4×以上的放大镜观察)。人物雕像主要看面部是否端正,五官分布是否合理;动物雕像看躯干和四肢的比例是否恰当,形态是否自然;花卉雕件看线条是否流畅,布局是否合理。同时,消费者要特别注意雕件的阳面和阴面及底部是否打磨得光滑平整。另外,消费者还要仔细观察线条粗细是否一致,有没有断刀或重叠。手镯一类要注意是否有裂隙。

(7)选择商家。市场上商家主要有3种:专业店,价高货较真;个体古玩店,价适中但货品真假并存;个体摊,价低假货多。因此须慎重选择。

(8)价比多家。消费者还要多跑几个商家比价格,只要有眼光、有耐心,一定能买到称心的饰品。

7. 软玉的选购

选购软玉饰品要注意以下两方面的问题。

(1)真伪鉴别。真伪鉴别的要点有以下3点。看光泽。软玉具有不同程度的油脂光泽,而仿品只有玻璃光泽或蜡状光泽。掂重。软玉密度大,有沉甸甸的感觉,而仿品大多较轻。看内部结构。用聚光手电照射玉石内部,可见软玉独特的絮状纹。若有星星点点的闪光,则可能为石英岩;若有平行条带状结构,则可能为大理岩;若发现圆形气泡,则肯定是仿玉玻璃。

(2)品质评价。品质评价内容主要包括以下几方面。

①颜色。颜色越正越好,如发青、发灰则质次。尤其应注意的是,消费者一定要在自然光下看颜色。

②光泽。油脂光泽越强越好,优质软玉状如凝脂。

③质地。质地要细腻致密,质粗、玉花明显者差。

④裂纹。用聚光手电照射玉石内部,有时可发现裂纹,裂纹多则质次。

⑤做工。做工要求刀法流畅、打磨到位,成品造型美观。

8. 珍珠的选购

珍珠可细分为淡水珍珠和海水珍珠，它们属于两个不同的档次，不可相提并论。同一类型的珍珠，选择时要综合考虑颜色、光泽、珠层厚度等。

(1)颜色。珍珠的颜色分为体色、伴色和晕彩。珍珠对白光选择性吸收产生的颜色称为体色。漂浮在珍珠表面的一种或几种颜色称为伴色。一般海水珍珠的体色均为白色，若是珍珠品质好，厂家会保留它的本色。基于人们喜好的不同，出口欧美的珍珠一般都经过漂白。晕彩指在珍珠表面或表面下形成的可漂移的彩虹色，是珍珠的结构所导致的光的折射、反射、漫反射、衍射等光学现象的综合反映。不是所有珍珠都会呈现出这种光学现象，事实上，浑圆的养殖珍珠就很少有，它们多数呈现在不规则形状的养殖珍珠上。

(2)光泽。光泽是消费者要考虑的重要的因素之一，由珍珠本身的品质、透明度和珠层厚度决定。毫无疑问，光泽越强，珍珠的品质越佳。

(3)珠层厚度。就海水珍珠而言，珍珠珠层厚度越大越好。我们可从珍珠穿孔处仔细观察珠层厚度，顺便观察珠核是否在穿孔时遭到破损。珠层厚度还可从珠光的强弱间接判断。珠层太薄的珍珠不耐用，理想的珍珠珠层厚度应在 0.5mm 以上。就淡水珍珠而言，养殖珍珠条件(如水温、养料等)以及养殖时间长短是决定珠层厚度的最主要因素。

(4)形状。对串珠而言，应力求颗颗圆润、光滑、匀称、规则。若购买者能以较低的价格买到直径较大的珍珠，其珍珠宝库将更添姿彩。

(5)瑕疵。除了向外突出的瑕点外，瑕疵还可以是裂痕、裂隙、凹坑、深色或黯淡的斑点以及环带。消费者应尽量避免购买瑕疵明显的珍珠。但在放大观察时，我们总能找到珍珠的一些瑕疵。

第五章　珠宝首饰佩戴知识篇

第一节　珠宝首饰与佩戴礼仪

现在的人们越来越重视着装打扮与场合的搭配，因为在合适的场合穿着合适的衣服、佩戴合适的首饰，不仅仅是一种礼仪，更是一种礼貌。

1. 工作环境——实用为宜

一般来说，在工作场合佩戴的首饰，应简单又大方，不可过于张扬，应以不妨碍工作为原则，以符合严肃、正统、规范的环境要求。

2. 社交聚会——讲究情调

人们踏入社会以后，出席各种聚会的机会就会增多，这些社交场合是显露品位的绝好场所。如果是参加晚会，女士可佩戴带吊坠的耳环、大型胸针、带宝石坠子的项链等华丽、闪光、耀目的饰品，这种装扮在灯光的照耀下会将佩戴者衬托得异常漂亮，更加妩媚动人。

3. 生意洽谈——务必庄重

洽谈生意的场合属于正式场合，佩戴的首饰应尽量庄重，因为它代表着个人的品位，也可表达对生意伙伴的尊重。庄重大方而又要表现出老练，这是谈判着装佩饰的要点，同时也不能显得太拘谨。一条项链、一枚胸针甚至是一条丝巾都能在庄重中显示佩戴者的活泼和随机应变的能力，以良好的形象与气质"镇"住对方或获得对方的信任，从而帮助谈判取得成功。

4. 求职面洽——印象第一

谋职面试时，借助佩饰的"语言"，给面试主管留下美好的第一印象，是在较短时间内成功推销自己的一种绝好办法。面试者首先需要分析应征工作的性质，同时分析这种工作最适合的装扮是什么样的，以选择出合适的佩饰。饰物配件不可繁复杂乱，更不可珠光宝气，因为这样会使人觉得俗不可耐，即使其他条件再好，也很难打动人心，导致谋职失败。

5. 走亲访友——随意亲和

在走亲访友、迎送宾客的时候,佩戴的首饰应表现出尊敬、随意和亲和力。在迎送宾客的时候选戴首饰,还要根据自己与对方的关系来做出调整。如果是自己的长辈、上级或初次见面的贵客,在佩饰上就应讲究。如是男士,系一条高档的领带,配上精致的领带夹是很有必要的;如是女士,就需要在比较稳重的着装基础上佩上精美的项链或耳环等。对方如果是同事、同学、好友或老熟人,那就又有所不同,可随便一些。对于下级、晚辈,则需要视亲密程度来选择佩饰。

走亲访友时佩戴的饰物还要根据场所来决定,即在家庭、饭店、公司等场所佩戴的饰物都应有所区别。例如,去豪华的大饭店拜会至亲好友,如果还是像平时见面一样随便而不太讲究,个人形象就会与场合、环境格格不入。

6. 婚丧大事——严格区分

婚礼喜庆的气氛与葬礼哀伤的气氛截然不同,在这两种不同的环境里,佩戴的首饰应严格区分。

参加婚礼,应以佩戴淡雅的饰品为主,既能衬托出新娘的美丽动人和新郎的英俊潇洒,也能在热烈的色彩中反衬出自己的高雅不俗。

慰问病友或参加葬礼,首要考虑的是佩饰和色彩效果应符合相应的场合。这类环境的佩饰应以温和、恬静为宜,以此来慰藉对方的心灵。佩饰的图案色彩应是平静的,不刺眼并且不要太明亮。慰问病友不能黑衣加身,而参加葬礼则以黑色为宜。

7. 浪漫约会——协调自然

情侣约会时或夫妻出双入对时,应注意彼此佩戴的首饰应协调自然。如果一个人佩戴着高档的精美首饰,而另一个人的佩饰却显随便,就会显得两人的打扮不协调。

8. 家居休闲——注重随意

人们在居家时适宜佩戴天然、富有情趣的首饰,以与家庭中自然、纯情与妩媚的氛围相协调。休闲时佩戴的首饰可比较淡雅,诸如小型的耳环、胸针、串珠等。总之,家居休闲环境中的佩饰应以随意为主。

9. 重要仪式——强调严肃

在参与重要仪式,如参加法律表决或旁听法庭宣判等活动时,佩戴的首饰应以严肃的风格为主。

10. 风土民俗——尊重习惯

在出国旅游或参加少数民族的节日活动时,参与者应注意佩戴的首饰必须符合当地的习俗,以免引起不必要的纠纷和麻烦。

第二节　首饰的色彩与肤色、服装的搭配

　　佩戴者应根据肤色以及风格气质来选定属于自己的基本色彩。基本色彩就是穿戴打扮的基本色调和主体色彩。而服装因为比较显眼，所以选择的服装颜色应该符合主体色彩。服饰首饰的颜色则属于辅助色彩或点缀色彩，特别是珠宝首饰应是起画龙点睛的作用，以达到点缀和升华的效果。

　　首先，该如何选择服装的颜色呢？是选自己喜爱的颜色，还是选择合乎自己个性的颜色？其实在确定自己的基本色彩时，法国的女性不仅会考虑自己的肤色，她们还将自己眼睛的颜色作为参考。当然，色彩的确定还受很多其他因素的影响。如果你仔细观察，就会发现黑眼睛的中国人瞳孔也不是完全纯粹的黑色，有些呈淡淡的褐色，也有的呈带淡蓝色调的黑灰色。例如，一位皮肤白皙、瞳孔黑中带栗色的女孩，将黑发染成淡淡的朱红色，着一件暗褐色的便装，穿一条深褐色的紧身裤，短短的透明褐色丝袜配上一双深棕色的亚光皮鞋，戴一个雕工精美的红木手镯，手挎一款几何线条简练的挎包，用褐色的绸布挽着微卷的半长头发，在秋日里温暖阳光的照耀下，头发微微地闪着红色光芒，这种穿戴佩饰是不是很雅致、很漂亮呢？

　　其次，在辅助色彩和点缀色彩的配合中，我们应该明确服饰的颜色一般不应超过3种。颜色过多会显得烦琐而杂乱，只会使人产生厌倦的感觉，所以在选择佩戴的首饰时，颜色应统一。

　　首饰的搭配还应与季节的色彩变幻相协调。在春季和夏季，服装应该是轻巧细柔、多姿多彩，而首饰的色彩则应该是活泼开朗、轻快动人的；在秋季，服装既简洁又柔和，首饰的色彩就应该比较稳重；在冬季，深沉厚重是冬装的主色调，而首饰就要以浓艳鲜明的颜色来点缀暗沉的颜色。

　　服装的质感也是佩戴首饰时须考虑的重要因素。如果服装是用高档的质料制作，则首饰应该选择较贵重的钻戒、珍珠项链、铂金耳环等与之相配，在色调上起到点睛的作用；如果是穿着便装，则可配之以人工宝石，木质、骨质或塑料质饰物以及皮革、木头甚至贝壳等制成的饰物，这样质感和色调才能更协调；纺织类的毛麻衣物质感较粗糙，可用表面柔滑细腻的紫晶、玛瑙、虎睛石等首饰来相配；而真丝衬衫或裙装，可用金项链或耳环来相配，从色调上来说，都是协调的。

　　此外，如果服装很花哨，则应该挑色彩淡雅的首饰与之协调相配。深沉单色的服装可以配一些色彩明亮的首饰，首饰体积也可以稍大一点，但做工要求细腻。

　　东方女性的面容普遍都具有温柔感，而西方女性就缺乏这种优势。但反过来说，这种优势又掩藏了缺陷，东方女性面部的线条是柔和圆润的，但这种圆润的线条缺乏个性；而西方女性面部的线条却是挺拔、轮廓分明的，这就使西方女性看起来非常具有个性。为了弥补东方女性的这种缺陷，在颜色的搭配上，有人就喜欢用黑色来强调个性，因此以黑色为主体色彩的服装具有很大的市场。

　　可与以黑色为主体色彩和谐相配的辅助色彩和点缀色彩是非常丰富的。彩蓝、粉红、柔

紫、嫩绿、柠黄、鲜橙等颜色都是纯净而亮丽的,与黑色的庄重和深沉十分相配。这类色彩的饰物即使与灰黑色服装相配也能驱走沉闷,使温柔的东方女性在追求和体现个性的同时不失柔美和俏丽。

第三节　珠宝首饰的装饰规则

首饰对于点缀日常生活来说非常重要,然而,首饰在佩戴方面却有着许多的讲究和规则。只有在合适的场合佩戴合适的首饰才会让首饰发挥其应有的美化、装饰功能。首饰佩戴的基本规则如下。

1. 数量以少为佳

佩戴首饰的上限一般为三件,佩戴过多的首饰不仅不会增加美感,还会使人觉得累赘和俗气。平时佩戴首饰以一件为宜。

2. 符合身份规则

选择首饰时,佩戴者不仅要考虑个人爱好,更应当使佩戴的首饰符合本人的身份,要与自己的性别、年龄、职业、工作环境保持大体一致。

3. 互补规则

选择首饰时,佩戴者应充分认识到自身的体型特征,努力使首饰的佩戴为自己增添姿色,最好与自己的体型互补。

4. 同质规则

在同时佩戴两件或两件以上首饰时,佩戴者应力求首饰质地一致,这样会使首饰的搭配和谐自然。

5. 同色规则

在同时佩戴两件或两件以上首饰时,首饰的色调应协调一致,以免显得杂乱无章。

6. 时令规则

一般而言,季节不同,选择佩戴的首饰也应不相同。金色、深色的首饰适合于寒冷的季节佩戴,银色、彩色的首饰则适合于温暖的季节佩戴。

7. 与服饰协调搭配原则

首饰,应视为服饰整体的一部分。佩戴者在选择首饰时要兼顾穿着服装的质地、色彩、款式,并努力使之在风格上与服装相互匹配。

第四节　珠宝首饰的细节搭配

一、珠宝首饰与发型的搭配

随着现代人对美的追求不断升级，人们的发型，特别是女性的发型也发生了日新月异的变化。不同的发型应与合适的首饰搭配才能体现首饰最完美的装饰效果。

1. 短发型

留短发的女性往往给人以率性、干练的印象，这类女性适合佩戴线条简单、造型具有现代感的首饰。例如，纽扣式耳环、抽象图案耳环、几何图形耳环，以及中长且粗的项链。

2. 长发型

留披肩长发的女性应选用引人注目的耳饰，如悬挂式、颜色鲜艳的耳环。这样的耳环更能起到装饰的效果。长发对脸型轮廓有修饰效果，如果佩戴小而低调的耳环则起不到增添美感的效果。

二、珠宝首饰与体型的搭配

1. 丰满型

丰满型的人的特征是身材圆润。这种体型的人在佩戴首饰时应尽可能在视觉上削弱身体两侧的宽度。一般来说，佩戴短而粗的项链，容易显得颈部粗短，所以丰满型的人宜选择长而细、吊坠大而夸张的项链。这样的项链容易把人们的注意力吸引到佩戴者身体的正中央，转移人们对体型的注意力。

2. 清瘦型

清瘦型的人的特征是身材过于单薄、瘦弱，显得弱不禁风。这类人一般四肢和颈部比较细长，选择首饰的原则是弱化中央部分、使两侧光彩夺目，把别人的视线向左右两侧转移。

为了使脖子不显得长而突兀，清瘦型的人应选择细小、简洁的项链或吊坠，耳环、戒指、手镯等则适合选择较为华丽繁复的款式。

3. 个矮型

个矮型的人的特征是身体结实，线条较硬。选择首饰的原则应该是以柔克刚，用气质柔美的饰品来冲淡骨感硬气，增添纤柔细致感。项链要选细长而简洁的造型，最好配有柔美的珍珠或优雅的宝石镶嵌挂坠。

4. 个高型

个高型的人的特征是身材高大,体格健壮。其选择首饰的原则也是突出两侧,淡化中央。项链应选择粗且长的,吊坠应选择造型夸张、层次丰富的。

三、珠宝首饰与肤色的搭配

由于肤色、发色和眼睛颜色的差别,世界各地的人对首饰的选择是不一样的。亚洲人皮肤颜色偏黄,适合佩戴暖色调的首饰。根据肤色的细微差别,搭配的首饰也应有所区别。

1. 红润型肤色

红润型肤色的人可选用墨绿色、浅绿色或色彩鲜艳的首饰,以衬托其活力。这些首饰与这类肤色相配,显得人丰满健美。

2. 白净型肤色

肤色白净的人可选用镶嵌宝石的金属首饰。这些首饰与白净的肤色相配,有文静秀美之感。但肤色白净的人不适合佩戴水晶、钻石等素净的首饰,因为这类首饰会使肤色显得更苍白。

3. 微黄型肤色

微黄型肤色的人可选用白银首饰、铂金首饰等偏白色调的首饰,这类首饰能增添佩戴者优雅的气质。这类肤色的人不应该选择红色或黄色的首饰,因为这样的颜色会使佩戴者的肤色显得更为黯淡。

4. 黝黑型肤色

黝黑型肤色的人可选用茶晶等中间色调的宝石制成首饰,起到淡化肤色的作用。这类肤色的人不适合佩戴白色或粉色的首饰,以免产生强烈的对比使肤色显得更深。

四、首饰与季节的搭配

珠宝首饰是时装的配饰,和时装一样也有季节性。

1. 春季

春暖花开的日子,人们开始穿着轻薄的服装,首饰也应该选择轻巧的。例如,花鸟、蝴蝶等动、植物造型的首饰是不错的选择。

2. 夏季

夏季天气炎热,适合佩戴白色调的首饰。由于这个季节穿着的衣服少,身体裸露的部分比较多,所以选择细巧的短K金项链配钻石吊坠既不沉重也不黏身,且使佩戴者充满朝气。

长长的手臂配纤巧的手链既显出青春活力又不单调。

3. 秋季

秋季天气转凉，人们开始换上厚实的衣物。这个季节人们可以佩戴与厚衣物相配的体积较大的首饰，也可在毛衣外配上较长的 K 金项链和相对华丽的吊坠。如果人们佩戴丝巾，还可配上一款别致的丝巾扣进行点缀。

4. 冬季

冬季的穿着相对厚重，影响手链、项链的展示。这个季节适合佩戴造型夸张的首饰，色彩上也应该选择暖色调。

第五节　首饰佩戴的方法

项链、耳饰、手镯、戒指等首饰的佩戴历史源远流长，其中每一种都有特定的起源和发展轨迹。有时，不同的佩戴方法还代表着不同的含义。

一、戒指的佩戴

戒指的佩戴历史可以追溯到 1477 年，奥地利皇帝马克西姆一世赠送了一枚戒指给他的未婚妻——法国的玛丽公主。他将这枚戒指戴在了公主的无名指上，因为依据古埃及人的传说，无名指直接连通心脏，代表忠贞的爱情。戒指戴在不同的手指上，含义是不同的。

1. 食指——待字闺中

食指戴戒指通常表示未婚、渴望恋爱的含义。

2. 中指——已订婚

戒指戴在中指上表示已订婚，但尚未结婚。中指是手指中最修长的指头，适合佩戴造型别致、设计精良的戒指。

3. 无名指——已婚

无名指佩戴戒指代表已结婚。浪漫的古埃及人相信"爱情之脉"通过左手无名指和心脏直接相连，把戒指戴在无名指上寓意心心相印。在基督教堂举行婚礼时，牧师手拿戒指按顺序轻触新人的左手，并说"奉圣父、圣子、圣灵之名"，最后戒指落在左手无名指上，表示新人对对方的忠贞和承诺。

4. 小指——独身

将戒指戴在小指上表示佩戴者是独身主义者。小指是手指中最娇小的，适合佩戴小巧可爱、另类时尚的尾戒。

二、手镯的佩戴

如果说婚戒见证了情侣之间的承诺与盟誓,手镯则代表着亲人的祝福与亲情的延续。在中国的民间,历来有将手镯代代相传的习俗。如果佩戴一只手镯,则应佩戴在左手上;如果佩戴两只手镯,则可以左右手各戴一只,或是在左手上佩戴两只;如果佩戴三只手镯,则应都戴在左手上。佩戴玉石手镯还应注意对手镯内径大小的选择,过小的手镯容易影响血液循环,过大的手镯又容易从手腕上滑落。

第六章 珠宝首饰的佩戴与维护保养

第一节 珠宝饰品时尚佩戴巧搭配

穿衣打扮,合适的配件是必不可少的。有经验的人还能巧妙地利用各种饰物来做多种方式的搭配,以达到不同的、一物多用的装饰效果。我们下面介绍几款饰物的巧用妙招。

(1)在夏季,将长发盘在头顶上,将色彩鲜艳的水晶项链环绕在头发上,会给人一种如泉水般清凉的感觉。

(2)将两条长项链互相接合起来,可当作腰链佩戴,在链上挂上垂式耳环,可更增添一份时尚美感。

(3)将两串色彩鲜艳的珠子手链缠绕在一起,佩戴在颈上,再用一个小胸扣针使其固定。

(4)将一串长珠或颈链在手上绕数圈,即变为时尚款手链,显得别具一格,富有情趣。

(5)将夹式耳环别在袖口处,便成为一对别致的袖扣,雅致又漂亮。

(6)将一个或多个胸扣针,扣在帽子、手套、丝带或其他衣饰上,创造别具魅力的装饰效果,胸扣针可代替纽扣来装饰衣物。

(7)钻孔的耳环可当作胸扣针、纽扣或领带针,既适用又美观。

(8)一些别致的发饰,如帽子型的,可以扣在单色毛衣上当作胸花;而将一些造型别致的颈链与一串手链结合起来,便可制作成长项链,适合体型高大者佩戴。

(9)将一条长方形具俄罗斯风情的围巾往腰间一扎,很具异国的风味。

(10)将图案抽象、色彩丰富的手帕当发带来扎头,既随意又风情万种。

饰物的巧用妙招还有很多,只要经常试验,就一定能体会到其中的乐趣。

第二节 佩戴金属首饰的忌讳

一、夏天不宜戴金属首饰

佩戴金、银首饰容易引起皮肤病。直接接触皮肤的金属项链、耳环、戒指以及手镯大多含有容易使皮肤发生过敏的镍和铬等成分,可以引起接触性皮炎。轻者出现瘙痒、灼烧等不适感,重者可能出现红斑、水泡、丘疹、鳞屑、溃疡等皮肤损伤。

金属引起的皮肤损伤多见于夏天。夏天因为气温高,人们就出汗多,而金属首饰中的某些金属可以溶入汗水中,增加了金属与皮肤接触的机会,并且能渗入皮肤,所以在夏天人们应尽量避免佩戴直接接触皮肤的金属首饰。

有损容颜的首饰过敏症,大多见于佩戴非纯金、纯银的镀镍、镀铬首饰或佩戴时间为5年以上者。就金属首饰而言,虽品质高的首饰引发皮肤过敏的概率低,但佩戴时间一般不宜超过5年。

二、佩戴首饰易引起皮肤过敏

科学家的调查证实,首饰对肌体的损害程度与所佩戴部位皮肤的厚薄有关。脖颈的皮肤比手的皮肤薄很多,因此佩戴项链导致的颈部皮肤伤害程度要大于佩戴戒指引起的手部皮肤伤害程度。如果佩戴的首饰本身又有较强的放射性,并且佩戴在皮肤薄且比较敏感的部位,则容易诱发皮肤癌。

一般佩戴项链时要注意佩戴的时间不要过久,要使脖颈经常处于放松休息状态,一旦颈部的皮肤有过敏反应,则应立即将项链取下,这样才能保护皮肤。

第三节 珠宝首饰维护保养九问

一、处理金首饰常见问题的绝招

金首饰容易变色,从而引起各种问题,影响首饰的美观。下面介绍几种处理金饰品常见问题的绝招。

(1)金首饰泛白的处理。当金首饰泛白时,我们可将金首饰放在火里或酒精灯的火焰上烘烤一会,再用软布擦净即可灿烂如新。

(2)金首饰褪色或轻微变黑的处理。当金首饰褪色或轻微变黑时,我们可涂些牙膏,用软布反复擦拭,金首饰即可恢复至原来的颜色。

(3)金首饰表面污垢的处理。当金首饰表面沾上污垢时,我们可将用于冲印照片的显影粉,置于30~40℃的温水中配制成显影液,再加清水稀释,将首饰放入此显影液中浸泡几分钟后再用软刷刷去污垢,然后用清水漂洗数次即可恢复首饰的光泽。

(4)金首饰严重变色的处理。如果金首饰严重变色,我们可用超声波清洗器或专用药水处理。超声波清洗器多利用超声波清洗液,在超声波的作用下不断振动首饰,从而将首饰表面的污垢除掉。超声波清洗液的标准配方如表6-1所示。

表6-1 超声波清洗液的标准配方

材料	用量
40℃温开水	1000mL
无水铬酐	100g
硫酸	30g

专用药水是专门配置的稀硫酸溶液,以"硫酸去斑法"对金首饰进行清洗。这种专用药水可在专业首饰商店里买到。

二、如何呵护金首饰

金首饰具有很高的保值性,不但在使用后要妥善保存,在平时使用时也要注意呵护。戴金戒指的人平时应注意避免和酸性、碱性的物质接触;戴金项链的人睡觉前应把项链摘下,放到干净的丝绒手绢上。K金首饰的补口含有一定量的银,和硫酸接触后容易发生化学反应,因此,用时要避免和此类化学品接触。如果发现饰品表面染上污垢,我们可用牙刷沾少许牙膏或加少量酒精轻轻刷,直到发亮为止。

三、银变黑了如何补救

银的化学性质较稳定,抗腐蚀能力也较强,但空气和自然界中的硫、硝酸和氧化物对银都有一定的腐蚀作用。银首饰戴的时间长了,硫与银发生化合反应,就会在银首饰表面形成一层黑色的硫化银膜,开始表现为一些细小的斑点,而后扩散成片,形成人们通常所说的银垢或银霉,使银首饰变为黑色,严重影响银首饰的表面颜色和光泽。对于银首饰的保养,有如下一些要诀。

首先,对于新买的银首饰,我们可在表面涂一层极薄的、透明度高的无色或极淡色的指甲油,这对保持它的光泽和延缓发黑均有益处。如果要去除这层指甲油,可用香蕉水浸泡银首饰,而后用清水冲洗干净即可。

其次,对于表面颜色有轻微变化的银首饰,我们可用去污粉或牙膏进行抛光,或用碳酸氢钠溶液浸泡后再用软刷刷干净;也可用含肥皂素、生物碱的皂荚去皮碎瓤后用开水冲泡而成的溶液对首饰进行浸泡,再用清水清洗;或用中药桔梗等制成的碱液浸泡银首饰,而后用清水洗净;还可用浓度为50%的草酸溶液浸泡。以上这些方法都可以去除影响银首饰表面色泽的银垢,使其变得光亮如新、银光闪闪。

最后,对于受潮后产生斑迹的银首饰,我们可用软布蘸温热的食醋去擦洗,再用清水洗干净即可;还可以用去污粉、牙膏或牙粉擦拭首饰,以进行抛光。

平时,我们可每隔10天左右在银首饰表面涂一层无色指甲油,以使其保持光泽、延缓变色。同时,佩戴首饰时还要注意防汗、防油污、防潮湿。

当银首饰已严重发黑变乌后,我们还可用如下的几种方法处理。

(1)用碳酸氢钠(俗称小苏打)溶液浸泡银首饰,再在首饰下加几块碎铝片,一起加热,即可去除黑斑,恢复本色。原理是铝与碳酸氢钠反应放出氢气,而氢气可使硫化黑斑很快被还原为金属银并放出硫。

(2)买一包洗相片用的显影粉,掺入1kg清水搅拌制成溶液,将银首饰浸泡5min,然后用清水洗净,用软布擦干。

(3)用1%的热肥皂水溶液清洗银首饰,再用硫代硫酸钠溶液润湿表面,然后用绒布擦,可使银首饰洁净。

(4)用超声波方法在磷酸清洗液中清洗银首饰,这种方法最有效。磷酸清洗液配方如表6-2所示。

表 6-2　磷酸清洗液配方

材料	用量
50℃温开水	1000mL
磷酸	200mL
浓缩洗衣粉	30g

这一配方的工作原理是：浓缩洗衣粉作为催化剂，可加强液体浸润能力；磷酸作为反应剂，可与硫化银反应生成黄色的磷酸银沉淀；温开水作为稀释剂，可以增强除垢效果。

(5)用氨水溶液作为清洗液，这种方法在清洗传统首饰中应用颇为广泛，但效果略逊于磷酸清洗液。

四、为什么钻石不能堆放在一起

钻石是自然界硬度最大的矿物，它的化学性质稳定，耐强酸、强碱。但是钻石不能堆放于一处。这是因为虽然钻石的硬度很高，但具有解理和脆性，如果不小心相互发生碰撞和摩擦，就难免撞伤刮花，而这些损伤是无法修复的。

钻石的另一个特性是"亲油疏水"，钻石沾上指纹或汗渍的时间一久，这些污渍就很难去除。乳液等护肤品几乎都含有油脂的成分，所以决不能戴着钻戒涂抹乳液。为避免钻石变黯淡，钻石应该比其他宝石更勤于清洗。肥皂等碱性清洁剂中含有油脂成分，所以我们在清洗钻石时务必使用中性清洁剂。我们可以先将钻石放在盛有清洁剂的小碟中约30min，然后用小软刷轻轻洗刷，再用自来水冲洗，最后用干布擦干即可。

五、如何保养不同硬度的宝玉石

珠宝首饰在保养和护理时要考虑各种宝玉石的硬度。不同硬度的宝玉石，清洗方法也不同。硬度大的钻石、红宝石、蓝宝石等宝石首饰可浸在温水中，用软刷刷去污垢，置于滤水纸上再用温水冲洗，干布擦干即可。硬度适中的宝玉石，如翡翠、橄榄石等要用软毛刷蘸上洗涤剂轻轻刷，并用吸水纸吸净污水，再用清水复洗，放在阴凉处吹干即可。而硬度小的宝玉石，如琥珀、绿松石、珊瑚等，忌用水洗，应用软布擦净污斑，不能遇热，不能接触酒精、油渍、香水等有机物质。流汗时不宜戴抗酸碱能力弱的珍珠。如能及时摘下首饰用软布擦净，可防止饰物颜色泛黄。

1. 晶质宝石首饰的保养护理

晶质宝石，即狭义的宝石，包括钻石、刚玉、绿柱石、电气石、石榴石、锆石、金绿宝石、水晶、橄榄石、长石等单晶矿物类宝石。这类宝石抗腐蚀能力强，一般不怕酸、碱以及其他化学物质的侵蚀。

清洗这类宝石首饰时，我们可将它们放入50℃左右的温水中，加入少量中性洗洁精，浸泡几分钟，然后用软刷刷洗，再用清水冲洗干净。经过清洗，宝石就会变得亮丽一新、闪闪发光。

对宝石首饰进行保养,除应运用正确的使用方法和收藏方法以外,还可以上光涂保护膜。常用保护膜有石蜡、粉红色或透明的指甲油、透明电泳漆、B01 型丙烯酸清漆、S02 型聚氨酯清漆。

2. 玉石首饰的保养护理

玉石包括翡翠、软玉、青金石、绿松石、玛瑙、玉髓、欧泊等品种,具有冬暖夏凉等特点,显油脂光泽,给人以滋润感,一般也不易受酸、碱腐蚀。

当玉石首饰表面有灰尘、污物时,可用细绸布轻轻擦拭;当玉石首饰表面有油污时,可先用洗洁剂或温碱水冲洗干净,风干后用脱脂棉蘸少量的白茶油或花生油均匀涂擦各个部分,以便恢复玉石首饰原来的光泽。

玉石首饰最忌干燥、高温,应避免在阳光下暴晒或长期置于高温环境中。玉石通常质地细腻、颜色鲜艳,但遇秋冬或炎夏酷暑时,表面容易变得干燥、黯淡。因此,保养玉石首饰讲究以油养为主,可经常佩戴,用人体分泌的油脂保养,也可以加点白茶油或花生油保养。当然,玉石首饰也可以保存在温润的环境中,以免干裂。

六、如何除掉宝玉石首饰上的顽垢

宝玉石首饰在戴了一次以后,在收藏前务必用浸软了的木棉、山羊皮等,擦掉污垢、汗渍、指纹等。只要养成了习惯,首饰就不会太脏,但是若完全疏于保养而使污垢累积到明显的地步,就必须放入温水中,用牙刷蘸上稀释过的中性清洁剂清洗。清洁宝玉石首饰精细的内侧或背面的诀窍是以牙刷轻轻拍打首饰。如果太用力清洗,主钻周围的碎钻可能会被洗掉,所以我们在清洗时必须十分小心。祖母绿容易缺角,而绿松石质地疏松,会因吸收污垢及水而变色,所以这两种宝玉石都只能用干净的布干擦。

对于宝玉石首饰上的顽垢还可以用超声波清洗器来清洗。近年来,许多珠宝店都备有超声波清洗器,为顾客的宝玉石首饰做清洁。这种方法是在强碱性清洁剂环境中,利用超声波清洗宝玉石首饰。除了珍珠等有机宝石之外,无须担心清洁剂会对宝石造成伤害。不过,超声波可能会使不曾注意到的小裂痕变得更大,所以,容易沿一定方向裂成两部分的祖母绿、欧泊等宝石,最好避免使用这种清洗方法来除掉顽垢。

七、为什么欧泊首饰需要特别小心地保养

这是由欧泊的性质决定的。人们对于欧泊的喜爱,主要是因为它火焰般闪烁的色彩,这也是欧泊的美和价值所在。如果保养、收藏不当,欧泊就容易变得黯淡无光。同时欧泊的脆性大,韧性差,硬度又偏低,容易破碎或损伤。特别是有裂隙的欧泊,极易破损,而表面的微裂隙也会严重影响欧泊的色彩效果。因此,欧泊首饰需要特别小心地保养。

1. 避免碰撞

因欧泊的硬度不高,脆性较大,所以应避免与较硬的物品摩擦或撞击,以免使宝石失去光泽或出现崩口、破裂现象。首饰不戴时,也不应与其他饰品和宝玉石混放在一起,以免碰撞,

应单独放入首饰盒内。

2. 避免暴晒

欧泊含有一定量的吸附水,应避免强烈的阳光或电光源长时间照射,这样容易使宝石干裂。高温或温度的突然变化同样容易使欧泊裂开。所以在销售过程中,将欧泊放入封闭的塑料袋或浸入水、甘油中,对欧泊有一定的保护作用。在阳光下观赏欧泊闪烁的光彩,更能品味欧泊的美丽,但仍须避免欧泊长时间暴露于阳光下。

3. 避免污染

欧泊有一定的孔隙,在油烟、蒸气多的地方,如厨房、发廊等场所不宜佩戴和放置,以免被污染。

4. 其他注意事项

欧泊首饰不宜用超声波清洗器清洗,因超声波清洗时的振动容易使微裂隙增大。欧泊通常放在温水中用柔软的绸布擦拭即可。有些欧泊内含许多微孔,在受热时容易因温度不均导致裂纹的产生,所以不能将欧泊放在温度高的溶液中清洗。当欧泊产生裂纹时,我们可在其表面涂上颜色近似的指甲油或无色透明的甘油,从而改变欧泊的外表状况。

八、美丽的珍珠如何保养

美丽的珍珠饰品明润光洁、耀眼生辉,素有"珠宝皇后"之美誉。珍珠饰品会给人高贵之感,深受女士们的欢迎和垂爱。而俗话说的"人老珠黄",就是指妇女年老失去青春容颜,就像珍珠失去了美丽的光泽。其实珍珠与别的宝石,如钻石不同,它的色泽虽然很美,但用久了就会发黄。一般经过几十年,它就会变成普通的黄色。

那么,珍珠饰品用久了为何会发黄呢?这主要是因为组成珍珠的文石矿物的物理性质不稳定,时间一长,它就会变成普通的方解石。文石和方解石,虽然化学成分一样,但它们的结晶形态却大不一样。这就是珍珠会逐渐变色的原因。

因此,珍珠首饰应小心使用、注意保养,这样才能焕发并保持珍珠美丽的光泽。

1. 佩戴时

珍珠性软,应避免与硬物,甚至是质料较硬的衣料相互接触摩擦,以免磨损或划伤,所以不宜搭配粗布衣衫。珍珠不宜处于高温环境中,也不宜放在阳光下暴晒。同时,珍珠应避免与醋、酒精及香水、香粉、发油等化妆品和各类强酸、强碱物质接触,以防止被侵蚀而使珍珠褪色或失去光泽。

2. 收藏时

我们在收藏珍珠前,应将珍珠先用稀的香皂水洗涤,再用清水冲净。珍珠宜保存在垫有绒布或绸绢的首饰盒里,不宜放在塑料盒或塑料袋里密封,以免影响光泽。

3. 珍珠发黄时

有些被祖辈已经佩戴或存放几十年以上的珍珠饰物,有可能变成黯淡的黄色。对于变黄尚限于表层的珍珠来说,可用浓度为 10% 的稀盐酸稍稍浸泡一下,随着泡沫的产生,珍珠的黄色外壳被溶解,珍珠可重现光彩。但要特别注意,切勿将珍珠在稀盐酸中浸泡过久,以防珍珠遭受破坏。

而对发黑、无光、污损严重的珍珠首饰,可用浓度为 20% 的盐水浸泡,再用浓度为 3% 的稀盐酸溶液洗涤,然后用清水漂洗,即可恢复光泽。

珍珠首饰的日常保养,宜常用洁净的软布擦拭,以除去黏附的灰尘、污垢。珍珠对酸性和碱性物质的抵抗力较弱,经不起汗水的侵蚀,要注意常用洁净的软布擦拭。在擦拭时,我们也可选用含硅油的软布或软纸擦。在平时的清洗过程中,我们也不能用酸性或强碱性的液体,更不可使用热水或沸水清洗珍珠,以免液体侵蚀珍珠的表面而影响光泽,因而只宜用弱碱性的肥皂水洗涤珍珠首饰,并须用清水洗净。做到了这些,就可使美丽的珍珠持久焕发出晶莹绚丽、光彩迷人的色泽了。

九、养护珠宝首饰的"三招一诀"

对于珠宝首饰的保养和维护,人们总结了很多有益的方法,这些经验能够给接触首饰不久的朋友提供正确的指导,既方便省事,又行之有效。

1. 养护环境

珠宝首饰的养护最好是在柔软的浅盘上进行。由于难以保证珠宝首饰不会掉下来,所以在进行养护时,切勿在坚硬的台面上操作,也不要靠近高温物体。

2. 保养方法

以不当的方式保养珠宝,可能会导致不良后果。特别是用刀片刮首饰上的顽垢,会损伤表面。其实佩戴者除了能对珠宝首饰进行简单的保养之外,其他都必须交给专家处理。

3. 收藏方法

珠宝首饰平时要注意清洁保护,不戴的时候要先用软布擦拭,再用丝绒布包好收藏。

4. 未雨绸缪的诀窍

硬度较高的宝石,最忌碰撞跌落;有机质宝石,怕与热水、香水、汗水、污水、化妆品接触;琥珀、绿松石不能过分水洗;托帕石、紫晶、珍珠、玛瑙、欧泊应远离高温。金银首饰不能碰汞,因为汞能溶解金、银。珍珠等线串的宝石项链,应在每隔一颗或三颗宝石间打结,否则珍珠等硬度低的宝石颗粒容易因常移动而磨损。另外,万一串线拉断,也不至于整串珍珠散落。每次将首饰收藏前,我们都应细心擦去珠宝首饰上的污垢和指纹,不然时日一久很难除净。对常戴的首饰,我们还应检查镶嵌宝石是否松脱,机械开关是否牢固。

第七章 珠宝首饰营销实用知识篇

开设一家专卖珠宝首饰的实体店,从设想、规划、考察到最后的正式运营,是一个极为复杂的过程。在该过程中,经营者必须周密规划,严格按步骤实施,才能最大限度地规避经营过程中可能存在的风险。开设珠宝店要考虑选址、市场调查、员工的聘用和培训,以及后期的品牌建设等问题。

第一节 选址开店

店址的选择,是一项关系到店面未来经济效益和发展前景的重要工作,所以在选择店址时须慎重,要综合考虑如店面规模、布局、使用周期、软环境等因素,通过客观的市场调查分析,预测未来的经营状况,以选择最佳的店址。

一、店面所处商圈

商圈通常分为 8 种——住宅区、商业区、金融区、办公区、文教区、工业区、娱乐区、综合区。鉴于珠宝首饰产品的特征及营销特点,商圈是否能为珠宝店的发展提供好的环境,取决于很多因素,所以在选择店址的时候要考虑以下几方面的因素。

1. 商圈内人口环境

居民聚居区、人口比较集中的地方是适宜设置店面的地方,目标店方圆 3km 区域内应有 10~30 万人口。

2. 商圈内的交通

乘客量多的车站,或者主要车站附近是开设珠宝店的有利位置。同时,我们应尽可能考虑店面附近是否有充足的停车位。

3. 商圈内的人流量

人多的地方不一定就是开店的好地方。选址时应更多地注重分析客流规律。首先要了解日常行人的年龄和性别分布特点,其次要了解行人来往的高峰时段和低峰时段,最后要了解行人的通行目的及停留时间。比如客流量大的商业街、大型商场和高级饭店等地方,人们逗留的时间较长,可以考虑在此类地方开设珠宝店。机场、码头、火车站、汽车站附近,虽然人流量大，但是经过此处的人们通常无心也无暇购买珠宝首饰，所以此类地方一般不适合开珠宝店。

4. 商圈内的同业状况

同一个商圈内，同业之间既是竞争对手，也可以优势互补，形成规模效应。即珠宝店相对集中，彼此之间可以相互影响、相互促进，进而形成一定的购买氛围。例如路易威登（Louis Vuitton，LV）集团将其全球首家钟表、珠宝专卖店设在香港赫赫有名的半岛酒店，其管理者直言在半岛酒店周围聚集了多家名贵的珠宝店，选址在此更能突显其品牌在珠宝界的地位。但是对商圈内的同类企业应做细致的考察分析，考察内容包括店面名称、位置、经营历史、营业面积、商品构成、主力品牌及品种、价格结构、售卖形式、装修风格、服务特色、广告宣传、促销形式、消费群体、店内设施等。

5. 商圈的发展前景

商圈的发展对珠宝店的营运非常重要，所以不仅要了解并调查商圈的现状，更要用长远发展的眼光看待问题，对商圈的发展前景进行评估，如对政府对这一地区的发展规划，交通状况进一步改善的可能性等方面都需要进行深入的调查。

6. 商圈内部及周边社会治安状况

珠宝店在营运过程中是否能安全经营十分重要，所以珠宝店所在商圈的治安状况至关重要，一定要进行慎重考察。

二、店址的选择

店面位置的选择关乎珠宝店日后的销售经营，重点是以人流量大、能见度高、交通不易堵塞为原则。对于位置的选择，现提供以下两种建议。

(1)店面朝向主干道，可选择靠近大公司、大商场的街道，方便顾客找寻。

(2)店面设在拐角处或三岔口地带，正好处于两条甚至多条街的交会处，这些交会处通常是人流量密集的停靠点，可以产生"拐角效应"。另外拐角处和三岔口地带可以增加店铺的陈设面积。

三、店面的获取方式

确定店址后，店面的取得可以采取两种方式——购买或租赁。采取哪一种方式取决于经营者的资金状况及房屋所有者的意愿。

1. 购买

购买店面需要一次性支付大额资金，可为以后的经营降低成本与风险，即不用再考虑与房屋所有者谈判租金的问题甚至房屋出租或者不出租的问题。另外，作为固定资产投入，房屋本身价格的上涨也可为经营者获利。这些都取决于经营者的判断、选择及资金状况。

投资者购买店面时应考虑所购买的房屋能否满足开店的需要,考虑因素包括面积、结构、位置等,同时也要注意房屋的各项证件是否齐全。

2. 租赁

在租赁之前,投资者应先了解房屋的基本情况及价格,查看房屋的产权状况,实地考察房屋是否适合经营、有无破损、楼面的受力以及水电等情况,并在对店面的经营状况进行预估的基础上,分析是否能承受租赁成本。另外更重要的一点是投资者应考虑房屋的租用年限,因为新开设的珠宝店还需要一段时间让消费者熟悉,如果租期太短,经营者则会蒙受损失。通常租赁店面的时间不能少于3年,一般5年以上比较合适。

第二节　珠宝首饰市场调查

确定了经营的主要方向及了解了筹备开店的相关内容之后,接下来重要的一步就是进行市场调查。

一、珠宝首饰市场调查概述

1. 珠宝首饰市场调查的含义

市场调查是现代市场营销观念的重要组成部分,是适应现代化经济发展需要的产物。珠宝首饰市场调查指珠宝首饰企业运用科学的方法,有目的、有计划、系统地收集珠宝首饰企业所需要的各种信息资料,然后综合各项信息资料,客观地对珠宝首饰市场进行研究分析,为决策主体提供客观准确的信息,从而为珠宝首饰企业接下来的各项预测以及制订正确的决策提供可靠的依据。

2. 珠宝首饰市场调查的基本原则

要做好市场调查,首先,珠宝首饰企业必须充分尊重客观现实,始终从珠宝首饰市场的实际出发,如实地反映市场的真实情况。其次,珠宝首饰企业制订的调查内容必须具有针对性,切忌漫无边际、无的放矢。此外,珠宝首饰市场系统内的各项因素并不是独立于外部环境的,所以在调查的过程中,我们不能单独地调查某一个影响因素,而要以系统论的观念和方法,全面地分析和研究各个因素。

二、珠宝首饰市场调查的内容

目前市场上已有专业的咨询公司,为企业和投资经营者提供此类服务。但若经营者掌握市场分析的方法,亲自进行调查,则既能节省成本又能做到心中有数。珠宝首饰市场调查的内容非常广泛,主要包括经营环境调查、需求调查、产品调查、竞争状况调查、销售渠道调查以及促销活动调查等。

1. 城市地理、人口情况

要掌握消费者对珠宝产品的需求特点,就要调查目标城市的人口状况,调查内容主要包括人口总数、年龄结构以及家庭总数和结构。其中年龄结构可分为以下3个阶段:16~24岁、25~35岁、36~60岁。另外,我们还要调查上一年结婚的适龄青年数量、城市从业人员数量、私营企业从业人员数量,以及市区面积(km^2)、市区人口密度(人/km^2)。采集以上数据是为了剥离出我们的消费主体,算出市区人口密度及未来店面需要覆盖的面积。在得到相关数据后,我们应对这些数据进行分析,以此作为预估消费潜力的参考。

2. 居民收入情况以及珠宝消费群的职业特征

珠宝首饰企业通过查阅城市统计部门工作年鉴,收集网络新闻、报道中的相关信息等可得知该城市人均收入,了解目标消费群的收入状况、消费心理和购买行为习惯。收集这些信息需要有针对性地进行抽样调查。我们通常采取问卷调查的方式。

通过对珠宝店所在城市居民人均收入的调查分析,珠宝首饰企业可以了解目标消费群的潜在购买力,从而推导出可实现的购买力。了解消费者购买习惯有利于指导企业进行生产和销售,而掌握目标消费群职业特征有利于珠宝店有针对性地开展宣传、促销活动。

3. 公共交通情况

在调查城市公共交通情况的时候,我们需要了解城市居民的出行方式、相关的公交线路等。

4. 房地产情况

在调查该城市的房地产情况的时候,我们需要了解房屋的售价、租金、相关政策。调查以上内容主要是为了确定店址后,为珠宝首饰企业选择店面的获得方式提供依据。

5. 珠宝店所在城市珠宝业发展的现状

了解目标城市珠宝业总体的发展现状,包括消费总量及增长趋势,有利于经营者把握目标市场的发展潜力。整个城市的消费额可通过有关政府部门统计数据获得,也可以通过目标城市的珠宝协会获得,或者通过采用市场调查的方式对大量数据进行分析获得。在调查过程中,我们需要掌握目标城市同类珠宝店的经营品种、销售额,并对数据进行整合分析。

6. 城市传媒信息

珠宝店开设初期,需要进行大量的宣传和广告投入。调查该城市现有媒体情况可指导珠宝经营者进行开业初期的宣传工作,以及经营过程中的持续广告投入。珠宝经营者需要了解该区域平面媒体、广播媒体、电视媒体的覆盖率,以及目标人群、广告报价。

7. 办公用品及消耗品报价信息采集

珠宝店开设之后需要大量的办公用品及消耗品。采集此类报价信息可指导经营者选择合适的合作者，以降低珠宝经营者的成本投入。

8. 政府职能部门的办公流程以及各项优惠政策信息采集

对政府职能部门的办公流程的信息采集可为经营者节省时间与精力，提高经营者为开设新的珠宝专卖店办理各项申请手续的效率。而对政府各项优惠政策信息的采集，可指导经营者在经营过程中选择能取得最大优惠的方式，以最低的成本，得到最高的利润。

第三节　人员招聘

在进行了初期的筹备、市场调查、确定店址之后，经营者接下来就要为珠宝店的开业做准备了，除了购置相应的办公用品（计算机、电话、账本等）和消耗品（信封、礼品袋等），准备工作还包括其他筹备事项，如选择可靠的合作银行、招聘员工、培训员工、确定开业庆典方式等。其中最重要的一项就是招聘员工。

根据珠宝专卖店的需要，招聘的员工类别有珠宝店店长、店员、收银员、保安、业务员。明确了招聘员工的类别，接下来就是制订相关的招聘政策，如对店长、店员等的各类要求，面试的时间、地点安排，初步录取后人员的培训安排等。

一、了解当地的劳动政策

经营者须了解当地人力资源和社会保障局的各项规章制度、受雇人员档案管理规定、受雇人员薪资管理规定（含当地上一年度社会平均工资和最低工资标准）、受雇人员社会保险制度（当地社保内容）、统计局对人事工作的各项规定（主要指工资手册的内容），还应了解当地同级别珠宝店的雇员的工资组成情况、雇员的社保分配情况、雇员的个人所得税缴纳情况、雇员的加班付薪情况、雇员的发薪日期及形式。

根据对上述内容的统计总结，经营者可提出适合此珠宝专卖店的薪资方案。

二、人员招聘的程序

珠宝店人员招聘的程序可分为以下几个。

（1）制订并落实招聘计划。经营者根据职位的类型、数量等要求来确定招聘计划，同时成立相应的选聘工作委员会或小组。选聘单位通过适当的平台，对外发布招聘职位的类型、数量以及岗位要求等信息，鼓励那些符合条件的人积极应聘，同时制订相应的人事管理制度。

（2）对应聘者进行初试。采用面谈等考察方式，经营者对每一位应聘者进行初步筛选，对于合格的人员，通知他们进入下一步的复试，对于不合格的人员要进行回执通知。

（3）对应聘者进行复试。初试合格的人员可参加第二轮复试，复试时对应聘者的考察要比初试更为严格深入、更为细致，其测试内容主要分为专业常识测试和应变能力测试。专业常识测试的目的在于初步了解应聘者的思维能力、观察分析复杂事物的能力以及是否具有岗位所要求的基本技术知识;应变能力测试主要考察应聘者分析问题和解决问题的能力。复试应使应聘者可以体现其知识与智力的综合能力,并给应聘者一个充分展示才华、表现自我的机会。

(4)综合各项因素,确定录取人员。

(5)员工培训。根据企业或店面的具体要求,确定相应的员工培训方案。

(6)评价和反馈招聘效果。经营者最后对招聘工作进行全面的检查和评价,并且对录用的员工进行追踪分析。

第四节　珠宝品牌经营

当前市场竞争日趋激烈,特别是在中国加入 WTO 后,国外的名牌珠宝流入中国市场,这必然引起国内外企业间的竞争。如何在激烈的竞争中求生存,并能更好地发展下去,是珠宝企业应关注的问题。创立珠宝品牌,并将珠宝品牌持续地经营下去,是我国珠宝业在激烈的市场竞争中求生存和发展的战略性目标,是企业在市场竞争中健康、稳定发展的必然结果。

一、品牌的含义与性质

1. 品牌的含义

品牌(brand)一词来源于古挪威文字"brandr",意思是"烙印"。品牌是一个综合、复杂的概念,是商标、名称、包装、价格、历史、声誉、符号、广告风格的总和。品牌是一种名称、术语、标记、符号或图案,或是它们的相互结合。品牌的作用是识别某种产品或某类服务,并使之同竞争对手的产品和服务区别开来。品牌是对人们的一种承诺。珠宝品牌即是识别某种珠宝首饰及珠宝服务的一个标志。品牌的长期经营发展目标,就是使品牌所代表的整体产品能满足广大消费者的需求,能体现出一种长期稳定的高质量、好服务,并为广大消费者所喜爱接受,从而进一步使品牌成为名牌。

2. 品牌的性质

(1)品牌是企业的一种无形资产。品牌是有价值的,但是这种价值通常是看不见、摸不着的,它不断地为企业获取利益。

(2)品牌具有一定的风险性及不确定性。因为市场是不断变化的,市场的供需也是不断变化的,所以品牌的潜在价值可能很大,也可能很小。

(3)品牌具有排他专有性。根据品牌的含义,品牌的作用是识别某种产品或某类服务,并以此来与竞争对手的产品和服务进行区别。因此,品牌具有排他性。

(4)品牌是企业竞争的工具。品牌长盛不衰的企业,就能在竞争中处于有利位置,吸引老主顾、开发潜在的消费者、树立品牌形象、增加企业的利润。

(5)品牌具有级别差异。品牌一般可以分为区域性品牌、国家级品牌和世界级品牌。

二、名牌的含义及价值

1. 名牌的含义

所谓名牌指在一定范围内被消费者所熟知和信任,并具有很强的购买吸引力,能产生巨大效应的产品品牌。名牌是企业高质量产品畅销于市场,并拥有极高知名度的象征,是一个企业对外的形象展示,甚至可以说是一个国家、一个民族的标志。名牌产品是被广大消费者所认可、信任的。

所谓的名牌产品代表的是内在质量十分优良的产品,是消费者信得过的产品,是外在形象好、知名度高的产品,是一个地域内有较强影响力的产品,是市场占有率和经济效益不断增长的产品。

2. 名牌的价值

名牌是在市场竞争中产生的,是市场优胜劣汰的必然结果。名牌产品之所以能在市场竞争中占据一席重要地位,显示出强劲的生命力,名牌战略具有不可忽视的作用。

(1)名牌是增强企业产品竞争力的法宝。打造名牌产品要求商家必须在产品设计、产品用料、加工工艺、产品包装和售后服务等方面下大工夫,使自己的企业产品与市场上同类产品相比,不论是质量、款式、包装还是售后服务都有独到之处。这样的产品就可以提高市场的占有率,不论从数量上还是质量上在市场竞争中都会占据一定的优势。所以,创造名牌是提高企业经济效益的有效途径之一。

(2)名牌是企业成功的标志。品牌一旦成为名牌,就能产生普通品牌所达不到的效应,给企业带来良好的经济效益,企业的声誉和社会地位也会得到显著的提高。名牌效应主要表现在:扩散效应,即名牌企业一旦树立起良好的信誉,就会通过消费领域和流通领域迅速扩大产品的影响力,赢得越来越多的消费者信赖,提高顾客的忠诚度;持续效应,即只要名牌产品不出现严重的质量问题,名牌企业不出现严重的信誉问题,它的影响力及其经济效果就会长期地持续下去,甚至延续上百年;放大效应,即企业一旦创造了一个名牌,其信誉可以从一个产品放大到一组产品,从一个品牌放大到一系列品牌,从品牌形象放大到企业形象,由此对经济效益产生放大效应;刺激效应,即名牌能够刺激市场需求,挖掘市场潜力,特别是能够刺激消费者的购买心理。

三、如何推广和经营珠宝品牌

同类型的首饰,在临时摊点卖 1000 元,在商场专柜可能要卖 1200 元,在奢侈品专卖店则可能要卖 4000 元,这就是品牌的力量。在珠宝企业的运营过程中,一个公司从树立品牌到将其发展成一个成熟的名牌,需要一段时间,再加上名牌具有时效性,这就需要不断地投入和长期的努力推广。如何推广珠宝品牌,进而使珠宝品牌成为珠宝名牌,是珠宝企业面临的关键问题。目前,中国的珠宝名牌不是很多,其中重要的原因就是投入不够,包括重视程度、资金投入等。首先,我们应针对目前企业的薄弱环节进行论述、找准问题,说明应该如何推广和经营珠宝品牌。

1. 薄弱环节

（1）品牌属性定位混乱，缺乏个性。品牌属性定位是品牌管理的基本前提之一，但是目前很多企业在品牌属性定位上模糊化，品牌总体塑造平庸化，发展的最后结果是品牌逐渐失去个性，没有达到预期的效果。

（2）品牌核心价值概念模糊。品牌必须要有自己的核心价值。品牌核心（价值）概念指品牌要在消费者的意识形态里找到自己的位置。品牌的管理不能只停留在宣传广告语、口号的层面上，即只给消费者留下一个简单的品牌属性概念的印象，而更多的要在其内在含义上寻找价值的所在，让消费者难以抵抗品牌冲击，能确切地感受到更多的功能性礼仪和感受。

（3）品牌管理缺乏系统性。品牌管理是一个系统工程，目前很多公司认为品牌管理就是简单地起个名字、进行一下包装设计或顺便进行一下广告宣传。这种思想是不利于品牌的长期发展的。品牌管理一定要注重其系统性和规范性。

（4）品牌管理缺乏创新性。国内很多企业的品牌营销普遍存在以下问题：从产品开发到终端销售的过程中，营销过程平庸无差异化。品牌塑造过程中，自始至终没有强有力的卖点支持。研究表明，但凡经营长久的品牌，必有长期坚持的大卖点支持，品牌的个性很明显。

（5）品牌管理缺乏战略意识。缺乏品牌战略意识，表现为经营者只关注眼前的产品销售利润，而忽略了公司的长久发展，没有打造长久品牌的意识，这样的观念直接造成品牌从基础建设到系统推广操作的过程中出现缺乏规范、缺乏战略、急功近利等问题。经营者不仅缺乏前期的市场调研分析，而且一旦投入广告就希望尽快得到效益，如果几个月不见效益就要撤销，打退堂鼓。

（6）品牌管理宣传具有随机性。品牌的宣传对于品牌的发展具有至关重要的作用，但是目前很多企业的宣传缺乏系统规划，随机而动。而且广告创意概念模糊，给消费者留下混乱的形象印迹，不利于品牌的长期发展。

2. 品牌推广和管理经营

（1）目标市场定位。对珠宝首饰品牌进行市场定位，首先要考虑其消费者群体，了解该消费者群体对珠宝首饰的需求特点。中国的市场区域分布比较广，各个地方的消费观念存在差异。例如，北方人喜欢宝石颗粒大的首饰，南方人喜欢做工精良的首饰。经营者在决定进军某一个市场时，一定要进行充分的市场调研，根据不同的消费者群体需求，选择适合自己发展的策略，从而在消费者心中树立起独特的品牌形象。

（2）品牌属性定位。品牌定位是建立与目标市场相关的品牌形象的过程和结果，品牌属性定位即该品牌计划在消费者心中建立何种形象。成功品牌的特点就是以一种始终如一的形式，将品牌的功能与消费者的心理需求连接起来，通过这种方式，将品牌的属性定位明确地传递给消费者。

在对一个品牌进行属性定位之前，一定要先对品牌属性和产品属性的关系进行分析。品牌的属性定位可以是由产品的属性决定的定位，可以是由产品给消费者带来的利益决定的定位;经营者可以通过产品的类别寻找品牌定位点,还可以通过产品的质量与价格关系寻找品牌定位点。总之,品牌属性的定位一定要经过全方位的思考。

(3)品牌核心价值定位。核心价值是品牌的精髓,代表了一个品牌最中心、且不具时间性的要素。核心价值代表品牌的个性,体现该品牌与其他品牌的差异性,例如:"钻石恒久远,一颗永流传",戴比尔斯的钻石品牌形象高贵永恒;"设计好自然生意好",蒂芙尼偏重设计的品牌形象让人信赖;"独一无二"的诉求虽然有些苍白,但和宝格丽的追求非常协调。这些国际著名珠宝品牌虽然总是新款迭出,但每款都会围绕自己的核心价值进行设计、宣传。

3. 品牌整体发展规划

各企业在经营规模和产品档次上都有很大的差异,因此在制订品牌整体发展规划的时候,应该根据企业的实际情况,确定切实可行的目标。

(1)区域性品牌。这是各个品牌努力的目标,在这个充斥着众多品牌的市场上,一些无名品牌随时面临着被淘汰的风险。因此在企业的发展过程中,企业决策者应努力在本地区或更大范围内提高产品的知名度和市场占有率,并在此基础上将品牌向更高级别发展。

(2)国家级品牌。这是区域性品牌的发展目标。已经在一个地区形成一定影响的珠宝企业,应该努力开展宣传活动,加大资金投入,引进高级管理人才和先进的管理体系,努力提高品牌在整个国内市场的知名度和市场占有率。

(3)世界级品牌。这是国家级品牌的奋斗目标。自从中国加入WTO之后,国内市场上出现了大量的世界级品牌。已经在国内市场上占据主导地位的珠宝企业,应把创立世界级名牌作为企业发展的最高目标。这就要求珠宝企业认真地分析国际珠宝市场环境及消费特点,确定如何优化产品结构、提高产品质量、改进加工工艺、美化外观包装、完善售后服务,努力提高我国珠宝首饰在国际珠宝市场上的知名度和市场占有率,使我国的珠宝首饰企业真正地参与国际市场竞争

4. 品牌宣传规划

如何定位品牌属性、如何划分品牌的核心价值等一系列的品牌规划,在一个企业进行品牌塑造的过程中显得尤为重要。但是,只有品牌规划不行,如果宣传不到位,那么前期筹备工作就等于白做。正如一位广告大师所说,媚眼很诱惑人,只可惜是在黑夜里抛出。所以,做好品牌不仅要做好品牌的规划,还要注重传播,让大众知道此品牌的优点。

经营者应该有效地利用各种传播手段宣传品牌,如广告、公共关系、新闻报道、人际交往、产品或服务销售等传播手段。此外还要注意在以传统媒体作为传播手段的基础上,多利用一些新型媒体进行广告宣传,以提高品牌在消费者心目中的认知度、美誉度和信任度。

在塑造品牌的过程中,企业不仅可以利用媒体进行广告宣传,还可以通过举办促销活动进行宣传。在进行促销活动方案设计时,经营者一定要找准市场定位、抓住时机,利用节假日、纪念日等特殊时间节点,制订相应的促销活动计划,计划要包括活动目的、活动背景、活动时间、活动地点、活动规模、活动组织形式、活动宣传方案、活动过程介绍等。计划做好后,经营者要根据计划内容确定活动所需要的具体宣传方式,选择是否进行媒体广告宣传,如电视

媒体、广播媒体等；另外要考虑是否需要现场布置广告等情况，重点是要加大活动的宣传力度，吸引更多的消费者，加深品牌在消费者心中的印象，从而建立品牌的知名度及消费者对品牌的忠诚度。

在对品牌宣传进行广告设计时，要表现出广告创意点，基本步骤是：确定表现内容—寻找核心表现形式—演绎表现。整体品牌传播过程要预先做好计划，内容包括品牌传播主题、副主题及应用规范，以及各种传播形式规范。比如年度性的主题活动、主题推广活动、固定节日的传播活动等都要预先做出计划方案，以确保品牌传播的规范性、系统性。

5. 品牌的管理和维护

随着市场经济的不断发展，珠宝首饰企业树立了品牌后必须加强对品牌的管理。

(1)注重产品质量。产品的质量是品牌管理的基石。保证产品的质量既是"创品牌"的重要措施，又是"保品牌"的关键。企业一定要保证产品的质量，质量好就代表着安全，消费者使用起来就会更放心。

(2)加强技术创新与技术创造。技术是品牌管理的推动力。从企业的角度讲，除了要重点狠抓产品的质量外，技术也占据着领导地位，特别是市场经济日益发展的今天，加强对新技术、新材料和新工艺的开发与研究工作，有助于进一步丰富品牌的内涵，提高企业自身的竞争力。

(3)重点思想——让消费者满意。珠宝首饰营销是一项直接和消费者进行接触的工作，所以对于珠宝首饰企业来讲，必须建立良好的企业-消费者关系，为企业的品牌发展注入新的力量。

(4)丰富文化底蕴与创新。品牌形象的传播，最终还是要回归品牌文化。所以，要保持品牌的不断发展，就要不断地丰富文化底蕴与创新。

附：珠宝品牌成功案例

一、世界知名品牌卡地亚——"皇帝的珠宝商，珠宝商的皇帝"

卡地亚(Cartier)的故事源自1847年的法国巴黎。路易斯·弗朗索瓦·卡地亚(Louis Francois Cartier)盘下了师傅阿道夫·皮卡德(Adolphe Picard)在巴黎蒙特吉尔街29号的珠宝工坊，正式成立了卡地亚首饰店。当时的巴黎经过王位争夺的一番动荡后，又恢复了昔日的浮华景象，这极大地推动了巴黎珠宝业的繁荣发展。卡地亚首饰店幸运地得到了拿破仑三世年轻的堂妹玛蒂贝德公主的推荐，业务量不断增长。1902年，卡地亚的店铺已经从巴黎扩展到了伦敦和纽约，纽约逐渐成为卡地亚王国的总部。父子相传，仅两代，卡地亚已成世界"首饰之王"。固然，卡地亚赶上了时代的机遇，但是真正成就卡地亚独特气质的却是其优雅的推广策略——尊贵、神秘的故事演绎。

1. 尊贵故事的演绎

一百七十余年的辉煌历史,来自卡地亚的众多传奇代言人——皇室与名流。英国王储威尔士亲王曾特地从卡地亚订购了 27 个冕状头饰,并在他的加冕典礼上佩戴。1902 年,即将登上王位的威尔士亲王(爱德华七世)曾经赞誉卡地亚为"皇帝的珠宝商,珠宝商的皇帝"。2 年后,爱德华七世赐予了卡地亚皇家委任状,委任卡地亚为英国王室的珠宝供应商。此后,卡地亚又陆续收到了西班牙、葡萄牙、俄罗斯、比利时、埃及等国王室的委任状,成为这些王室的"御用珠宝"供应商。

1936 年 12 月,继位不到 1 年的英国国王爱德华八世为了和离异两次的美国平民女子辛普森夫人结婚,毅然宣布退位。爱德华八世的弟弟乔治六世继位后,授予他温莎公爵的头衔。为了表达爱意,温莎公爵授意卡地亚公司为温莎公爵夫人设计了 4 款首饰,分别是"猎豹"胸针、"BIB"项链、"老虎"长柄眼镜和"鸭子头"胸针。其中"猎豹"胸针是第一款动物造型的珠宝,"猎豹"由铂金制成,上面镶有刻面型钻石和磨圆切割的蓝宝石,眼睛是一对梨形的黄色彩钻。"猎豹"蹲踞的"岩石"是一枚 152.35ct 的克什米尔磨圆切割蓝宝石。这 4 件珍品都曾在中国展出过。

皇室贵族的神秘与尊贵,是所有大众阶层一直探询却无法触及的。卡地亚通过不断与皇室贵族加强联系,使其业务逐渐深入到这个奢华阶层中,从而得到了"皇帝的珠宝商,珠宝商的皇帝"的美誉,并最终以居高临下的姿态奠定了奢华的基础。

2. 产品故事的演绎

除了借助贵族无以复加的尊贵来提高品牌形象外,卡地亚还对每个系列的首饰做出了最精确与奢靡的诠释,全心打造产品的故事。卡地亚"Love"手镯系列,象征着忠贞不渝的爱情。几十年来,"Love"手镯始终让人为之倾倒。它的椭圆形设计,仿佛是一副爱的"镣铐",代表着对彼此的专一和似海深情。随后,众多明星成为"Love"手镯系列的忠实拥护者,如伊丽莎白·泰勒、索菲亚·罗兰等都始终佩戴"Love"手镯。1924 年,卡地亚为著名诗人让·谷克多(Jean Cocteau)设计了造型独特且深富韵味的卡地亚三环戒指。2003 年,卡地亚推出"龙之吻"珠宝系列,其创作灵感全部来自中国传统的文化与艺术,设计师将日常生活中一些最为简单的寻常事物,如如意结、风铃、扣锁以及经典的龙等造型,演绎成象征着幸福与吉祥、成功和永久的珠宝珍品。2009 年,卡地亚携"Trinity"三色金系列全面登陆中国市场,在此之际,卡地亚更联袂知名艺人——舒淇、张艾嘉、陈坤,以独具匠心的创意手法诠释"Trinity"三色金系列新款作品深蕴的人文内涵。"Trinity"三色金系列作品承袭了简约经典的历史底蕴,又以三色光环展现了超越时光的美学风格和个性独特的情感。三色金环的线条质朴而利落,却表达了丰沛而温润的情感,三色金环的寓意分别为世界三抹最真挚的情愫——爱情、友情和亲情。

毋庸置疑,产品才是对品牌最生动的展示。通过不断创造传奇的产品故事,加之名人效应对品牌影响力的放大,卡地亚就能够轻松地找到撬动地球的支点,最终为其自身的尊贵身份再次加分。

3. 精确传播,故事升华的助推剂

有了凌驾众品牌之上的尊贵故事,只能说明卡地亚有了炫耀的基础。真正成就它奢侈品地位的是卡地亚对每个故事的精确传播。笔者一直认为,奢侈品传播的关键在于面向大众展示,针对小众销售。在万人瞩目的情况下,戴着价值千万的卡地亚珠宝,迈着清雅的步伐——这样一个看似简单的过程却为奢侈品绽放光彩提供了魅力舞台。

在进入中国市场后,卡地亚首先选取了富贵逼人的香港作为巡回展览的首站,其中每次展出规模均在5亿元以上,其震撼程度可见一斑。随后在拓展内地市场的过程中,卡地亚依然采用"巡展+明星"的方式进行宣传。自1996年首家专卖店在北京落成后,卡地亚先后在北京、上海、成都、哈尔滨、郑州等全国各大城市进行珠宝展览,且每次规模也均在2亿元以上。

用尊贵演绎故事,让故事升华尊贵,其间不断的提炼与蒸腾,是卡地亚能够令万人瞩目的制胜法宝,也是其达到至高境界的不二法则。

二、全球最大结婚钻戒推广商——世纪缘

世纪缘(SJONO),作为全球最大的结婚钻戒推广商,自诞生之日起就注定以丘比特的身份来为每对恋人奉献爱的至高礼物。数十年对爱情故事的经典演绎,使世纪缘成为了爱情的终极化身,而"百年好合、缘系永远"则成为了世纪缘的经典名言,世代相传。

1. 动人神话的传承者

赠钻石婚戒作为对婚姻的承诺之传统,始源于1477年,奥地利大公爵马克西米连送了一枚钻戒给法国勃艮玛莉公主。当时,钻石被视为具有不可思议力量的法宝,能令丈夫爱护妻子,甚至传说爱神丘比特的箭头也镶有奇幻无比的钻石。自那时起,源自皇室的送赠结婚钻戒的传统逐渐普及,送赠结婚钻戒成为了很多人一生中难忘的经历。

把钻石婚戒戴在左手无名指上的传统始源于古埃及,因为古埃及人相信爱情之脉是由左手无名指通往心脏。指环象征永恒,代表一生永享无尽的甜蜜爱情。无论是过去还是现在,结婚钻戒一直都是爱情的象征。

全球最大的结婚钻戒推广商——世纪缘,更以世人皆知的新人祝福语"百年好合,缘系永远"成为现代爱情的使者。

世纪缘的风格与卡地亚、蒂芙尼截然不同,它将自身定位为爱情的使者,并始终不渝地深化传播。在品牌创立的数十年来,泛美钻溢珠宝投资集团先后在北美、西欧、澳大利亚等地设立专卖店,传播钻石带给人类的美好寓意与祝福,并着力宣传结婚钻戒在爱情故事中的重要地位。

为了能够设计出具有惊世之美的结婚钻戒,泛美钻溢珠宝投资集团在欧洲设立了世纪缘钻饰设计中心,并聘请为《泰坦尼克号》设计首饰的 Rina Tairo 与 Jesse Kaufman 担任首饰设计师,力求每一件钻饰都能将爱人的心意肆意绽放,并引领婚庆界潮流。他们独创的"一生一世"结婚钻饰已经成为风靡全球的定情信物。

在传播层面,除了传统媒体广告外,世纪缘还依托泛美钻溢珠宝投资集团强大的企划能力独立发行《风尚·世纪缘》杂志与《缘·专刊》《美钻时尚》报纸,引导消费者更深入地了解品牌的内涵。目前,泛美钻溢珠宝投资集团旗下的第一品牌世纪缘已经全面进入中国,10年的磨砺,终于亮剑——全国500余家世纪缘专营店在联合全国各地婚纱影楼组成婚庆产业链后,世纪缘已经成为了内陆婚戒第一品牌。

"每个品牌都需要鲜明的个性,卡地亚代表尊贵,蒂芙尼代表优雅与精致,而世纪缘则代表爱情。"泛美钻溢珠宝投资集团大中华区副总经理兼世纪缘品牌总监如是说。正是这种精确的定位,使全球三大品牌占据了大量的珠宝市场份额。

2. 传播美钻文化,将锋芒融于精致

钻石不仅是商品,更是文化的体现与象征。世纪缘作为全球权威的钻石品牌之一,对钻石文化和历史研究倾注了极大的热情。

为了追溯钻石辉煌的历史,泛美钻溢珠宝投资集团为旗下品牌世纪缘建造了全球首家企业级博物馆,收集了大量罕有的古代和近代的称量仪器及标本资料。

世纪缘还致力于钻石文化的研究,全球第一本宣传美钻文化的大型中文画册《钻石——大自然的奇迹》由泛美钻溢·世纪缘钻石人文研究中心公开发行。该画册以精辟的语言及极富价值的图片对钻石的文化做出了完美的诠释,丰富的资料将钻石亿万年的传奇真实再现。此外,世纪缘还着重于组织消费者参与互动活动。

第八章 珠宝首饰营业员职业素质、道德与规范

第一节 职业素质

一、职业素质的含义

1. 素质

素质,心理学上指个体从上一代继承下来的、天生具有的生理特点,主要是神经系统、感觉器官和运动器官的机能特点。这些特点通过遗传获得,因此也称为遗传素质,是狭义的素质概念。这种素质是个体生理、心理发展的基础和基本条件,它会对人的知识的获得、能力的培养、心理的形成和发展产生重大的制约和影响,但不能决定个体心理发展的内容、走向和发展水平。

广义的素质概念是把素质看作人的内在品质,是在遗传素质的基础上,受后天环境、教育的影响,通过个体自身的体验认识和实践磨炼,形成的比较稳定的、内在的、长期发生作用的基本品质结构,包括人的思想、道德、知识、能力、心理、体格等。通常我们所讲的素质,指在人的先天遗传素质的基础上,通过后天教育和实践形成的德行、知识、能力等。

2. 职业素质的5个基本特征

(1)职业性。职业素质是一个人从事职业活动的基础。不同职业对员工素质的要求是不同的。这种不同不仅表现在专业素质方面,还表现在职业素质和道德方面。

(2)内在性。职业素质是一个人接受知识、学习技术、培养能力,并通过实践磨炼后内化、积淀和升华的结果,是一个人能做什么、想做什么和如何做的内在特质的组合。人的职业素质一旦形成,就会存在并表现于主体的一切职业活动和行为中,决定着主体职业活动和行为的效果。它的作用的发挥具有自发性。

(3)稳定性。一个人的职业素质是经过较长时间的教育培训,以及在长期从业的锻炼中逐渐形成和发展的。它一旦形成,便具有相对稳定性。这种稳定性是从业者做好本职工作的基本条件和保证。

(4)整体性。现代社会对职业岗位的要求具有复杂性的特点,因此它对从业者职业素质

的要求也是多方面的。从业者想胜任本职工作,不仅要有好的专业技能方面的素质,还要有好的思想道德素质、心理素质和生理素质等。

(5)发展性。现代社会经济、科学技术的发展,必然带来社会职业和职业岗位的发展变化,这种变化不断地对从业者提出新的职业素质要求,因此从业者要不断地提高自己的素质,以适应社会需求。

二、职业素质的构成

总结国内外研究成果,根据素质在人的职业活动和行为中的作用、功能和地位,职业素质包含以下5个方面的内容。

(1)影响人的职业活动倾向、目的的素质,如职业需要、职业动机、职业兴趣、职业理想、职业信念、职业价值观、职业世界观等。

(2)影响人的职业活动过程调节和控制方面的素质,主要是主体在职业活动中表现出来的职业认识、职业情感、职业意识、职业行为方面的品质。

(3)影响人的职业活动水平、质量和效果方面的素质,如智力、能力、思维方式、思想道德品质、职业态度、职业习惯等。

(4)影响人的职业活动程度的素质,主要是人的体质状况。

(5)体现人的整体形象方面的素质,如性格、气质、仪容仪表、风度等。

以上5个方面,基本上囊括了职业素质包含的主要内容。

第二节　职业道德

一、职业道德概述

1. 什么是道德

道德,是我们在日常生活中很熟悉的一个概念。道德的产生和发展是与人类社会以及每个人的生存发展密切相关的。原始社会早期,人们为了生存,必须共同生活、共同打猎、共同抵御自然灾害和氏族部落的攻击,这一时期便产生了道德的萌芽。随着人类社会的不断发展,先后产生了奴隶社会的道德、封建社会的道德和资本主义社会的道德。到了社会主义社会,社会经济关系和人们之间的利益关系与过去社会不同了,因此也就相应产生了与阶级社会性质不同的社会主义道德。可见,道德是随社会经济的不断发展变化而不断发展变化的,没有永恒不变的抽象的道德。

道德是调整人与人之间以及个人与社会之间关系的行为规范的总和。比如在处理公共道德关系时,社会主义社会道德要求人们讲文明、懂礼貌、助人为乐、爱护公物、遵纪守法、保护环境;在处理家庭关系时,要求人们尊老爱幼、男女平等、夫妻和睦、勤俭持家、邻里团结;等等。从某种意义上说,道德就是讲人"应该怎样"和"不应该怎样"的问题。

2. 什么是职业道德

(1)职业道德的内涵。职业道德指从事一定职业的人在特定的工作和劳动中应该遵循的特定的行为规范和标准的总和,它涵盖了从业人员与服务对象、职业与职工、职业与职业之间的关系。职业道德既是对从业人员在职业活动中的行为要求,又是本行业在社会中所承担的责任和义务。例如:教师要遵守"教书育人、为人师表"的职业道德,医生要遵守"救死扶伤、治病救人"的职业道德,财会人员要遵守"遵纪守法、勤俭理财"的职业道德,销售人员要遵守"货真价实、买卖公平"的职业道德。

(2)职业道德的特点。职业道德的特点有以下3点。①历史性与技术性。职业道德的历史性就是整个社会道德历史性的典型表现。职业道德产生的历史阶段,应该是奴隶社会时期,因为只有到了奴隶社会才真正出现了比较稳定和细致的社会分工。职业道德的技术性指职业道德与科学的发展程度紧密相关。比如,资本主义社会所经历的手工业阶段、蒸汽机动力阶段、电器机械阶段和现在以计算机应用为中心的信息阶段,都对职业道德产生了巨大的影响。不同的历史发展阶段、不同的经济发展时期,都有与之相应的不同的职业道德标准。所以说,在历史性特点的基础上,技术性特点也是职业道德的一个重要特点,二者相联系,形成职业道德独特的风貌。②实践性与规范性。职业道德的实践性主要表现在,它与人们所从事的职业的内容是密不可分的,离开具体的职业就没有职业道德可言。从职业道德的应用角度来考虑,如果没有置身于职业实践当中,职业道德的规范和内容就无从说起。比如,虽然非珠宝首饰营业员可以对销售人员的职业道德做出客观的评价,但是他们却无法切身实践珠宝首饰营业员的职业道德。职业道德既受一般社会关系的制约,又与具体的职业相联系,所以职业道德具有行业规范性。这些道德内容一般通过合同、店规、厂纪或从业人员守则等载体体现出来。③多样性和稳定性。社会分工的多样性,决定了职业道德的多样性。可以说,有多少种社会分工就有多少种职业道德。虽然道德的基础精神在最高的理论层次上可以是相通的,但不同的职业有不同的职业道德标准。职业道德既在不同职业之间有相通的时代精神,又有互不相关的具体内容和要求。任何职业都有其本身历史的连续性。一种职业的社会地位、社会职责、服务对象、服务手段和方式等,在不同时期有其共性,这就是职业道德的相对稳定性。

二、有"道"、有"德"乃做人做事的根本

1. 道德是做人的根本

人生在世,最重要的两件事:一是学做人,二是学做事。

在当前现实生活中有些人比较注重学做事,而对学做人则有所忽视。实际上,做好了"事",并不等于做好了"人"。在事业上一时有所成就而在做人上一塌糊涂,最终搞得身败名裂的,古今中外不乏其人。

那么应该怎样做人呢?最重要的就是以德为先,做有德之人。

古今中外,一些著名的思想家、教育家都十分重视"德"的重要意义。司马光认为:"德者,才之帅也。"古希腊哲学家柏拉图曾说:"一个人不应被名誉、金钱和地位诱惑……去忽视正义和其他德行。"我国伟大的人民教育家陶行知先生曾经指出:"道德是做人的根本。根本一坏,纵然你有些学问和本领,也无甚用处。一个人如果能时时处处将一个'德'字举过头顶,放在心上,那么一事当前,必能将善念体现在言语和行动上,为他人创造一份喜庆,为社会送去一缕温馨,为生活增添一丝快乐。做一个有道德的人是人的本分,是对人最起码、最本质的要求。"

2. 职业道德是事业成功的保证

(1)遵守职业道德是一个人事业成功的重要条件。在现代社会中,职业道德在人们事业中所起的作用尤为突出。随着社会的进步,人类生活水平逐步提高,良好的生活质量往往是由产品和服务的质量体现的,产品和服务的质量取决于生产质量和服务水平,而生产质量和服务水平的高低则由专业人士的职业技能和职业道德决定。

在日益激烈的市场竞争中,好的产品质量和高的服务水平是企业得以生存的重要因素,因此,越来越多的企事业单位开始注重培养单位职工的道德品质,以提升企业的社会形象。卡耐基曾经说过:"一个人事业上的成功,只有15%是由于他的专业技术,而另外的85%靠人际关系、处世技能。"这里的处世技能主要指的是与人沟通和交往的能力,以及宽容心、进取心、责任心和意志力等品质。

(2)每一个成功的人往往都有较高的职业道德。遵守职业道德是社会对职业工作者的基本要求。当职业道德具体体现在一个人的职业生活中的时候,它就具体内化并表现为职业品质。职业品质包括职业理想、进取心、责任感、意志力、创新精神等。在每一个成功的人身上,这些品质往往都得到了充分体现。这些品质是支撑一个人理想大厦永远不倒的精神支柱,这些品质的发挥程度与精神生活的充实程度和事业的成功程度紧密相连。很难想象一个既没有职业理想,也没有进取心、责任感、意志力等品质的人能够在事业上有所成就。

三、职业道德的培养和修炼

1. 职业道德规范的基本内容

职业道德规范是每一个从业者所应遵守的行为准则,也是评价职业活动行为善恶的准则,它告诉人们什么该做,什么不该做。各行各业的劳动者只有按其准则去做,才能协调好各种关系,解决好各种矛盾,出色地完成本职工作和任务。职业道德规范包含以下几个方面的内容。

(1)文明礼貌。文明礼貌是从业人员的基本素质,文明礼貌是塑造企业形象的需要。文明礼貌是指人们的行为和精神面貌符合先进文化的要求。俗话说:"做好生意三件宝,人员门面信誉好。"这是说,门面装饰得漂亮,人员讲文明礼貌,经营有信誉,是生意人的三件宝贝。在日本的商店里,营业员见了顾客要鞠躬,在英国的商店里推行营业员微笑服务,这都表明了文明礼貌在商业服务工作中的重要性。员工要做到文明礼貌,就要在工作场合保持礼仪端庄、语言规范、举止得体、待人热情。

(2)爱岗敬业。爱岗敬业作为最基本的职业道德规范,是对人们工作态度的一种普遍要求。爱岗,就是热爱自己的工作岗位,热爱自己的本职工作;敬业,就是以极其负责的态度对待自己的工作。宋朝朱熹对"敬业"的解释是:"专心致志,以事其业",就是说,敬业的核心要求是严肃认真、一心一意、精益求精、尽职尽责。古人提倡的这种工作态度今天仍然没有过时。

爱岗与敬业是紧密联系在一起的。爱岗是敬业的前提,敬业是爱岗情感的进一步升华,是对职业责任、职业荣誉的深刻认识。不爱岗的人,很难做到敬业;不敬业的人,很难说是真正的爱岗。所以,不论做任何工作,只要认真负责,精益求精,不辞辛苦,就可以说是爱岗敬业了。一般来说,从事工作条件好、工作轻松、收入高的职业的人,做到爱岗敬业是比较容易的;相反,从事环境不好、工作艰苦、收入不高的职业的人,要做到爱岗敬业就没那么容易了。那些在环境艰苦、工作繁重、收入不高的岗位上认真工作的人,更应该受到人们的尊敬。一个人的价值大小在于他是否能在本职岗位上做到爱岗敬业,为社会、祖国做贡献。爱岗敬业还要求员工树立职业理想、强化职业责任、提高职业技能。

(3)诚实守信。一位总裁说过:"我的用人之道的一个很重要的标准就是忠诚。当我们争论一个问题时,忠诚意味着你会把自己的真实想法告诉我,不管我是否喜欢它。意见不一致让我感到兴奋。但是一旦做出决定,争论终止,从那一刻起,忠诚意味着你必须按照决定去执行,就像执行你自己做出的决定一样。"

诚实守信是做人的基本准则,也是社会道德和职业道德的基本规范。诚实就是真实无欺,既不自欺,也不欺人。对自己,要真心诚意地为善去恶、光明磊落;对他人,要开诚布公、不隐瞒、不欺骗。诚实就是表里如一,说老实话,办老实事,做老实人。守信就是信守承诺、讲信誉、重信用,忠实履行自己承担的义务。诚实和守信是统一的,守信以诚实为基础,离开诚实就无所谓守信。诚实守信是各行各业从业人员的基础行为准则。一名合格的员工应忠诚于所属企业,维护企业信誉,保守企业秘密。

(4)办事公道。办事公道是对人和事的一种态度,也是千百年来人们所称道的职业道德。办事公道就是指我们在办事情、处理问题时,要站在公正的立场上,不论对谁都是按照一种标准办事。它要求人们待人处世要公正、公平。我们要学会公道、公正、公平地处理各种问题。在社会主义市场经济条件下,我们更应该时时处处注意办事公道,做到坚持真理、公私分明、公平公正、光明磊落,只有这样,才能建立社会主义市场经济秩序。

(5)勤劳节俭。勤劳节俭是中华民族的传统美德。勤劳就是辛勤劳动,努力生产物质财富和精神财富;节俭就是节制节省、爱惜公共财物和社会财富以及个人的生活用品。在新形势下,勤劳节俭不仅没有过时,而且焕发了新的生命力。勤劳节俭是成功创业家的修养,勤劳能促进效率的提高,节俭能降低生产成本。勤劳节俭有利于防止腐败,有利于社会经济可持续发展。每一位从业人员都应该提高自身素质,发扬艰苦创业的精神,厉行节约、反对浪费。

(6)遵纪守法。遵纪守法是从业人员的基本义务和必备素质,是从业的必要保证。遵纪守法指的是每个从业人员都要遵守纪律和法律,尤其要遵守职业纪律和与职业活动相关的法律法规。遵守职业纪律是职业道德的一项根本要求。当代一些发达国家的社会公德和职业道德水准,在很大程度上是在细密严谨的法律法规的约束下维持的。我国正处于社会主义初级阶段,在职业道德建设上更需要强化职业道德形式,从业人员要以岗位责任形式落实职业道德,融自律与他律、内在约束与外在约束于一体,建设良好的职业道德风尚。遵纪守法的具体要求有:①遵守企业纪律和规范,包括劳动纪律、财经纪律、保密纪律、组织纪律和群众纪律;②学法、知法、守法、用法,做文明公民,维护正当权益。

(7)团结合作。团结合作作为处理从业人员之间和职业集体之间关系的重要道德规范,它要求从业人员顾全大局、友爱亲善、真诚相待、平等尊重,搞好同事之间、部门之间的关系,以实现共同发展。团结合作可以营造和谐的人际氛围。从业人员只有把个人的工作和奋斗融于集体、社会之中,积极与他人合作、寻求帮助,汇集集体力量,才能到达成功的彼岸。团结合作可以增强企业内聚力。现代社会,有远见卓识的企业管理者都应该注意大力弘扬团结互助精神,培养团队意识,增强企业内聚力;有远大目光和追求的从业人员也应自觉融入集体,精诚团结、互助友爱,培养对企业的向心力和责任感。团结合作要求员工平等待人、尊重同事、顾全大局、互相学习、加强协作。

2. 提高职业道德修养的途径和方法

1)职业道德修养的涵义

职业道德修养是从业人员形成良好职业道德品质的基础和内在因素。一个从业人员如果仅仅知道什么是职业道德规范而不注意提高自身的职业道德修养,是不可能形成良好的职业道德品质的。

职业道德修养指从事各种职业活动的人员按照职业道德基本原则和规范,在职业活动中所形成的良好的职业道德品质和所达到的一定的职业道德境界。

提高职业道德修养是一种自律行为,关键在于"自我锻炼"和"自我改造"。职业道德素质的提高,一方面靠他律,即社会的培养和学校的教育;另一方面取决于主观努力,即自我修炼。两个方面缺一不可,而且后者更加重要。

2)如何提高职业道德修养

(1)提高职业道德修养的途径包括4种。第一,树立正确的人生观是提高职业道德修养的前提。人生观是对人生目的、价值和意义的根本看法和态度。在现实生活中,每一个理智健全的人都有对人生问题的根本看法和态度。人生观有正确的、进步的,也有错误的、落后的。享乐主义人生观是一种错误的人生观。在社会实践活动中,具有享乐主义人生观的人,其一切行为都是为了满足自己享乐的欲求,这种人是不会关心他人利益和社会进步的。因此,我们应该在职业活动中自觉提高职业道德修养,形成良好的职业道德品质。第二,提高职业道德修养要从培养自己良好的行为习惯着手。提高职业道德修养是一个长期的改造自己、完善自己的过程,而这个过程要从养成良好的行为习惯做起。古人说:"合抱之木,生于毫末;九层之台,起于垒土;千里之行,始于足下。""勿以恶小而为之,勿以善小而不为。"这都是说一个人良好的行为习惯是通过点滴积累而形成的。如果一个人连一件有利于社会或他人的小事都做不到,那么就不会有强烈的社会责任感和无私的奉献精神,良好的职业道德品质和崇高的精神境界更无从谈起。第三,学习先进人物的优秀品质,不断激励自己。在现实生活中,各行各业都涌现出很多先进人物。我们要学习他们为社会无私奉献的精神,学习他们的优秀品质,不断提升自己的职业道德水平和思想境界。学习先进人物的优秀品质,就要做到经常用先进人物的好思想、好作风检查自己的行为,敢于和善于发现自己的不足和缺点,并及时纠正。第四,不断地同旧思想、旧意识以及社会上的不良现象做斗争。我们周围经常有落后的观念和意识扰乱我们的思维,我们要认识这些错误观念、意识和不良现象对社会造成的危害,同时也要积极同它们做斗争,否则形成良好的职业道德品质就会成为一句空话。

(2)提高职业道德修养的方法包括以下5种。第一,学习职业道德规范、掌握职业道德知识,从理论上明确职业道德规范的基本要求,明确职业道德修养所要达到的目标,把握职业道德修养的标准,进而提高职业道德修养的自觉性,增强职业道德修养的针对性。第二,努力学习现代科学文化知识和专业技能,提高文化素养。掌握文化知识和专业技能可以帮助人们更准确地理解职业道德修养在现实社会中的作用。第三,经常进行自我反思,增强自律性。这是指人们依据一定的职业道德标准经常检查自己的行为,同不符合职业道德规范要求的行为做斗争,并自觉地使自己的言行符合职业道德标准的要求。第四,提高精神境界,努力做到慎独。慎独就是指在无人监督的情况下,仍能坚持道德信念,自觉地按照道德规范的要求去做事的一种道德品质和道德境界。慎独既是提高职业道德修养的重要方法和途径,也是一种崇高的思想道德境界。

第三节 新形势下社会主义商业职业道德的特点

目前,我国处于市场经济阶段。发展市场经济可以充分促进生产力的发展和经济的繁荣,从而为社会成员道德水平的提高奠定雄厚的经济基础。但同时,市场经济以企业和个人自身利益为驱动,如果没有正确的营利观念,很容易引起道德纷争。因此,要正确处理利益和道德的关系,我们必须把握好两点:一要坚决反对唯利是图、不惜损害消费者利益的极端利己主义,二要杜绝脱离商业经营管理实际、片面强调社会效益的经营模式。我们认为,经营者必须同时追求经济效益和社会效益,才能符合商业职业道德的要求。在新形势下珠宝首饰销售企业职业道德有以下几个特点。

1. 向消费者提供货真价实的珠宝首饰成为优质服务的前提条件

在市场经济体制下,特别是目前市场上存在假冒伪劣珠宝首饰的情况下,只有让顾客买到满意的珠宝首饰,态度热情、语言诚恳、照顾周到的服务才能称得上是优质的服务。如果弃消费者利益于不顾,以花言巧语推销假冒伪劣珠宝首饰,态度再好,这样的服务也是虚伪的,是与商业职业道德相悖的欺诈行为。

2. 合理的价格、准确的计量成为公平交易的关键问题

秤准量足,按质论价,是最原始的商业职业道德。市场放开后,价格和计量直接关系到企业效益、个人收入。目前,有的企业和个人见利忘义,在价格和计量方面采取不正当手段,引起消费者的强烈不满。

3. 廉洁奉公成为忠于职守的重要内容

实行市场经济后,进货权、定价权等经营权都不同程度下放,加上市场不规范,社会上有的人以金钱开道,采取以假乱真、以次充好、掺杂使假等手段,千方百计地将伪劣珠宝首饰通过流通企业推向市场。部分珠宝首饰销售人员经不起金钱诱惑,置企业利益、社会利益于不顾,坑害消费者,违反了基本的职业道德,他们的行为与敬业、勤业、创业道德标准格格不入。

4. 商业信誉成为竞争取胜之本

商业信誉既是一种职业道德观念,又是人们对商业职业道德的评价。只有具备良好的信誉,企业才能保持强大的、持续不断的竞争力。尽管目前仍有极少数经营者在经商过程中不讲信誉、坑蒙拐骗、欺诈勒索,但更多的企业已经意识到讲求信誉不仅是一种商业美德,更是一种竞争取胜的重要手段。过去那种随处可见的"珠宝首饰一经售出,概不退换"的招牌基本悄然不见,取而代之的是彰显企业信誉的"消费者信得过的单位""物价质量信得过的单位"等金字招牌。

5. 商业服务的多元化使商业职业道德具体内容不断扩展

随着市场经济的发展,商业服务内容的不断扩展,营销方式的不断改进,商业职业道德的内涵和外延也不断丰富和发展。随着人们生活质量的提高,商家在满足消费者买到称心如意的珠宝首饰需求的同时,还要以热情诚恳的态度满足消费者的情感需求,以娴熟的服务技能满足消费者对高效率的需求。

第四节 珠宝首饰营业员职业道德规范

一、珠宝首饰营业员职业道德教育的重要性

商业职业道德,从完整意义上说,包括了从事珠宝首饰购销运存活动和提供各种服务的商业人员应遵守的职业道德。但事实常常是,提到商业职业道德,人们最先想到的是珠宝首饰营业员的职业道德。这是因为珠宝首饰营业员从事的销售活动更广泛、更直接地与消费者相联系,是"窗口行业"中的"窗口"。因此,珠宝首饰营业员的职业道德是商业职业道德的重要内容,加强珠宝首饰营业员的职业道德教育是一项迫切的任务。

1. 珠宝首饰营业员的服务质量直接反映着国家、民族的文化素质和修养

珠宝首饰营业员的销售服务工作虽然平凡,但他们接触面广,其一言一行、一举一动,无不反映着国家和民族的文化素养与文明程度,代表着国家和民族的形象。周恩来总理曾指出服务工作是"崇高的事业,光荣的岗位"。

2. 加强珠宝首饰营业员职业道德教育是我国市场经济阶段迫切的任务

市场经济促使商业活动走向一个更为平等、自由的活动空间。这就加剧了企业之间的互相竞争。装修豪华、货品纷繁满目的现代化珠宝专柜，应有训练有素的珠宝首饰营业员以及高水准服务与之相匹配，只有这样，才能促进珠宝类经济的发展。

3. 加强珠宝首饰营业员职业道德教育是提高每个人自身修养的需要

遵纪守法、廉洁奉公是珠宝首饰营业员能够正常从业的重要保证。作为珠宝首饰营业员，首先得热爱本职工作，才能把自己的热情传递给顾客，才能使自己的行为符合顾客的心理需求。真诚守信、讲信誉、重承诺，是经商取胜之本。作为一名珠宝首饰营业员，要用自己的一言一行塑造企业形象。

二、珠宝首饰营业员职业道德的具体内容

珠宝首饰营业员的职业道德规定了珠宝首饰营业员职业活动中的行为规范。良好的职业道德是珠宝首饰营业员职业活动的指南。珠宝首饰营业员职业道德的修养，主要指职业责任、职业纪律、职业情感以及职业能力的修养。

1. 热爱本职、忠于职守

热爱本职、忠于职守是职业道德的主要规范。作为珠宝首饰营业员，热爱本职也就是热爱自己的工作岗位，培养干商业、爱商业的职业情感。营业员只有具备了健康、正确的职业情感，才能将这种积极的情感传递给顾客，才能使自己的营业行为符合顾客的心理需求。忠于职守就是珠宝首饰营业员要忠于这个特定的工作岗位的各项职责，自觉履行和维护这些职责，具有强烈的事业心和职业责任感。

2. 遵纪守法、廉洁奉公

遵纪守法，即指珠宝首饰营业员要遵守职业纪律及与职业活动相关的政策、法律法规。廉洁奉公是高尚的道德情操在职业活动中的重要体现，是珠宝首饰营业员应有的思想道德品质和应遵守的行为准则。珠宝首饰营业员每天都要接触大量的金银珠宝和财物，遇到各种各样的消费者，廉洁奉公就是要求珠宝首饰营业员自尊自立，做到清廉经商，不受歪风邪气的侵蚀，不利用职务之便泄露企业的商业机密。

【案例】

笔者以前所在的公司是一家在国内珠宝界有深厚影响的家族企业，2005年该企业拥有的自营店和加盟店已经超过200间。管理这种庞大的销售网络，除了需要决策层正确、严格、英明的领导之外，执行力也起到了很大的作用。

但是，并不是所有的加盟店和自营店的经理、员工都会为企业的明天而努力奋斗。掌管广州地区5间加盟店的区域经理刘生（化名）虽然精明干练，但却没有坚持一名合格珠宝商人应该具有的遵纪守法的原则。他在首饰上伪造加盟公司的标志（Logo），将假冒商品冒充公司

的正规货品进行销售,牟取私利。

广州地区一直是公司重点发展的区域,但是在刘生以权谋私的这段时期,公司每个月的销售业绩突然从400万元人民币降到300万元人民币,引起了公司高层的注意。此后,公司用最短的时间将刘生控制住,清点公司在广州的全部货品,并冻结刘生的全部代替货品。

对于公司来说,这是一个管理漏洞,但是对于刘生来说,他永远失去了在珠宝界立足的本钱。因为珠宝界最看重的就是诚实守信、遵纪守法。

3. 公平买卖、文明经商

公平买卖、文明经商是商业道德规范的核心,也是珠宝首饰营业员必须遵守的职业道德。公平买卖、文明经商体现在:对珠宝首饰商品准确命名,诚信无欺;对珠宝首饰明码标价;确保珠宝首饰商品的品质,并做到推销商品时不强买强卖;按质论价,优质优价、次质次价、同质同价;介绍商品时不夸大优点、不隐瞒缺点,体现商品交换的等价原则。

4. 接待顾客、真诚守信

真诚守信、讲信誉、重承诺,是经商取胜之本。作为一名珠宝首饰营业员,要用自己的一言一行去塑造企业的形象,在为顾客服务时要言行文明、遵守诺言,言必行、行必果,以真诚的服务赢得顾客的信任。

5. 礼貌待客、热情服务

礼貌待客、热情服务是商业服务的根本行为准则。礼貌待客,即要求珠宝首饰营业员在尊重顾客的基础上,平等对待每一位消费者,不对顾客品头论足,不以貌取人。礼貌待客还要求珠宝首饰营业员熟知商业礼仪规范,时时处处用商业礼仪规范来指导自己的行为。热情服务,即要求珠宝首饰营业员在接待顾客时耐心周到、态度和蔼、语言亲切,认真回答顾客的问题,做到百问不烦、百挑不厌,虚心接受顾客的批评,为顾客创造一个良好的消费环境。

培训人员无论是对本公司员工进行培训,还是在社会上进行珠宝销售专业知识讲解时,第一条应该重点强调:一定不能以貌取人。

【案例】

2005年的某天,一位老太太出现在深圳一家高档商场的翡翠柜台。她装扮普通,挎着一个盖着手帕的买菜篮子。

她走到翡翠专柜前,仔细看着价值四五十万元的翡翠珠宝首饰。同事们都不愿意接待这种一看就不会买单的顾客,而笔者走到老太太面前,和她亲切地聊了起来。"服务员,你把这块翡翠拿出来我看看。"笔者答应着,将一块价值40万元人民币的翡翠拿出来,小心地递给她,并详细地讲解这块翡翠的质地、图案寓意。

这时,令人吃惊的一幕出现了,老太太用手掂了掂翡翠的重量,掀开盖在篮子上的小手帕,将整整40摞1万元的现金放在柜台上,并说:"我就要这一块。"刚才还以貌取人的店员们,惊讶得目瞪口呆。

老太太给珠宝销售人上了生动的一课。

6. 刻苦学习、钻研业务

珠宝首饰既是大自然的精华,也是人类智慧与文明的结晶,因此销售珠宝首饰的营业员素质要全面。

与传统的珠宝首饰行业相比,现代珠宝首饰行业融入了更多的高科技成分。无论是宝石鉴定方法还是首饰设计、制作工艺,或是营销手段,都在不断地进步。新时期的珠宝首饰营业员必须努力学习,刻苦钻研业务,在实践中不断提升自己,跟上行业发展的步伐。

笔者在西安世纪金花大型珠宝品牌专卖店工作的时候,曾经碰到过这样一件案例。

【案例】

某天,一位顾客看中公司专柜中的一个克拉钻。我戴上白手套准备从柜台中将克拉钻取出。但是,刚接班的我凭直觉认为手里的"钻石"非常像合成立方氧化锆。

我只能委婉地向这位顾客说这枚戒指上的宝石是合成立方氧化锆,是公司摆在柜台中教授顾客辨别真钻和仿钻的。我在细致地对顾客进行专业知识讲解的过程中,承诺若是顾客对这枚戒指的款式满意的话,可以先预付订金并于2周后到专柜来取货品。顾客满意地订购了这款戒指。事后,我利用钻石热导仪证实了自己的猜测。在这个案例中,扎实的专业知识及丰富的实战经验,使消费者对销售人员产生了充分的信任,从而促成了交易。

还有一次,一位女士怒气冲冲地来到我们的专柜,将一条很粗的金项链重重地摔在柜台上,大声问道:"你们公司怎么卖假货,我买的千足金项链,才戴了一个月,怎么变绿了?"

是啊。为什么变绿了?员工们面面相觑,不知道怎么回答才好。此时,人越聚越多,而这位女士更加来气,难听的话语越来越多。员工没有办法,火速把我从培训现场请到专卖店。

对于这位女士碰到的事情,我也感到纳闷,但是对于贵金属性质了如指掌的我,始终认为错误并不在专卖店。来到现场后,拨开里三层外三层的围观者,我先是让怒气冲天的女士将黄金首饰出现的问题仔细描述了一遍,同时站在她的角度说明自己若是消费者,碰到类似的问题也会不舒服。随后,我又一次重申公司专卖店是绝对不会销售假冒伪劣商品的。

当着所有围观者以及这位女士的面,我仔细讲解了黄金的性质,并提出"真金不怕火炼"的原则,主张让专卖店维修师傅用火枪烧一下项链。所有的人都屏住呼吸,看到项链被火烧过后,原来绿色部分的颜色又变回金光灿灿的黄色时,所有人几乎都产生了一种欢呼的冲动。

"哦?这是为什么?"女士显然对于结果非常满意,同时对于自己刚才的表现感到不好意思。

"太太,您看,黄金的性质非常稳定,火都不能使它变色,更何况一般的物质。您仔细想想,您是不是一般都在佩戴项链后再进行化妆、喷香水?"

"是啊,我一般都是这样。"

"哦,首先我要说的是抱歉,因为我们的员工没有仔细地向您讲解如何佩戴和保养黄金首饰。再就是,太太,黄金的性质您已经了解得很清楚了,您喷香水的过程中,会有部分香水喷到项链上,就是这一部分香水同空气中的其他物质发生反应,使得您的项链看起来变绿了。"

"原来是这样。"女士说道,同时不好意思地向我们笑笑。此时,我更加耐心地将黄金首饰的佩戴和保养方法一一告诉了她,同时我也发现围观的人们对于我扎实的珠宝知识以及灵活的处理方式感到由衷的赞叹。可见,扎实的专业知识有助于营业员化解珠宝营销过程中发生的矛盾。

三、珠宝首饰企业销售道德

珠宝首饰企业在营业中需要遵守的销售道德有很多,现陈列"陶朱公经商十八则",或许对珠宝销售企业有一定用处。

(1)生意要勤快,切勿懒惰,懒惰则百事废。
(2)接纳要谦和,切勿暴躁,暴躁则交易少。
(3)价格要定明,切勿含糊,含糊则争执多。
(4)账目要稽查,切勿懈怠,懈怠则资本滞。
(5)货物要整理,切勿散漫,散漫则查点难。
(6)出纳要谨慎,切勿大意,大意则错漏多。
(7)期限要约定,切勿延迟,延迟则信用失。
(8)临事要尽责,切勿放任,放任则受害大。
(9)用度要节约,切勿奢侈,奢侈则钱财竭。
(10)买卖要随时,切勿拖延,拖延则机会失。
(11)赊欠要识人,切勿滥出,滥出则血本亏。
(12)优劣要分清,切勿混淆,混淆则耗用大。
(13)用人要方正,切勿歪斜,歪斜则托付难。
(14)货物要面检,切勿滥入,滥入则质价低。
(15)钱账要清楚,切勿糊涂,糊涂则弊窦生。
(16)主心要镇定,切勿妄作,妄作则误事多。
(17)工作要细心,切勿粗糙,粗糙则出劣品。
(18)说话要规矩,切勿浮躁,浮躁则失事多。

第九章 珠宝首饰营业员基本业务知识

第一节 柜台服务知识

有人认为珠宝首饰营业员的职责就是想方设法地把珠宝首饰卖给顾客。于是,就会出现这样的情形:顾客一上门,营业员就满腔热情地接待,而且总能找到各种说明所售珠宝首饰适合顾客的理由,顾客不是被过分的热情吓跑,就是稀里糊涂地买单,事后又后悔不已。实际上,珠宝首饰营业员的职责主要是导购,为顾客提供完善和恰当的服务,而且在越来越多元化的市场上,竞争优势也将来自实实在在而又恰如其分的无形服务。而提供恰如其分的服务,则需要从规范化的服务标准入手。

一、售货服务程序

1. 珠宝首饰店售前准备

(1)营业环境准备。珠宝首饰的营业环境应具备整洁、明亮、高雅、舒适等特点,让顾客一走进来就感受到温馨、典雅的氛围和浓浓的艺术气息。为此,营业前应做到以下几点。

①清洁空气,调节温度。营业场所应做到空气清新流动,温度适宜。为此,营业前,营业员须打开换气设备,让隔夜的污浊空气散出去,使新鲜的空气流通进来。在酷暑寒冬季节,营业员还须打开空调,将室内温度调至人体适宜的范围。

②打扫场地,整理柜台。营业场所应干净卫生,整齐有序。为此,营业前,营业员须打扫卫生、清除杂物,做到场内地面无垃圾,柜台内外无杂物,橱窗内外无尘埃,柜台内货物排列合理有序,购物通道畅通无阻。

③检查灯光,调节照明。珠宝首饰的营业场所要求灯光明亮,照明合理。为此,营业前,营业员须检查灯光设备,及时调换已损坏的灯泡,适当调节照明角度,让灯光与宝石的光芒相呼应,营造神奇变幻、明亮璀璨的氛围。

④摆放花卉,播放音乐。珠宝首饰的营业环境应该是优美的。多数珠宝店内都张贴了广告、宣传画,摆放花卉、盆景等饰物。为此,开门营业前,营业员须适当地护理花卉盆景,整理广告画牌,在有音乐的场所还应检查音响设备,选播适宜的轻音乐等,营造出舒适典雅的气氛。

⑤摆凳备镜,方便顾客。在珠宝首饰的销售过程中,顾客会花较长时间来观察和挑选珠宝。为了给顾客营造一个舒适方便的购物环境。营业前,营业员须在适当的位置摆放好座

椅、镜子等,为顾客提供细致周到的服务。

(2)物资准备。营业前的物资准备是整个销售工作的一个重要环节,是珠宝首饰销售得以顺利进行的物质基础和前提条件。充足有序的物资准备是缩短销售时间,加快成交速度,使销售工作顺利进行的根本保证,因而具有十分重要的意义。

物资准备工作的主要内容包括:商品准备、销售用具准备。

①商品准备。珠宝首饰不同于其他商品,它的花色品种繁多、价格昂贵。营业员在进行商品准备时,须注意及时调整和补充畅销品种,严格进行数量和品质的验收,合理摆放珠宝首饰,让整个柜台丰富多彩。具体的商品准备程序如下:提取商品,按规定将珠宝首饰从保险柜或仓库中提取出来;补充商品,按需要补充不同款式及型号的珠宝首饰;检查商品,检查新补充或原存留商品的品质;认真、全面地清点并登记商品及其数量,核对价签,做到商品总数相符、价签与实物相符;摆放商品,按要求将珠宝首饰摆放于柜台之中,锁好柜门,将钥匙放于固定位置。

②销售用具准备。营业前除做好商品准备外,还须做好有关的用具准备工作,主要包括:准备计量器具,如准备好小型克拉秤、指环量尺等,将计量器具放在柜台的固定位置,以便使用时得心应手、方便快捷;准备计价用品,主要指准备好电子计算器、圆珠笔、复写纸、销货票据、发票等,其中销货票据及发票要妥善保存,以防遗失;准备包装用品,主要指准备好各种戒指盒、项链盒、彩色纸、彩色袋等包装用品,包装用品须精心保管,保持干净、不变形;准备检验工具,营业柜台须备有10×放大镜、镊子、托盘以及一些小型的检验工具,如热导仪、滤色镜等,并于营业前将这些小型工具调试好,放于固定位置,方便使用;准备鉴定证书,营业前须整理宝石鉴定证书,做到鉴定证书号与陈列的商品号一一对应,鉴定证书按类摆放,以便销售时及时查取。

(3)珠宝首饰营业员仪表仪容准备。营业员的仪容美、仪表美、仪态美属于软环境之美,会给整个购物环境带来一派动态之美。软环境之美能对顾客产生更强的感染力和吸引力,是商品得以销售的潜在动力。

珠宝首饰营业员整洁美好的容貌、端庄大方的着装、稳重高雅的言谈举止,既表现了个人的良好形象,也代表了整个专卖店的员工风貌和专卖店的整体形象,直接影响着顾客的购买情绪,关系到珠宝首饰销售效果。珠宝首饰营业员的仪表包括以下几个方面。

①着装。珠宝首饰营业员上班时必须穿着制服,制服在给人统一美感的同时,还意味着提供标准的服务。有一位资深销售人员曾讲述过这样一件事。有一次她正向一位顾客推荐一枚价值2万多元的钻戒,顾客也表示出浓厚兴趣。这时,她突然从镜子中发现自己上衣领子裂开了一道难看的口子,尴尬与无奈致使生意没有做成。因为她当时意识到,顾客也发现了这个裂口,心慌意乱导致她无法继续镇定地对商品进行介绍。一个人如果意识到自己的外表能够使别人产生好感,他就能产生一种自信心;相反,如果他忽略了衣着和装饰,外表很不完美,这种自信心就会消失。珠宝首饰营业员,其服饰对顾客的影响更大,许多顾客在拿不准主意时,都愿意找那些穿着得体的珠宝首饰营业员帮忙。在岗期间,男营业员不能穿过分花哨或奇异式样的衣服,女营业员不能穿过于暴露的服装。如夏天不能穿背心、短裤、拖鞋上岗。在上岗前应注意衣裤要扣好,鞋带要系上,要经常检查拉链是否拉好、纽扣是否扣好,衣

服上有无开线绽露现象。

②发型。销售珠宝首先要赢得顾客的信任,所以成熟稳健的发型非常重要,过于新潮、标新立异的发型并不适宜。整齐、精心梳理、富有光泽的头发会给人留下好的印象,过长、蓬乱、松散、枯黄的头发会给人不好的感觉。一面小镜子、一把小梳子是必备之物。珠宝行业是一个时尚的行业,过于刻板的发型也会产生反面效应,使顾客对营业员的审美观缺乏信心。所以,珠宝首饰营业员的梳妆打扮要朴素大方,头发应保持整洁、美观。

③面部。化妆可以扬长避短,让人变得精神亮丽。在珠宝柜台前较强烈的灯光下,适宜的妆容才能给人非常舒服的感觉,所以淡妆素抹是必要的。

④手部。珠宝首饰营业员的双手是展示珠宝首饰最好的道具。因此保持双手的良好观感对销售很有帮助。珠宝首饰营业员应对手部做一些适当的护理,保持润泽的感觉。

⑤口腔。珠宝首饰营业员需要近距离向顾客推销产品,应注意口腔清洁、保持清新口气。

⑥佩戴的饰物。珠宝首饰营业员当班时,应该佩戴店内出售的同类饰物,如高档珠宝柜台的销售人员不要佩戴仿真首饰等。而在钻石专卖店,营业员不宜佩戴非钻石首饰,如翡翠、水晶等,否则顾客可能会问你为什么不愿戴钻石,而令你的推介缺乏说服力。

⑦面部表情。微笑是沟通感情时最好的润滑剂。面部表情放松、自然,代表着善意与快乐。从与顾客开始接触到结束销售,自始至终的微笑才能帮助你塑造善良礼貌、有诚意的好形象。很多优秀的营业员通过经常对着镜子练习而学会了如何才能展露美丽的笑颜,给人非常自然亲切的感觉。对镜练习是一个非常值得尝试的方法。可以说,学会微笑是创造销售奇迹的关键。在任何时候、任何情况下,都不应在顾客面前做出不悦或不耐烦的表情。

⑧气质。具有良好气质的营业员,能较容易获得顾客的信赖。所以,珠宝首饰营业员应加强自身气质的培养,多读书、多学习,将有益的知识运用到自己的工作中。提升气质要多留意自己的站姿和坐姿,站、坐都要端庄、稳重。任何不雅的习惯动作和举止,如不断摸头发、摸脸,不断拉领带、拉袖子、敲桌子,甚至晃腿抖脚等,都能折射出一个人缺乏修养和自信。珠宝首饰营业员应该养成读书看报的习惯,关心社会,热爱生活。他们可以经常到美术馆或展览会欣赏绘画、雕刻等艺术品,多读一些优美的诗词,听听音乐,还可利用假日到百货公司或精品店观察橱窗及服饰的设计与搭配,增强自身的文化修养和艺术修养,以提升个人气质。

⑨礼貌。礼多人不怪,无礼人必怪。珠宝首饰营业员应时刻牢记自己从事的是一份文雅高尚的工作,必须有良好的礼貌,要认真耐心地聆听顾客说话,不能粗鲁地随意打断或插话,与顾客的眼神接触要自然而诚恳。

销售人员还要熟记老主顾的名字,每次见面应主动热情地招呼顾客,尤其是与老主顾见面时应适当寒暄,赞美其服饰、发型或精神风貌。但对生客,销售人员也应悉心接待、热情介绍、斟茶递水,尽量显示热情好客,但不要令顾客产生紧张感。有时,一句"小心茶烫"的关切之语,就能赢得顾客对你的好感,明白你对他的尊重。

不论生意做成与否,当顾客离开时,销售人员一定要跟顾客说再见,感谢他的光临,并希望他下次再来,目送或亲自送顾客出店门。

⑩语言的艺术。语言是销售的关键武器。有时候,顾客已经准备掏腰包了,却因为销售人员一两句不妥当的话而改变决定。作为一名优秀的珠宝首饰营业员,首先要了解顾客的心

理，不要说一些令顾客反感的话。如何通过短时间的沟通展示珠宝首饰商品的优点，打动消费者，这里面的学问博大精深。我们可以从以下几个方面探索语言的艺术。

(a) 学会说"好"。

要令顾客购买珠宝，不仅要让他们知道该商品的好处，并且要反复并有技巧地强调，但不能自吹自擂，甚至无中生有，那样会使顾客生疑，产生不信任感而令生意泡汤。

(b) 学会说"不"。

珠宝首饰营业员在与顾客打交道时，经常碰到的难以应付的事情就是说"不"。因怕伤害对方感情，引起对方误会，所以，有时候销售人员只能委曲求全，有苦自己咽。最令人头痛的是，对方不但不领你的情，还会得寸进尺，使营业员的处境更加被动。

销售过程中，适当的让步是销售的有力手段，但不当的让步只会让顾客认为还有很大讨价还价的余地。所以，聪明的让步是一边让步，一边说"不"，使让步的幅度和可能性越来越小。对待顾客不合理要求时的应变能力能反映出营业员的素质，即营业员是否掌握了拒绝的技巧。拒绝顾客的不合理要求通常可采用两种方法。首先，不要以个人身份表示拒绝。不少营业员没有掌握这个技巧，要么让步太大，后续没有回旋余地；要么一口拒绝，令顾客反感。如遇顾客讲价，营业员应向顾客表明自己只有一定的权限，因为公司有明文规定，不是由自己说了算，如果越权就要自己补回差额、受处分，甚至丢掉工作，从而争取顾客的同情和理解。其次，不要一口回绝顾客，要给对方留有希望并机智地摆脱困境。在一开始时，不应一口拒绝，至少应让顾客感到你关心他的利益，并愿意尽力为他争取。如顾客提出的砍价金额是你从来未遇到的低价，即使明知办不到，也不能一口回绝，而应一边说明这个商品从未按此价格卖出，一边立即请示上司并表现出你在努力争取。这样，虽然顾客的还价要求被拒绝，但你表达了很想和他做成生意的诚意，顾客还是会有被重视的满足感。

(c) 说话有分寸。

说话要讲分寸。有时，顾客会拿一些自己在别的店买的首饰让营业员帮忙鉴定，询问品质如何。有不少营业员为了显示自家的东西比别的公司的好，就毫不留情地挑剔其他公司的商品，甚至故意贬低其品质，而称赞自家的货品，这种做法过于绝对，可能会引起顾客的反感。

此外，在向顾客做出承诺之时，即使是非常有把握的事，也应尽量给自己留有余地，以防万一。

(d) 专业术语。

在销售过程中，珠宝首饰营业员适当运用如颜色、净度、切工等专用术语，有助于塑造专业人士的形象，但要防止滥用。满口顾客听不懂的术语只会让顾客不知所云、敬而远之。销售人员应深入浅出地运用专业术语，令顾客既明白又信服。

(e) 语气、语速和语调。

珠宝首饰营业员说话的语气应坚定而委婉，准确而友善。客气的谈吐总会让人舒服，强硬的语气极易引致别人的反感。

(f) 智力与判断力。

智力并非仅指考试得高分的能力，而是指对事物做出正确判断并运用所掌握的知识准确快速解决问题的能力。实践证明，营业员的智力水平越高，推销工作就会做得越好，特别是推销珠宝这种奢侈品。

智力可从学习及练习中获得提高,营业员认真细致地学习产品知识及销售技巧,虚心地向资深销售人士请教,了解应对各种顾客和情境的方法,都可以很快地获得销售珠宝的智慧。认真学习,不断提出可能遇到的或顾客会问的问题,努力寻找答案,将有关情境在脑海中进行模拟演练,能使营业员有备而战、在遇到类似问题时从容应对。

好的营业员还必须思维敏捷,能快速做出反应。如果在与买主洽谈结束之后才想起当时应该怎样说话,那就为时已晚了。所以,营业员平时必须进行练兵,学习快速应对和解决问题的方法。

(g)社交知识与态度。

社交知识与态度指在与顾客交往的过程中,销售人员所具备的做出适当言行反应的知识,以及与顾客建立和推进良好关系的能力,这是对珠宝首饰营业员的基本要求。

(h)精神状态。

疲惫不堪、无精打采的人,必定无心工作、错漏百出。要工作出色,必须精神饱满、身心健康。要想有好的身体和精神面貌,则必须严格自律、积极锻炼。

珠宝首饰营业员平时应保证充足的睡眠,坚持锻炼身体,养成健康的饮食习惯。珠宝首饰营业员由于工作时间没有规律,很容易得胃病。建议营业员可以抓紧时间进食、少食多餐,甚至可以在工作时自备干粮。顾客无小事,只有严谨、认真、全心全意为顾客服务,才能获得顾客的青睐。

2. 售货过程

售货过程是柜台服务的中心环节,能够有条不紊地开展售货活动是珠宝首饰营业员的基本功。按照售货操作规范,售货过程一般可以分迎客、接触、拿递、展示、介绍、成交、附加推销、开票收款、包装、递交、送客、售后服务12个阶段。

(1)迎客。迎客即迎接顾客,也称售前待机,是顾客临柜前的准备阶段。一般来说,售前待机时间的长短与珠宝首饰价格的高低成正比,即价格越高的珠宝首饰,待机的时间越长;而价格越低的珠宝首饰,待机的时间就越短。这一阶段对营业员的基本要求是随时准备、主动迎客。为此必须遵循以下要求。

①以正确的姿势等待客人。正确的待机姿势,是营业员要站在离橱柜一个拳头的地方,两脚平踩在地面上,两手放在身前轻轻地握着,或是轻轻放在柜台上,站立的姿势要使自己不容易感觉疲劳为宜。营业员应以极其自然的态度,观察顾客的一举一动,并等待良机与顾客做初步接触。

以下列举一些身体语言信息。

(a)身体语言会使顾客感到亲切,给人以热情的印象:看对方的脸;展露笑容;善于倾听顾客说话,且边听边点头。

(b)身体语言会使顾客感到不受欢迎,给人以消极的印象:不看对方的脸;不直视对方的目光,目光闪烁;不停揉眼、耳、鼻,身体姿势像要离开的样子。

(c)身体语言会给顾客以自信的印象:看着对方眼睛说话,正直站立,正襟危坐,保持安静。

(d)身体语言会给顾客以不安的印象:频繁眨眼,舔嘴唇,不停咳嗽,频繁地张开手,以手抵唇说话,扯耳朵,心神不定,脚不停地抖动。

(e)身体语言会给顾客以深刻的印象:倾听时慢慢点头,有3/4的时间看对方的脸,慢慢点头;说话时身体稍前倾;脚不乱动。

(f)身体语言会给顾客以傲慢的印象:目不转睛地盯住对方;露出不屑的笑容;皱眉表示惊讶和不相信;从眼镜上方凝视客人;手指对方;用拳头敲柜台;抓后脑勺;大步来回走动;不看对方;眼睛盯着天花板;坐时两手放在脑后,腿伸开,向后仰;双手抱着胳膊。

②要坚守固定的位置。珠宝首饰营业员在店里站立的适当位置,是以站在能够照顾自己负责的柜台,并容易与顾客作初步接触的位置。在传统的商店里,橱柜都是做成封闭式的方形或圆形,珠宝首饰营业员站在柜台里面,顾客站在柜台外面观察珠宝首饰。在这种封闭式售货商店里,珠宝首饰营业员必须明确自己的固定位置。当顾客稀少或节假日繁忙时,店铺都要临时减少或增调营业员,这时珠宝首饰营业员站立的位置就要根据实际情况进行调整。珠宝首饰营业员必须十分清楚自己的机动位置,做到有条不紊、严阵以待。

③暂时没有顾客时,要整理珠宝首饰。珠宝首饰营业员在完成一次销售工作以后,必须随时找机会为下次与顾客初步接触做准备,因此,在店内暂时没有顾客时,应抓紧时间做以下工作。第一是检查珠宝首饰。尽管进入柜台的珠宝首饰已经经过工厂质量检查人员及商店进货人员的层层把关,但仍难免有问题。有些珠宝首饰即使上柜之前完好无损,但经过众多顾客触摸之后,也可能受到污损。因此,珠宝首饰营业员必须利用空闲时间,认真检查珠宝首饰,把可能存在质量问题的珠宝首饰挑拣出来,防止流入顾客手中,影响商店声誉。第二是整理与补充珠宝首饰。珠宝首饰营业员整理与补充珠宝首饰的工作主要有:将顾客挑选之后的珠宝首饰重新摆放整齐;查看今天都销售了哪些珠宝货品,并做记录;随时补充售出的珠宝首饰,查看价签是否放反了并整理好;清洁柜台。第三是做其他准备工作。如果等待的时间过长,珠宝首饰营业员还可以做一些其他准备工作,如熟悉相关的珠宝首饰知识,学习珠宝首饰陈列技巧,准备处理各种事故的方案等。

④时时以顾客为重。不论珠宝首饰营业员在空闲时间里做什么准备工作,都只能算是销售行为的辅助工作,绝不能为了做这些工作而忽略自己最重要的职责——接待顾客。当珠宝首饰营业员在整理珠宝首饰时,如果有顾客光临,应立即停止手中的工作,全神贯注地迎接顾客。珠宝首饰营业员在空闲时,要千方百计地吸引顾客的视线,让顾客注意你所销售的珠宝首饰,如整理、移动珠宝首饰,改变珠宝首饰陈列等行为都能较好地吸引顾客视线。

(2)接触。接触即招呼和接近顾客。这一阶段对珠宝首饰营业员的基本要求是把握时机,热情招呼。俗语说:"良好的开头是成功的一半。"营业员与顾客打招呼要及时并有分寸,过于热情或过于怠慢的接待都是不合时宜的。

开始打招呼的时候,一般会采取以下用语。

您好!欢迎光临XX珠宝店。

您好!欢迎光临XX珠宝首饰专柜。

您好!请问有什么我能帮到您?

您好!您熟悉XX品牌吗?

您好！有什么需要我帮忙吗？

您好！有兴趣的话，可以拿出来看看。

您好！您是我们XX的老客户吗？

您好！请随我来这一边。

那么，如何判别何时是接触顾客的最佳时刻呢？

①当顾客的目光在搜寻时。当顾客走入店中，东张西望地好像在找什么珠宝首饰的时候，珠宝首饰营业员要赶紧走过去向他打招呼，最好是问："请问有什么我能帮到您？"这种情况下的初步接触，要愈快愈好，因为这样可以替顾客节省很多时间和精力，一定会让他非常高兴的。

②当顾客突然停下脚步时。如果顾客在柜台前突然停下脚步，那么一定是有某件珠宝首饰吸引了他的视线，这时，如果没有珠宝首饰营业员过来招呼他，不久之后，他一定会继续向前走。所以，珠宝首饰营业员绝不可放过这个好机会，应该立即去招呼顾客。需要注意的是，当顾客停下脚步时，珠宝首饰营业员一定要注意他们注视的是哪一款珠宝首饰，并针对此珠宝首饰的优点、特征进行说明，否则，如果顾客喜欢A珠宝首饰，而珠宝首饰营业员却介绍B珠宝首饰，顾客对销售人员的印象一定会大打折扣。

③当顾客与珠宝首饰营业员的目光相遇时。当顾客与珠宝首饰营业员的目光相遇时，珠宝首饰营业员应向顾客点头，并说"欢迎光临""早安""您好"之类的话。这样做，虽然不一定能立即谈成生意，但至少可以表现出珠宝首饰营业员应有的礼貌，给顾客留下一个较好的初步印象。

④当顾客长时间凝视某一件珠宝首饰时。当顾客花很多时间注视某一件珠宝首饰时，说明他对此珠宝首饰产生了极大兴趣，所以，珠宝首饰营业员一定要把握良机，及时进行初步接触。接触时，应注意以下几点。在与顾客打招呼时，销售人员最好站在顾客的正面或侧面，轻轻地说声："有什么需要我帮忙的吗？"注意说话的时候一定要站在顾客能看到的地方，绝对不能站在顾客的背后，突然冒出一句话来，使顾客受到惊吓，降低他的购买欲望。珠宝首饰营业员与顾客打招呼时，其语言不应当只局限于"欢迎光临""我能帮您的忙吗"，话题还可以延伸到"您肤色白，身材又好，佩戴这种款式的项链，效果一定很好"。用这种话语来进行初步接触，成功的概率比较高。当顾客进入联想阶段时，他就会在脑海中描绘出自己佩戴这种珠宝首饰的模样，这时，销售员应使用诸如"这件首饰戴在您身上，您看上去要年轻十来岁呢"之类的话帮助顾客丰富自己的联想。

⑤当顾客触摸珠宝首饰时。顾客将珠宝首饰拿在手上翻看，或许表明他对这件珠宝首饰产生了兴趣。但是，此时的初步接触，并不适宜在顾客一触摸珠宝首饰时就开始，而是稍等一会儿。因为如果顾客刚触摸珠宝首饰时，珠宝首饰营业员就开始说话，不但会使顾客吓一跳，而且还可能使他产生误会。因此，营业员必须稍微等一会儿再开口说话，而且不必说"欢迎光临"之类的话，可以视顾客注视、触摸珠宝首饰的情况，做适当的改变，提升顾客的联想力，有时也可以加上一些简单的珠宝首饰说明，来刺激顾客的购买欲望。

⑥当顾客抬起头来时。当顾客注视某件珠宝首饰一段时间后，把头抬起来时，珠宝首饰营业员应立即进行初步接触。顾客注视珠宝首饰后，突然抬起头来的原因一般有两种：一是

想叫珠宝首饰营业员,仔细地了解一下这件珠宝首饰;二是决定不买了,想要离去。如果是第一种原因,这时只要珠宝首饰营业员稍加游说,那么,这笔交易就有可能成功。如果是第二种原因,仍有补救的机会。当顾客决定不买要走开时,珠宝首饰营业员应当马上迎上前去,亲切地对他说"您要是不喜欢这种款式,我们还有许多其他款式,您可以看看"或"这件是大了一点,不过这里有小一号的,您可以试戴一下"之类的话。如此,顾客也许会回心转意,把他认为不满意的地方说出来。

以上列举了6种初步接触的最佳时机,除此之外,我们还可以找到很多好机会,如顾客和其同伴一边指着珠宝首饰,一边互相谈论时;顾客把手里拿的东西放在柜台上时;顾客径直朝柜台走过来时;等等。还应强调的是,针对不同款式的珠宝首饰,珠宝首饰营业员进行初步接触的时机亦不相同。一般来说,对于价格较高的珠宝首饰,由于顾客购买心理过程进展较慢,如果初步接触过早,容易使顾客产生戒备心理,没买任何东西就借故离开了;相反,对于价格相对较低的珠宝首饰,由于顾客可能经常购买,心中早就有打算,心理过程发展非常快,珠宝首饰营业员应尽早进行初步接触。

这一阶段切忌对顾客视而不见,爱理不理;切忌态度冷漠,也勿过分热情;切忌机械式问答;不要突然出现,惊扰顾客;不要过早接近顾客,以免顾客有被骚扰的感觉;待客户心情好时,再开始开展业务;注意言语的表达,用声音、肢体的语言吸引、打动顾客。

(3)拿递。拿递即拿取珠宝首饰,就是根据顾客的表情、言谈、爱好以及需要,珠宝首饰营业员将首饰从柜台里拿取出来供其选购。拿递珠宝首饰既要讲究方法,又要掌握技术。这一阶段的基本要求是主动拿取,迅速准备。因此要求营业员做到:动作敏捷,即珠宝首饰营业员要快速、利落地将珠宝首饰从柜台里、货架上拿取出来;轻拿轻放,即拿递珠宝首饰时,营业员要做到动作文雅、讲究礼貌、轻拿轻放;突出首饰特点,即珠宝首饰营业员在拿递首饰的过程中,要注意突出珠宝首饰的特点,并力争突出珠宝首饰本身的艺术感染力,以刺激顾客产生购买欲望;按需取货,即珠宝首饰营业员在拿递珠宝首饰要做到心中有数,根据顾客的身材、体型、职业、习惯、打扮、爱好等,准确地拿递珠宝首饰。

(4)展示。即展现珠宝首饰,就是珠宝首饰营业员将珠宝首饰的全貌、性能和特点展现出来,便于顾客对珠宝首饰进行鉴别、挑选。这一阶段的基本要求是:掌握技巧,展示全貌。将珠宝首饰从柜台里取出来进行展示,是"珠宝首饰说话"的宣传方式,因此,珠宝首饰一般可按以下原则进行展示。

①让顾客了解珠宝首饰的使用情形,即指通过陈列珠宝首饰展示珠宝首饰的使用情形,也可以通过让顾客试戴去进一步了解珠宝首饰。

②让顾客触摸珠宝首饰。据心理学家分析,人们对亲身实地参加的活动内容能记住90%,对看到的内容能记住50%,对听到的内容只能记住10%。由此看来,在5种感觉中,触觉对顾客的影响最大,而且能充分调动顾客的多种感官,来达到刺激其购买欲望的目的。所以,珠宝首饰营业员应鼓励顾客多触摸、试戴珠宝首饰,以使顾客对珠宝首饰有一个真实、全面的了解,从而及早产生购买欲望。

③让顾客了解珠宝首饰的价值。作为珠宝首饰营业员,首先要记住的是,当你观察顾客时,顾客也在观察你,顾客时刻都在关注着你对待珠宝首饰的态度。对于一件珠宝首饰,不管

它的价格高低,珠宝首饰营业员都要小心谨慎、轻拿轻放,珠宝首饰要摆得有条不紊,这样,顾客看到你对珠宝首饰十分爱护、珍惜,就会感受到珠宝首饰的价值。

④给顾客选择的余地。珠宝首饰种类繁多,顾客喜欢采用比较的方式,在许多同类珠宝首饰中挑选出一件最中意的。所以,当顾客要求珠宝首饰营业员拿珠宝首饰时,珠宝首饰营业员不应当只拿顾客所指的那一件,而应当将不同颜色、款式的同类珠宝首饰拿出2~3件供顾客挑选。理论上,给顾客展示的品种应当越多越好,但实际上,让顾客看太多的珠宝首饰,反而可能令他眼花缭乱、犹豫不决。因此,向顾客展示珠宝首饰时,一次最好不要超过3件。

⑤按从低档品到高档品的顺序展示珠宝首饰。珠宝首饰营业员给顾客展示珠宝首饰时,应该先展示较便宜的品种,之后再展示高档品。这样,对于想买低价格珠宝首饰的顾客,可以节省不少时间,而对于想买贵重珠宝首饰的顾客,还有再满足其需要的机会。而如果按相反的顺序,先展示高档珠宝首饰,对于那些想买中低档商品的顾客来说,他们一般不好意思问"有没有便宜一点的",因而可能会找各种借口来挑珠宝首饰的毛病,借机走掉。当然这只是一般性原则,并不适用于所有的顾客。

(5)介绍。介绍,即推荐珠宝首饰。珠宝首饰营业员向顾客介绍珠宝首饰是促进销售、指导消费的一个重要手段。这一阶段对珠宝首饰营业员的基本要求是实事求是、态度诚恳,具体要求做到以下几点。

①实事求是,维护顾客利益。营业员应实事求是地介绍珠宝首饰,既不因需要推销珠宝首饰而夸大其优点,也不隐瞒珠宝首饰的缺点。在介绍时,营业员要根据顾客的需求,为顾客精打细算,不以次充好,更不应硬性搭配、强行推销。

②投其所好,因人而异。俗语说:"穿衣戴帽,各有所好"。不同的顾客,对珠宝首饰追求的重点不一样,因此,珠宝首饰营业员一定要在掌握了顾客需求心理之后,做出合适的介绍,如不要对重视款式的顾客着重推荐价格便宜的珠宝首饰。这种不符合顾客需求的介绍,不但不能促使顾客信赖产品,反而会弄巧成拙。由于性别、年龄、职业、信仰、民族和生活习惯的不同,每个人都有自己独特的兴趣爱好,珠宝首饰营业员向顾客介绍珠宝首饰时要因人而异,这样有助于得到顾客认同。

③态度诚恳,语言准确鲜明。珠宝首饰营业员在介绍珠宝首饰时,态度要热情、诚恳,但注意要适度。语言要简明扼要、具体、准确、易懂,不要抽象、模棱两可,而且介绍的内容要随时代的变化而变化,以符合当今顾客的消费观念。

④口头介绍和肢体动作相结合。珠宝首饰营业员在向顾客推荐珠宝首饰时,如果只口头介绍,那么,即使语言再生动,也缺乏感染力。所以,营业员最好加上一些肢体动作,以吸引顾客的注意,充分展现珠宝首饰本身的价值。

总之,通过向顾客介绍珠宝首饰,可以让顾客了解珠宝首饰的特性,刺激顾客的购买欲望。珠宝首饰营业员必须以充满向往的语气,激发顾客进一步了解与参观的欲望。

标准举动

介绍珠宝首饰和专柜的特性、优点(充满自信地表述)。

根据顾客的需要,重点介绍珠宝首饰的特别之处。

介绍专柜,让顾客产生浓厚的参观兴趣。

展示珠宝首饰,并附上说明书和证书加以引证。

示范、演示并解释珠宝首饰的佩戴和保养方法。

实事求是地对顾客进行购买劝说。

从形体技术的角度来进行描绘,顾客一定会感受到促销人员的专业性。

产品介绍的标准用语如下

这一款非常不错,我的朋友们都很想买。

我觉得这款珠宝首饰最适合您,它是XX的经典珠宝首饰,您可以试戴。

这一款效果很好,包装款式也很漂亮,送亲友很合适。

这一款十分适合您并且灵活性也很大,可以随意更换式样,您可以考虑。

(6)成交。成交即达成珠宝首饰交易,这一阶段是顾客将购买决定变成购买行为的阶段。珠宝首饰营业员在这一阶段应热情周到、快中求准。那么如何抓住适当的机会,促成交易及早实现?掌握成交的7个时机是关键。

①顾客突然不再发问时。顾客从进门开始观察珠宝首饰,并不断地问珠宝首饰营业员各种问题,到过了一段时间,突然停止了问话。此时,他可能并不是不高兴,而是考虑是否要买某件珠宝首饰。如果这个时候,珠宝首饰营业员能从旁游说,则可能促使顾客下决心购买。

②顾客的话题集中在某件珠宝首饰上时。顾客对某一类珠宝首饰感兴趣时,珠宝首饰营业员会拿出部分同类的珠宝首饰让顾客比较。但是,渐渐地你就会发现顾客舍弃了其他的珠宝首饰,而只对其中一件详加询问。此时,营业员就应该意识到顾客对此珠宝首饰产生了浓厚兴趣,如果稍加劝说,则可能达成交易。

③顾客不讲话而若有所思时。顾客本来在对珠宝首饰摸摸看看,并不断地发问或陈述自己的意见,但从某个时刻起,他停止了一切语言和动作,似乎若有所思,这说明他内心正在权衡买还是不买。这时珠宝首饰营业员应抓住机会,用恰当的语言鼓励顾客购买。

④顾客不断点头时。当顾客一边看珠宝首饰,一边微笑地点头时,就表示他对此珠宝首饰很满意,这便是成交的好机会。

⑤顾客开始注意价格时。顾客在试戴了珠宝首饰之后,询问价格或看价签时,说明他对珠宝首饰基本满意,剩下只需要考虑价格的问题,这也是一个想要购买的信号。

⑥顾客关心售后服务问题时。当顾客询问珠宝首饰营业员"如果质量有问题,你们是不是负责退换呢"等问题时,珠宝首饰营业员就应该清楚此项交易很快就要达成了。

⑦顾客反复地问同一个问题时。当顾客反复地问珠宝首饰营业员同一个问题时,说明他对这件珠宝首饰非常感兴趣,只是还有一点不放心。

"成交"这一步骤在珠宝首饰营业员整个服务过程中占有举足轻重的地位,珠宝首饰营业员所付出的辛勤劳动,在这时得到了回报。可是,如果珠宝首饰营业员在这一阶段稍有不慎,或服务不得当,就会导致顾客拒绝购买,从而前功尽弃。因此,这时的珠宝首饰营业员,除了要把握好与顾客成交的时机,采取适当的方法促使顾客早下决心外,还要注意一些技巧性问题。促使顾客及早成交的技巧有以下几个。

①不要给顾客推荐新的珠宝首饰。在即将成交的时候,珠宝首饰营业员就不要再向顾客推荐其他的珠宝首饰了。给顾客介绍的珠宝首饰太多,会使他们更加难以做出决定。他们会

怀疑,是不是还有其他的品种没有看过。所以,珠宝首饰营业员应精心选择几个最能满足顾客需求的品种,并使顾客把注意力集中在这几个品种上。

②缩小珠宝首饰选择的范围。当顾客刚上门时,珠宝首饰营业员可以拿出一些珠宝首饰供顾客挑选,数量不可太多。但是,在接近成交阶段时,营业员则最好把顾客可选择的珠宝首饰种类限制在两种以内,至多不超过三种。顾客选择的范围缩小了,成交的时机就会尽快到来。

顾客在挑选过程中如果还想看其他的珠宝首饰,这时就要把他不喜欢的珠宝首饰拿走1~2种,再拿别的给他看。拿走多余的珠宝首饰时,珠宝首饰营业员的态度应尽量自然轻松,最好是一边和顾客聊天,一边随手将珠宝首饰收回去,不能只顾埋头收东西,而让顾客产生不愉快的感觉。

③要确定顾客所喜欢的东西。在顾客喜欢的几种珠宝首饰之中,珠宝首饰营业员应当进一步确定顾客究竟更喜欢哪一种。假如珠宝首饰营业员能及时地将顾客最喜欢的珠宝首饰推荐给他,则不仅会使成交尽快实现,而且还会赢得顾客的好感。确定顾客喜爱的珠宝首饰可以参考以下方法:第一,顾客抚摸次数最多的珠宝首饰;第二,顾客注视时间最长的珠宝首饰;第三,顾客放在最靠近身体的珠宝首饰;第四,成为顾客比较中心的珠宝首饰。所谓比较中心,即假如有A、B、C、D四种珠宝首饰供顾客自由选择,如果他以A比B,B比C,再以B比D,就说明他是以B为比较中心,则B可能就是他最喜欢的珠宝首饰了。珠宝首饰营业员在确定顾客喜爱的珠宝首饰时,可将以上任意两种方法加以组合,效果会更好。

④知道顾客的喜爱之物后,应加上一些简单的要点说明。营业员在向顾客推荐他最喜爱的珠宝首饰时,最好再简单地说明一些顾客所感兴趣的珠宝特性,以此来加强对顾客的游说效果。如果珠宝首饰营业员劝说有方,相信此时顾客十有八九会立刻付诸购买行动。

最后要注意的是,在成交阶段,营业员一定要避免催促和强迫顾客,要以平缓的语调,建议顾客购买,而不能使用粗暴、生硬的语言,诸如"怎么样,您到底买还是不买""您快点行不行?我可没时间老陪着您"等。珠宝首饰营业员要换位思考,假如自己是顾客此时是什么心情,并时刻谨记己所不欲,勿施于人。

总之,向顾客介绍产品及解答顾客的疑问后,营业员要进一步做试探成交动作,反复做5次才能决定是否暂时放弃立即成交动作,做跟进动作。

标准举动

观察顾客对饰品的关注情况,确定顾客的购买目标。

进一步强调饰品的特性和品位。

有针对性地进行形体配套推荐,提高顾客兴趣,促成成交。

在顾客犹豫不决时,帮助顾客做出明智的选择。

肯定客户的选择。

成交时机

当顾客不再提问,进行考虑时。

当顾客对销售人员的建议表示认同时。

当顾客一再询问价格时。

当顾客开始与朋友商讨时。

当顾客再次光临,详细询问时。

标准用语

您就试试这款吧!价格适中,品位很特别。

您是选择这一款呢还是那一款呢?

这是我们的售后服务登记表,我帮您先填上吧!

这几天正是优惠期,再不买就错过机会了。

这种饰品最好销,质量和品质好,余货不多了。

这一款十分适合您,若您已决定的话,我替您开票了。

特别提示

切忌表示不耐烦,如"你到底买不买"。

切忌说"不买不能试戴""我不知道""我不清楚"。

注意成交信号,切勿错过。

进行交易时动作利索,切忌拖拉。

成交时切忌忽冷忽热,应周到服务至顾客离开。

(7)附加推销。附加推销指当顾客不一定购买时,营业员尝试推荐其他饰品,让顾客对服务有良好的印象;或在顾客完成购买后,再推荐相关饰品,引导顾客消费。因为不管顾客购买与否,都会把这个消息传给他的朋友,所以这一步也是至关重要的,附加推销能刺激更多的消费。此次购买完成后应注意以下几点。

标准举动

注意保持笑容,语气温和。

尝试推荐其他珠宝首饰,揣摩顾客心理,若顾客不购买,也要多谢顾客及请顾客随时光临。

了解顾客的实际需求,尝试推荐相关珠宝首饰,引导顾客消费。

标准用语

除此以外,我们公司还有多款饰品,您再看看,这一款是否满意?

其实这一款更适合您。

有一个女孩子两次专程来买这一款饰品,并送给朋友,这款饰品也非常适合您。

谢谢您的光临,您可以再考虑一下,有需要随时和我们联络。

没关系,需要时再来选购,也可以介绍您的朋友一起来看看。

特别提示

切忌追问顾客不购买的原因。

切忌对不购买产品的顾客态度冷漠。

如顾客不购买,千万不能显露出不悦的表情。

站在顾客的立场,为顾客提出建议。

热情送客,关怀备至。

(8)开票收款。顾客选好珠宝首饰后,应迅速计价开票和收款找零。这一阶段对珠宝首饰营业员的基本要求是迅速准确,唱收唱付。

计价开票一般在专职收银员收取货款时进行。发货票一般有两种:一种是统一零售发票,可作报销凭证;一种是销货凭证,仅作为顾客购货的证明。专职收银员开票时要求字迹端正、清楚,不能涂改;填写栏目齐全,不错填、漏填;计价要准确、规范。开单要按顺序号依次进行,若填写错误,应在原发票上注"作废"字样再重开,不得撕下。填写后要注意复核。整个计价开票过程要干净利落,迅速准确。

珠宝首饰营业员收款时,必须做到一准、二快、三清楚,就是单价向顾客交代清楚,收款清楚,找零清楚,即要求唱收唱付。

这阶段要禁止的动作有:没弄清楚钱的数目就收下;拖沓的动作;一边开票收款,一边心不在焉地与同事聊天;将发票或零钱随意地扔在柜台上;粗暴或不耐烦地询问顾客是否带有零钱。

总之,顾客在决定购买后,希望得到快捷稳妥的服务,因此,销售人员这时一定要体现专业水平,给客户留下一个良好的印象。

标准举动

准确无误地告诉顾客货物、饰品的价格和总结算金额。

给顾客开具发票时,告诉顾客付款的柜台位置。

收到顾客钱款并清点确认后,请顾客签名,在顾客面前清点找零,连同购买饰品一同交给顾客。

再次确认付款金额、找零金额及签名。

展示饰品给顾客核对。

包装饰品,并将包装好的饰品双手递给顾客。

标准用语

谢谢,一共××元,请先到那边付款,再来提货。

这是××元,找您××元,请您清点一下,谢谢。

您看,这是您刚才看中的那款,请检查一下有没有问题。如果没问题,我就帮您包装起来了。

您拿好,谢谢,欢迎下次光临。

购买后有任何问题请打电话或来店咨询,我们一定尽力解决,使您满意。

特别提示

切忌在顾客购买后态度变得冷漠。

切忌不验货便让顾客带走饰品。

切忌顾客离柜时不用礼貌用语"谢谢""再见"等。

(9)包装。包装即包装珠宝首饰。包装珠宝首饰不仅便于顾客携带,可以保护珠宝首饰,而且还可以加强宣传效果。这一阶段对包装的基本要求是:牢固美观,便于携带。具体应注意以下3点:第一,珠宝首饰的包装要力求安全牢固、整齐美观、便于携带;第二,包装前要特别注意检查珠宝首饰的外包装是否受损或脏污,如有,应另换一件好的包装,以示对顾客负责;第三,包装时动作要快捷稳妥,珠宝首饰营业员对珠宝首饰应轻拿轻放,并主动征求顾客意见,采取适合顾客携带习惯、使用习惯和心理要求的包装方法,以顾客的需求为重。

在包装过程中,珠宝首饰营业员可以一边包装,一边再向顾客提一些好的建议和询问。如提一些珠宝首饰的售后事项和平日的佩戴、保养的注意事项等。这种建议和询问,不仅有助于多销售一些珠宝首饰,更主要的是能增强销售人员与顾客之间的感情。

(10)递交。递交指将珠宝首饰递交给顾客,即一般在收款、包装后,珠宝首饰营业员将珠宝首饰和零款一同递交给顾客,或收下已盖"收讫"章的销货票后,将包装好的珠宝首饰送交给顾客。这一阶段对珠宝首饰营业员的基本要求是主动递交,礼貌细致。主动递交,就是珠宝首饰营业员要将珠宝首饰亲自交给顾客,还要根据不同购货对象和不同珠宝首饰,做一些必要的交代,如携带时的注意事项、使用时的基本要求、退换货的规定等。礼貌细致,就是珠宝首饰营业员要冷静、细致地用双手把珠宝首饰轻轻地递交到顾客手中。

(11)送客。送客即送别顾客,是珠宝首饰营业员柜台服务工作的最后一个环节。有礼貌地致谢并送别顾客,是珠宝首饰营业员应有的修养,也是文明经商的一个重要方面。珠宝首饰营业员对顾客道别,会使顾客感到亲切,并对商家产生良好的印象,有助于树立商家信誉。这一阶段对珠宝首饰营业员的基本要求是亲切自然,用语简单适当,如"再见""请慢走""欢迎您再来"等。珠宝首饰营业员切忌面无表情,或态度生硬,更不能目中无人、毫无表示。

标准举动

注意保持笑容。

如需招呼其他顾客,应向顾客表示歉意,或请其他顾客稍等,避免冷落其他顾客。

提醒顾客是否有遗留物品。

对于未能及时回答的问题,告知顾客回复时间,留下顾客资料。

再次感谢,目送顾客离开。

标准用语

对不起,请稍候。

让您久等了,真是不好意思。

请您拿好东西,欢迎下次光临,再见。

如果您有什么需要,请随时和我们联系。

请您走好,再见。

再次感谢,再见。

特别提示

切忌匆忙送客。

切忌对还未离开的顾客不闻不问。

切记保持微笑。

(12)售后服务。售后服务人员在顾客咨询有关使用过程中遇到的问题、质量问题或请求帮助时,应认真听取顾客的意见,帮助顾客解决实际问题,给顾客留下良好的印象。一般在对顾客进行初步引导后,售后人员将顾客交由专业人员跟进,专业人员应从专业、技术的角度帮助顾客解决问题。

标准举动

保持笑容,态度认真。

细心倾听顾客的意见并表示乐意提供帮助。

引导顾客找出问题根本所在,再给予合理意见,帮助顾客解决问题。

熟知专业知识,不能不懂装懂。

标准用语

请问您有什么问题,很乐意为您效劳。

请问您买了多久了,是怎样一种情况呢?

我来帮您问一下,请稍等。

这个问题比较专业,我可以请我们专业的咨询老师来帮您解答。

您提的问题十分重要,让我来帮您分析一下。

特别提示

切忌对顾客不理不睬,逃避问题。

切忌表露出漫不经心的态度。

切忌低头只顾做自己手中的事,而对顾客不予理睬。

切忌言辞含糊,词不达意。

记住每周或隔周电话拜访、追踪客户,关心客户佩戴情况。

上述步骤往往在短时间内进行,有时几个步骤同时进行,有时几个步骤穿插进行,有时则可以省略几个步骤。

3. 打烊期间的工作

打烊期间的工作是每日营业程序中的最后一个环节。下班铃未响,临近下班时,营业员一般不得做下班准备,如盘点、整理珠宝首饰,整理货款、记录、账单等,以免影响售货,怠慢顾客。在闭店下班铃响时,营业员对尚在店内购物的顾客应继续耐心接待,并以语言示慰,不得催促或怠慢顾客,更不能拒绝出售珠宝首饰;对外面欲进店或刚进店的顾客应婉言相告,请明天再来,不得言辞冷硬,下逐客令;对个别确有急事、情况特殊的顾客,也应认真迅速接待。

当顾客陆续走出商店后,应做以下工作。

(1)"三整理"工作。"三整理"工作即整理货款、整理票证、整理珠宝首饰。整理货款、票证时需要至少两人同时在场,填交款单后随即交现金给出纳部门,不得将现金留在柜台过夜,专门设有收银柜台的店铺不涉及此项。

(2)按商场规定做好销货日报表。这项工作要求珠宝首饰营业员当日填写"进销存日报表"和其他有关账、单,若发现差错,应及时找出原因并做记录。

(3)做好柜台、货架及现场卫生。

(4)进行安全检查。离柜前珠宝首饰营业员应做好"五检查":检查柜台是否关严上锁;检查门窗是否关好;检查售货用具是否收妥;检查贵重珠宝首饰是否放到规定地方;检查使用的电器是否切断电源,火种是否熄灭。

二、柜台服务规范

1. 柜台语言规范

(1)柜台语言规范的内容。语言是人们表达思想、交流感情和信息沟通的最重要的工具之一。运用柜台语言接待顾客是珠宝首饰营业员的主要工作之一。柜台语言规范的主要内容体现在以下几个方面。

①言语有礼。常用的礼貌用语分称呼用语和接待用语两部分。称呼用语是珠宝首饰营业员对顾客说的第一句话,对于能否给顾客留下好的第一印象,对交易能否成功有重要影响。珠宝首饰营业员应当根据顾客的年龄、性别、职业变换不同的尊称,如"同志""师傅""先生"等,称呼要尽可能地符合顾客的身份。珠宝首饰营业员在接待顾客中用得最多的是接待用语。接待用语应根据不同情况和不同场合灵活运用。

常见接待用语

"您好,您来了!"

"您需要什么样的珠宝商品?"

"您看这个好吗?我拿给您看。"

"我来帮您挑选,好吗?"

"您还需要其他东西吗?"

"对不起,您想要的这种款式卖完了(或暂时没货),请您过两天再来(能告诉顾客具体到货时间,用电话通知顾客最好)"。

"对不起,请您稍候,马上就来。"

"请您拿好珠宝首饰(或钱),走好。"

"再见,欢迎常来(再来)!"

常见禁忌用语

"哎,不要摸!"

"别弄脏!"

"我说,您到底要不要?"

"这个很贵,你买得起吗?"

②语调柔和。珠宝首饰营业员单会使用礼貌用语还不够,还要语调柔和、发音清晰。语调是否柔和是通过声音的高低和节奏的快慢来判断的。语调柔和会使顾客听得既清楚又舒服。声音太高会显得粗暴生硬,容易使顾客误认为销售人员有厌烦、不满的情绪。所以,珠宝首饰营业员除了要言语有礼,还要掌握好语调。

③表达恰当。珠宝首饰营业员在柜台服务中会接触到社会上各种各样的顾客,他们身份不同、年龄各异。为了做好接待、服务工作,保持人与人之间的互相理解与和睦关系,珠宝首饰营业员就必须做到言语表达恰当,基本要求是言语要准确、生动、亲切、简练。准确,就是用词恰当、因人而异、力求得体,并符合语法要求。生动,就是语言文雅、优美、活泼,既要口语化,又要形象化,要能吸引、感动和影响顾客。亲切,就是说话的语调温和,感情真挚,使顾客

听了舒服,感到珠宝首饰营业员善解人意、和气、谦虚。简练,就是用语简明扼要,使顾客一听就懂。

要做到这些,珠宝首饰营业员应下功夫学好语言文字。此外,营业员还要注意说话的分寸,不要说与营业售货无关的话,不过多评价顾客的容貌、衣饰和用品,不要刻意打听顾客的职务、年龄、婚姻状况等。这些都是不礼貌的行为,容易引起顾客的误会。

④使用普通话。我国地域广阔,民族众多,方言、土语很多。首先,珠宝首饰营业员必须掌握全国通用、推广的普通话,才能有效地进行语言沟通;其次,还应尽可能多学点方言、土语,以便更好地为不同的顾客服务;最好还能掌握一些柜台外语,以便为外国客人服务。

(2)柜台用语的要求和技巧。言为心声,语为人镜。珠宝首饰营业员的语言是否礼貌、准确、得体,直接影响珠宝首饰营业员和商店的形象,也影响顾客对珠宝首饰和服务的满意程度。为达到这些语言规范,珠宝首饰营业员使用柜台用语时要求做到以下几个方面。

①注意语言的顺序和逻辑性。思维混乱、语无伦次,必将导致顾客不知所云、无所适从。因此,珠宝首饰营业员必须把握好语言的条理性、层次性,清晰、准确地向顾客表达自己的意思。

②突出重点和要点。销售用语的重点在于推荐和说明,其他仅仅是铺垫。因此在接待顾客时,珠宝首饰营业员必须抓住重点、突出要点,以吸引顾客的注意力。

③不讲多余的话。珠宝首饰营业员在接待过程中,要尽量不讲与买卖无关的话,以免分散顾客的注意力。

④不夸大其词。不着边际地吹嘘夸大,可能暂时会推销出珠宝首饰,但并非良久之策。因为这样的行为损害品牌的名誉,阻碍企业的发展,将是得不偿失的。

⑤绝不能对顾客失礼。对顾客在语言上的失礼,甚至使用带有讽刺、挖苦或侮辱意味的语言,不仅会气跑一个顾客,对其他顾客也会产生不易消除的恶劣影响,使企业形象受到极大的损害。

⑥不要与顾客发生争论。在推荐珠宝首饰时,若顾客有不同意见,珠宝首饰营业员应耐心地倾听,绝不可直接顶撞顾客,如确实需要纠正顾客的观点,也应面带微笑,言语柔和地陈述自己的观点。

⑦服务的细节因人而异。珠宝首饰营业员每天接待的顾客形形色色,应根据接待对象的不同,选择不同的表达方式和表达技巧。对有的人可以侃侃而谈,对有的人则应洗耳恭听,有时候可以从正面说明,有时候要从反面表达,不能千篇一律。同一句话,不同的说法会产生不同的效果,既可以让顾客心情舒畅、慷慨解囊,也可以使顾客拂袖而去。使用柜台用语时语言技巧的适当运用显得尤为重要。柜台用语的技巧有以下几个方面。

(a)避免使用命令式语句,多用请求式语句。命令式语句表达的是说者单方面的意思,包含着没有征求别人的意见就强迫别人照做的意味,而请求式语句,则表明了尊重对方的态度,建议对方去做。

例如,顾客来买戒指,正好顾客需要的款式卖完了。如果珠宝首饰营业员说:"没有了,你明天再来买吧!"顾客听后一定很反感。如果营业员说:"实在对不起,您要的这一款刚好卖完了,不过我们已经去进货了,能不能请您明天早上再来买?"用这种请求的语气向顾客表示抱歉时,顾客即使没有买到东西,心情也是很舒畅的。

请求式语句可以分成3种说法。

肯定句:"请您稍微等一等。"

疑问句:"您能稍微等一等吗?"

否定疑问句:"戒指马上就从库中取出来了,您能等一下吗?"

一般来说,疑问句比肯定句更能打动人心,尤其是否定疑问句,更能体现出珠宝首饰营业员对顾客的尊重。

(b)少用否定句,多用肯定句。肯定句与否定句意义恰好相反,不能随便乱用。但是,如果运用得巧妙,肯定句却能代替否定句,而且效果要比否定句好得多。

例如,当顾客问:"这种样式的蓝宝石没有粉红色的吗?"珠宝首饰营业员回答:"没有。"营业员回答的就是否定句,顾客听了这句话后,大概率会说:"既然没有粉红色的那我就不买了。"于是会掉头走掉。但是,如果珠宝首饰营业员换个方式来回答,顾客的反应可能就不同了。如珠宝首饰营业员回答:"是的,目前只剩下蓝色和黄色的,但是这两种颜色都很好看,您戴上效果一定会不错的。"这就是一种肯定的回答。

(c)要采用先贬后褒法。

请看下面这两句话。

"价钱虽然稍微高了一点,但质量很好。"

"质量虽然很好,但价钱稍微高了一点。"

这两句话除了前后顺序颠倒以外,字数、措辞没有丝毫的变化,但却让人产生截然不同的感觉。在向顾客推荐、介绍珠宝首饰时,珠宝首饰营业员应先提珠宝首饰的缺点,然后再详细介绍珠宝首饰的优点,也就是先贬后褒,此方法效果非常好。

(d)言辞要生动,语气要委婉。向顾客推荐和介绍珠宝首饰时,珠宝首饰营业员应采用生动、形象的语言,使顾客既容易产生联想,又容易产生购买欲望。

请看下面两个句子。

"这条项链您戴上很好看。"

"这条项链您戴上显得很年轻,至少年轻十来岁。"

第一句话说得不够生动。第二句比较生动、形象,顾客听了即便知道你是在恭维他,心里也是高兴的。

除了言辞生动外,委婉陈词也很重要。对一些特殊的顾客,营业员要把顾客忌讳的话说得很中听,让顾客觉得你是尊重和理解他的。比如,对身材较胖的顾客,不说"胖"而说"丰满";对肤色较黑的顾客,不说"黑"而说"肤色健康";对想买低档品的顾客,不要说"这个便宜"而说"这个价钱比较适中"。

(e)要配合适当的表情和动作。说话措辞和语气固然很重要,但如果说话时表情冷漠、动作呆板,则再生动的语言也起不到好效果。因此,珠宝首饰营业员讲话时,一定要配以自然的动作和亲切的表情,使顾客心情愉快,但要注意表情和动作不可夸张或矫揉造作,以免引起顾客反感。

(3)常用的柜台用语。

①与顾客初次接触时,营业员应一边对顾客点头微笑,一边说"欢迎光临""欢迎参观,我能为您服务吗""早上好,欢迎光临""请问我有什么可以帮到您吗"等语句。对随意浏览的顾客,营业员应说:"请您慢慢欣赏。"

②当顾客打招呼时,珠宝首饰营业员应一边回答"需要我帮忙吗",一边迅速放轻脚步迎向顾客。如果珠宝首饰营业员正在接待顾客或忙于调货,又有其他顾客到来时,可对接待中的顾客说"对不起,我失陪一下""对不起,耽误您的时间了,能否请您再稍等片刻"等语句。

③请顾客看珠宝首饰时,珠宝首饰营业员应尽可能在靠近展示柜或珠宝首饰的地方请客人仔细观看,并说"这是您要买的珠宝首饰,请您看一下""您真有眼光,这是我们最畅销的款式"等语句。此时最重要的是将珠宝首饰在最方便顾客观看的角度上展示,让顾客能够看清楚。

④当顾客无法决定该选何种珠宝首饰时,营业员不可站在顾客的正对面,而应站在其斜左方、斜右方或与其并立,并以温柔亲切的语调来引导顾客,将不同产品的特性解释清楚。如"这种款式的珠宝首饰,价钱不贵,手感又好,值得您买""不知您觉得如何,我倒是觉得非常合适您"等。

⑤因为珠宝首饰不合意,顾客看了珠宝首饰却不买,这是经常发生的事。此时,珠宝首饰营业员仍应该一边致意一边说"很抱歉,没有您喜欢的款式""希望下次有机会能为您服务""希望您能在别的地方买到需要的首饰"等语句。同时,珠宝首饰营业员要当着客人的面将他看过的珠宝首饰郑重其事地一一整理好后归放原位,并要始终面带微笑。

⑥当顾客决定购买时,珠宝首饰营业员一定要面带微笑,并郑重地向他致谢。致谢的语句有"谢谢""谢谢,希望还有机会为您服务""您真有眼光"等。

⑦当顾客抱怨时,珠宝首饰营业员应聆听顾客抱怨的内容,并且郑重地向顾客道歉。道歉的语句有"实在很抱歉,我马上请人拿另外一件给您,请您稍等一下""谢谢您给我们的建议,我马上请示经理,给您满意的答复,请您在这里坐一下""非常抱歉给您增添许多麻烦,我马上换一款新的首饰给您"等。

⑧营业员与顾客道别时要亲切、自然,用语要简单、适当。道别的语句有"再见,欢迎您再来""请拿好,慢慢走""谢谢您,请您拿好东西"等。对外地来旅游的顾客,营业员可说:"祝您旅途愉快,欢迎下次再来。"对新婚顾客,营业员可说:"祝你们新婚幸福。"

2. 接待顾客的规范

作为珠宝首饰营业员,每天要接待各种各样的顾客,因而售货服务规范要求营业员应针对不同类型的顾客采用不同的接待方式。

(1)正常情况下,接待顾客的规范。

①接待不同进店意图的顾客。首先是前来实现既定购买目的的顾客。这类顾客有明确的购买目标,进店后一般目光集中、脚步轻快,迅速地直奔某个珠宝首饰柜台,主动提出购买要求。这类顾客的购买心理是"求速",因此,珠宝首饰营业员应抓住他临近柜台的瞬间,马上接近,动作要迅速准确,以求迅速成交。其次是前来了解珠宝首饰行情的顾客。这类顾客无

明确的购买目标和购买预算,进入商店是希望碰上合自己心意的珠宝首饰,进店后一般步速不快、神情自若,随意地环视珠宝首饰,不急于提出购买要求。对这类顾客,珠宝首饰营业员应让他们在轻松自由的气氛中随意观赏,只是在他对某件珠宝首饰产生兴趣,表露出中意的神情时才进行接触。营业员应注意不能老盯着顾客,这会使顾客产生紧张或戒备的心理,也不能过早地接触顾客,以免干扰顾客。在适当的时机,珠宝首饰营业员可以主动热情地向这类顾客推荐珠宝首饰,推荐的珠宝首饰应局限于以下几类:新进珠宝首饰,畅销款,珍奇款,打折珠宝首饰。最后是前来参观浏览的顾客。这类顾客并无购买珠宝首饰的意图。对这类顾客,如果不临柜,珠宝首饰营业员就不必急于接触,但应随时注意其动向,当他们到柜台前查看某件珠宝首饰时,就热情接待。能否使这类顾客不空手离柜,是检验珠宝首饰营业员服务水平高低的重要一环。

②接待不同身份、爱好的顾客。

第一,接待新顾客——注重礼貌。对初到商店购货的顾客,营业员一定要态度和蔼,礼貌周全,以求留下好印象。

第二,接待老顾客——注重热情。老顾客上门时,珠宝首饰营业员一定要主动热情地打招呼,可直接询问顾客要购买什么珠宝首饰,尽力满足他们的要求。若无货时,营业员要尽量与其他商家联系,代为购买。营业员还应主动向老顾客推荐新进的珠宝首饰,使他们感到商家如同至亲好友,从而成为商家的长期主顾。

第三,接待急切的顾客——注重快捷。比较急躁的顾客或因性躁而急,或因时间紧而急。对于急切的顾客,营业员一定要尽全力服务,迅速结账交货,并在顾客离去时,主动帮顾客安排好交通工具。对此,顾客不会忘怀,下次购物也愿意到此珠宝店来。

第四,接待精挑细选的顾客——注重耐心。这类顾客在挑选珠宝首饰时眼光挑剔,这时,珠宝首饰营业员应不厌其烦,主动帮助顾客挑选,直到对方满意为止。

第五,接待时髦的女性顾客——注重新颖、漂亮。对来店购物的时髦女顾客,营业员要尽力介绍商店内的最新款珠宝首饰,尽量满足她们爱美、求新的需求。

第六,接待老年顾客——注重方便、实用。由于老年人社会阅历比较丰富,大多数希望购买到的东西实惠、实用,所以,营业员应主动为老年顾客介绍珠宝首饰的使用价值,当好参谋。此外,老年人行动不便,营业员应尽量减轻其购物负担。

第七,接待犹豫不决的顾客——注重出主意。有许多顾客购物经验少,面对众多的珠宝首饰拿不定主意。接待这种顾客时,珠宝首饰营业员应大胆、热情地发表自己的看法,为顾客提供参考。

第八,接待自有主张的顾客——注意不打扰。还有许多顾客购物经验丰富,自信心强,不轻易接受别人的观点和意见,购物时喜欢自己琢磨、自己挑选,不愿与珠宝首饰营业员过多地交流。接待这种顾客时,珠宝首饰营业员应让顾客自由地挑选,只要注视着顾客就行了,不必在旁过多地推荐和介绍珠宝首饰。

③接待结伴购买的顾客。许多顾客喜欢结伴购物。结伴的形式有夫妻、情侣、朋友、同事、家人等,在选购时,他们的意见有时会不一致。接待这些顾客,珠宝首饰营业员需要准确地辨别谁对购买决策的影响最大,继而对最有影响力的顾客做相应的说服劝导工作。一般情

况下,可以从以下几方面加以辨别。首先是购买顾客的性别。购买珠宝首饰时,女性顾客的影响力较大。青年伴侣中,尤其是购买结婚用品时,女性顾客的影响力较大。中年伴侣中,男性顾客的影响力较大。其次是顾客之间的家庭关系。母女一起买东西,以女儿的意见为准;父子买东西,以父亲的意见为准;大人和小孩买东西,影响力因购买的对象和具体的顾客而有所不同。一般来说,多人结伴来买东西,一般以出钱者的意见为准,而同行的"参谋"有时对买主的影响也很大。珠宝首饰营业员要细心观察,辨明主次,既要统一他们的意见,又要分辨出谁是起主导作用的"参谋",特别要注意最终的意见,重点向"参谋"介绍珠宝首饰,利用他对买主施加影响。这样既能较快成交,又能使顾客满意。

④接待特殊顾客。特殊顾客包括以下几类。首先是脾气粗暴的顾客,常常又分为4种情况。一是不讲礼貌的顾客,有的顾客到店买货用"喂"叫人,以命令的语气说话,有的顾客用手或硬币敲击柜台。二是性情不好且脾气粗暴的顾客,这种顾客一般是由于在进店前或在家发生纠纷,或在工作、生活等方面遇到了不愉快的事情,因而脾气粗暴,来店后稍不合己意就表现得很不冷静。三是性格暴躁的顾客,这种人较偏激,珠宝首饰营业员稍有怠慢,有的顾客就出言不逊,耍态度,有的甚至有挑衅举动。四是品质恶劣,蛮横不讲理,或者别有用心、故意刁难营业员的顾客。对待第一种顾客,珠宝首饰营业员要冷静,绝不能针锋相对,而应得理让人,理直气和。针对不同情况,营业员应采取不同的对策。对待第二种顾客,珠宝首饰营业员应以和善的态度、恳切的语言、热情而又耐心的接待,让对方冷静下来,他们的态度会因受到感化而转好的。对待第三种顾客,珠宝首饰营业员要镇定自若、彬彬有礼、和蔼友善、得理让人、和颜悦色地与他讲道理。这样,会使性格暴躁的顾客发现自己无法激怒珠宝首饰营业员,感到自己理亏,惭愧离店或改变态度。对待第四种顾客,珠宝首饰营业员要克制住自己的感情,既不能置人不理,也不能以牙还牙,而要发挥主导作用,不计较、不动气,得理也让人,以亲切感人的实际行动动员群众去批评个别品质恶劣、无理取闹的顾客,促使顾客转变态度。

其次是接待代人购买珠宝首饰的顾客。珠宝首饰营业员常会遇到代人购买珠宝首饰的顾客。接待这类顾客时,珠宝首饰营业员可采取一问、二推荐、三介绍、四帮助的方法。营业员应首先询问使用人的基本要求和审美偏好,然后根据了解的情况推荐珠宝首饰,接着介绍退、换货的规定,最后帮助顾客仔细挑选珠宝首饰。营业员细致的了解和谨慎的推荐,可以增加代购珠宝首饰的针对性,减少退、换珠宝首饰所造成的麻烦。另外,营业员还要在他们选购好珠宝首饰后,主动询问如何开具发票。

最后是接待老、幼、病、残、孕顾客。老、幼、病、残、孕顾客在生理上有所不便,在购买珠宝首饰时需要珠宝首饰营业员的帮助和照顾。在顾客多的情况下,珠宝首饰营业员应主动和其他顾客商量,让这类顾客先行挑选。同时,营业员还应根据具体的情况妥善接待。老年顾客,一般记性较差、动作迟缓,珠宝首饰营业员应耐心帮助,在结算时须交代清楚,并协助包装和收好珠宝首饰;对病、残顾客,尤其是聋、哑、盲人和手脚伤残的顾客,更要关怀备至。接待聋哑人,营业员要多出示珠宝首饰,让他们多挑多选,最好掌握一些手语,以便弄清意思,满足其需求。

(2)特定营销环节的接待礼仪。一名合格的珠宝首饰营业员,要学会处理好各种情况下的接待任务,争取使每一个顾客都满意。这并不是件容易的事,珠宝首饰营业员只有不断总结经验、摸索规律,发挥主观能动性,采取各种行之有效的接待方法,才能把接待工作做好。特定营销环节分为以下几个时段。

①交易繁忙时。在顾客多、交易繁忙的情况下,珠宝首饰营业员要耳目灵敏、沉着冷静、聚精会神地接待好顾客。这种情况下的接待要求是一要坚持按先后顺序,依次接待;二要灵活运用"四先四后"的方法,即先易后难、先简后繁、先急后缓、先特殊后一般;三要做到一接、二问、三招呼。

②柜台缺货时。由于社会需求的不断变化,某些珠宝首饰会暂时供不应求。有时由于珠宝首饰流转环节上的原因,也会造成珠宝首饰的一时断档。柜台缺货时,珠宝首饰营业员不应该简单地回答"没有"或"无货",而应该向有关部门反映情况,积极组织货源,还要妥善地采取以下接待方法。首先,是预约购期。对于近期可到货的珠宝首饰,珠宝首饰营业员可把到货的时间告诉顾客,保证顾客可以按时购买。其次,是订购。对于近期不到货、暂时无货源的珠宝首饰,营业员可请顾客在缺货登记簿上留下姓名、地址、电话号码和需要的品种、数量,等到货后,通知顾客前来购买。最后,是推荐代用品。如近期无货源,而本柜台有性能、用途、特点、质量相近的珠宝首饰,营业员可以介绍给顾客。如果本店没有代用品,营业员可以介绍顾客到其他有货的商店去购买。

③退、换珠宝首饰时。顾客购买珠宝首饰后,由于某种原因,来到商店要求退、换珠宝首饰,无疑会给珠宝首饰营业员增添销售工作以外的工作。珠宝首饰营业员应该认识到,珠宝首饰的退、换工作是售后服务的一个重要环节,接待这类顾客时,处理问题是否恰当,直接关系到商家的信誉。因此,珠宝首饰营业员必须认真对待、妥善处理。首先,营业员应做到态度诚恳、热情接待。对于要求退、换货的顾客,营业员应该一视同仁地接待,倾听顾客退、换货的原因,只有这样,才能使顾客感到被尊重,从而增强对珠宝首饰营业员的信任感。其次,营业员应做到区别情况、妥善处理。珠宝首饰营业员要本着对企业和顾客负责的宗旨,区别情况,正确处理。顾客要求退、换在本店购买的一般珠宝首饰,经检查只要没有污损,不影响其他顾客的利益和再次出售,都要主动给予退、换。质量确实有问题的珠宝首饰,也应给予退、换。顾客购买珠宝首饰后,若因个人使用不当或保管不善而造成珠宝首饰损坏的,原则上不予退、换。如鉴别出珠宝首饰确有质量不佳的问题,可根据具体情况灵活处理。

3. 营业员的行为举止规范

珠宝首饰营业员的行为举止,主要指在接待顾客时的站立、行走、言谈、表情等方面的动作。这些行为举止最能影响顾客的情绪。珠宝首饰营业员言谈清晰、举止落落大方,会给顾客亲切、舒适的感觉;相反营业员漫不经心、动作拖拉,则会使顾客产生厌烦心理。那么,珠宝首饰营业员应注意哪些行为规范呢?

(1)营业现场规范。营业员在营业现场应做到规范着装,准时上班;见到客人和同事应嘘寒问暖;切勿随便离岗;不要在工作时间因与同事闲聊而怠慢顾客。

(2)接待顾客规范。营业员接待顾客时应一视同仁,切不可以貌取人。不论接待什么类型的顾客,营业员都应诚心诚意地笑脸相迎。顾客来了,营业员应主动打招呼,礼貌接待,不做不负责的回答和不文明的行为,如剔牙、抽烟、大声打喷嚏等。

(3)柜台纪律规范。遵守柜台纪律,对能否处理柜台矛盾、搞好客商关系有着直接的影响。各个企业都会对此做出明确的规定,一般可归纳为"十不":不准在柜台内吸烟、吃东西、干私活;不准与顾客顶嘴吵架;不准在柜台内聊天打闹;不准在柜台内会客常谈;不准因结账、点货不理睬顾客;不准在柜台内看书看报;不准坐着接待顾客;不准随便离开工作岗位;不准挪用货款;不准内部私分珠宝首饰。

(4)清洁卫生规范。整洁、卫生的环境,不但有利于人们身心健康,也会给顾客留下良好的印象,并有利于自己工作的开展。所以,营业员应定期打扫营业和工作场所的卫生,每日班中或班后清扫地面,并将柜台、货橱陈列的珠宝首饰擦干净,使珠宝首饰无灰尘,做到门窗清洁明亮,地面无纸屑、无果皮、无痰迹、无杂物,在营业场所不乱写、乱贴、乱摆放。

三、售货服务技巧

珠宝首饰营业员每天都接待成百上千的顾客,只有认真研究顾客的心理,揣摩顾客的需求,才能将售货服务提升到一个较高的水平。

1. 认识顾客一般心理过程,加强整体服务意识

顾客心理的服务过程,指顾客从走进商店到完成购买行为心理活动的全过程,包括认识过程、情绪过程和意志过程。其中认识过程是对客观事物的特征和规律的反应,是顾客购买行为的基础,是心理活动3个过程中的基本过程。

(1)认识过程。顾客对珠宝首饰的认识过程,就是顾客对珠宝首饰个别属性的感觉加以联系和综合的反应过程。这个过程主要是通过顾客对珠宝首饰的感觉、真知、记忆、联想、思维等心理活动来完成的。这种从感觉到思维的过程实质上是顾客寻找和接受信息的过程。感觉是形成顾客的正确认识,促进顾客采取购买行为的基础。从顾客走进商店开始,店容、珠宝首饰营业员的态度、珠宝首饰就开始激发顾客的心理活动。这些因素既是有形的,也是无形的;有物质方面的,也有精神方面的。例如,商场布局、珠宝首饰陈列方式、色彩照明、音响处理等都会对顾客的心理产生影响。以珠宝首饰陈列方式为例,营业员可以运用优势兴奋中心和异质性原理,使顾客产生强烈的感觉,激发购买心理动机。所谓优势兴奋中心,是指人的大脑皮层上产生的一个兴奋中心,它会对周围区域产生抑制。所谓异质性,是指某些刺激物能使人的感觉细胞发生物理的、化学的变化,从而引起感觉神经的变化。如许多白点中出现一个黑点,会给人以强烈的感觉,这就是异质性。因此,运用优势兴奋中心和异质性原理,就是要在陈列珠宝首饰时突出重点。

顾客对珠宝首饰营业员的第一印象主要来源于营业员的仪态、面部表情、接待方式。顾客对营业员的第一印象,会对顾客心理活动带来很大影响。

(2)情绪过程。顾客由珠宝首饰是否满足自己的需求以及满足的程度而产生的态度的过程,就是顾客的情绪过程。一般表现为:积极的情绪,如喜欢、愉快;消极的情绪,如愤怒、厌恶;双重的情绪,如对珠宝首饰的某些方面感到满意,而对其他方面却不满意。

不同的顾客在不同的购买活动中会产生不同的情绪,大体可分成以下几个阶段:喜欢阶段,即顾客对珠宝首饰产生最初印象的感情阶段;激情阶段,即由顾客对珠宝首饰的喜欢而产

生的一时的强烈购买热情阶段,在这个阶段,有些顾客就可能采取购买行动,但对大多数顾客来说,情绪过程还没有完成;评价阶段,顾客在购买热情的驱使下,对珠宝首饰进行经济的、社会的、道德的、美的价值评价,通过评价使感情同理智逐步趋于统一;选定阶段,顾客通过对珠宝首饰的评价,将理智和感情统一到相同方向,于是对某种珠宝首饰产生偏好,形成了购买行为。

在这个过程中,顾客的情绪变化受到购物环境、珠宝首饰和珠宝首饰营业员服务态度的影响。因此,珠宝首饰营业员良好的服务态度,能使顾客产生好感并心情愉悦,从而促使他们产生积极的情绪。

(3)意志过程。顾客在购买活动中表现出来的有目的地、自觉地支配并调节自己的行为,实现预定购买目的的心理过程,就是顾客的意志过程。这是一个与认识过程、情绪过程密切联系的过程,特点是可以对人的行动起到发动和制止两个方面的调节作用。顾客的意志过程也可分为几个阶段:①采取决定阶段,包括购买目的的确立、购买手段的选择;②执行决定阶段,购买的决定一经做出,随即转化为购买的行为,即进行珠宝首饰的购买;③买后感受阶段,顾客购买珠宝首饰后,通过使用和评判,往往会对自己的购买选择进行检查和反省,这种对购买动机的重新考虑,就形成买后的感受,这种感受将决定顾客是否愿意扩大购买范围。因此,珠宝商必须重视售后服务,以巩固和加强顾客对商家的信任感。

2. 认识顾客的不同需要和动机,提高服务质量

由于不同的个性心理活动,顾客行为有多种多样的表现形式,但其中也包含共同的特征,即顾客购买的目的动机来自个体内部的需要。顾客的需要多种多样,如按起源分,有自然需要和社会需要;按对象分,有物质需要和精神需要;按层次分,有生理需要、安全需要、社会需要、尊重需要和自我实现的需要。顾客的需要是顾客购买珠宝首饰的根源。在顾客需要的推动下,可产生一定的购买动机,而购买行为是购买动机的表现。顾客的购买动机可分为以下几种。

(1)求实心理动机。这是以追求珠宝首饰的实际使用价值为主要目的的购买动机,也是最普遍的一种购买动机,这种动机的核心是"实用"和"实惠"。具有这种求实心理动机的人,大多是一个家庭的当家人。这类顾客购买珠宝首饰时的特点是注重传统,比较认真细致,对高档珠宝首饰更持慎重态度。珠宝首饰营业员在销售和服务过程中,应特别予以重视和照顾。

(2)求新心理动机。这是以追求珠宝首饰的流行趋势和新颖为目的的购买动机,在经济条件较好的青年男女中较为多见。这种动机的核心是"时髦"和"奇特"。这类顾客在选购珠宝首饰时,特别重视珠宝首饰的款式和社会的流行式样,富于幻想、渴望变化,而且易受广告宣传的影响,往往表现为冲动购物。

(3)求美心理动机。这是一种以追求珠宝首饰的欣赏价值为主要目的的购买动机,在中年妇女和文艺界人士中较多见。这种动机的核心是讲究装饰打扮。这类顾客在选购珠宝首饰时,特别重视珠宝首饰本身的造型美、色彩美和艺术美,重视珠宝首饰对人体的美化作用、对环境的装饰作用,以及对人的精神生活的陶冶作用。这些人往往是高级化妆品、首饰、工艺

品的主要消费对象。

(4) 求名心理动机。这是一种以显示自己地位和威望为主要目的的购买动机,在具有一定的政治地位、社会地位的人中较多见。这种动机的核心是"显名"和"炫耀"。

(5) 求利心理动机。这是一种以追求购买廉价珠宝首饰为主要目的的购买动机,在节俭成习和经济收入较低的人中较多见。这些人是低档珠宝首饰的主要推销对象。

顾客的共性心理动机是容易观察并加以归纳的。为了做好服务工作,营业员对个性心理活动须仔细分析和考察。人的心理差异,是人们在各自不同素质的基础上,在各自不同的社会物质生活、文化教育环境中,接受不尽相同的影响,从事不尽相同的社会实践活动的结果。正是这些后天的决定因素,使每个人具有能力、气质和性格的个体差异,从而形成人的个性。消费者的购买行为总是带有个性特征的。为了向消费者提供有效的服务,珠宝首饰营业员必须深入研究人的气质特征。根据反映在消费者的购买行为上的个性色彩,将消费者分为 6 种类型。

① 习惯型。这类消费者由于具有稳重的气质,选购珠宝首饰时偏爱传统的名牌珠宝首饰,购物迅速,往往是某一品牌珠宝首饰的忠诚消费者。

② 理智型。这类消费者由于具有冷静的气质,善于控制自己的情绪,在购买珠宝首饰时往往早已有腹案,因此不易受各种广告宣传的影响,购买时精于挑选、从容不迫。

③ 经济型。这类消费者由于较敏感和孤僻,对珠宝首饰价格比较重视,追求价廉物美的珠宝首饰,信奉"货跑三家不吃亏"的格言,以买到物美价廉的珠宝首饰为目标。

④ 冲动型。这类消费者由于情绪易变,购买珠宝首饰时易受外界影响,喜欢凑热闹,随时随地爆发购买欲,特别以抢购到紧俏珠宝首饰为目标。

⑤ 想象型。这类消费者由于具有活泼、好动的气质,在购买珠宝首饰的过程中,兴趣爱好极易变换,而且想象力和联想力特别丰富,喜欢求新,珠宝首饰的造型、包装、命名对这种人的影响特别大。

⑥ 不定型。这类消费者由于具有混合气质,混合气质反映在购买珠宝首饰过程中,即顾客没有固定的偏爱,购买心理不稳定,一般是奉命而买或顺便而买。

如果珠宝首饰营业员能够掌握各种顾客不同的消费性格,有针对性地对待,那么服务质量就一定能够大大提高。

3. 利用购买过程的顾客心理,提高接待技巧

顾客尽管有着不同的购买动机和能力,但是,他们的最终目的都是想买到称心如意的珠宝首饰和享受满意的服务,并在实现这一目的的行为过程中有着大致相同的心理状态。

顾客在购买珠宝首饰时,心理的变化大致可以分为以下 7 个阶段。

(1) 关注。顾客如果想买一件珠宝首饰,他一定会关注这件珠宝首饰。如当他经过店门口时,被店内橱窗中陈列的珠宝首饰所吸引,然后进入店里,请珠宝首饰营业员拿出这件自己中意的珠宝首饰,再反复观看。或者这位顾客起初在商店内随意地浏览,突然发现了一件自己感兴趣的珠宝首饰,他就会驻足观看,或让珠宝首饰营业员递给他看。

(2) 兴趣。有些顾客关注了某件珠宝首饰以后,便会对它产生兴趣。他们所注意到的部

分包括珠宝首饰的色彩、光泽、样式、价格等。当顾客对一件珠宝首饰产生兴趣之后，他不仅会以自己主观的情感去评价这件珠宝首饰，而且还会加上客观的条件，去做综合评价。

(3) 联想。顾客如果对一件珠宝首饰产生了浓厚的兴趣，就会从各个不同的角度去观察它，而后再联想自己使用这件珠宝首饰时的样子。顾客会把感兴趣的珠宝首饰和自己的日常实际生活联系在一起。这个联想阶段十分重要，因为它直接关系到顾客是否购买这件珠宝首饰。因此，在顾客选购珠宝首饰时，店员就应适度地提高他的联想力。

(4) 欲望。当顾客对某件珠宝首饰产生了联想以后，他就进入了下一阶段，即欲望的产生阶段。但是，当他产生拥有这件珠宝首饰的欲望时，他又会同时产生一种怀疑，如"这件首饰对我合不合适""是不是还有比这个更好的首饰"等。这种疑问和欲望，会对顾客的购买心理产生微妙的影响，使得他虽然有很强的购买欲望，却不会立即决定购买此种珠宝首饰，而是将心境转入比较检验阶段。

(5) 比较检验。当顾客产生了购买某件珠宝首饰的欲望之后，就开始在心里比较权衡，如会思考"这枚戒指的样式好看吗""颜色协调吗""有没有比这个更合适的"等问题。于是，顾客就会用手摸摸，用眼看看，甚至在脑海中浮现出曾经看过的此类珠宝首饰，对二者进行比较。比较的内容有尺寸、颜色、质地、款式、价格等。

在比较检验阶段里，也许顾客会犹豫不决、拿不定主意，此时就是珠宝首饰营业员对顾客进行咨询服务的最佳时机了。珠宝首饰营业员应适时地提供一些意见给顾客，供他参考。

(6) 行动。所谓行动，就是顾客决定要购买此件珠宝首饰，并且郑重地对珠宝首饰营业员说："我要买这个，请你帮我把它包起来。"同时，当场付清价款。这种购买行动，对珠宝首饰营业员来说，叫作"成交"，也就是双方交易完毕的一种表示。成交的关键，在于能不能巧妙地抓住顾客的购买时机。假如能够把握住这个时机，便能很快地把珠宝首饰销售出去，但如果失去了这个好机会，就可能使原本有希望成交的珠宝首饰仍滞留于店内。所以，珠宝首饰营业员在此阶段应注意把握好顾客的购买时机。

(7) 满足。所谓满足，包括两种类型。一种是购物后产生的满足感，包括满足于买到了称心的珠宝首饰和满足于店员对他的亲切服务。这个购物后的满足阶段就是购买心理过程的最后一个阶段。除此之外，还有一种是珠宝首饰使用过程中产生的满足感。这种满足感往往需要经过一定的时间才能体会到，尤其是对于耐用消费品，要经过较长时间才能确定是否满意。所以严格来讲，珠宝首饰使用过程中的满足感不包含在顾客购买心理过程之中，但它却影响顾客下次是否再到此店购物的意愿。假如一个顾客到某家专卖店购买珠宝首饰之后，能得到以上两种满足感，那么，当他再缺少什么珠宝首饰时，他一定会首先想到这家专卖店。

以上就是顾客购买心理过程的 7 个阶段。这 7 个阶段，包含了顾客在购买珠宝首饰时所有的心理变化过程。由于顾客及其所选购的珠宝首饰不同，购买心理也会有所差别。比如，购买中低档珠宝首饰时，购买心理就会简单一些，会跳过其中的若干个阶段；而购买高档珠宝首饰时，购买心理就会复杂，有的顾客甚至会一再重复某个阶段。因此，珠宝首饰营业员只有了解并掌握了这 7 个阶段的特点，才可能完全掌握了顾客的购买心理。

四、珠宝首饰商品交易纠纷的处理

满足顾客多方面的需求，有效地预防、及时地处理交易纠纷事件，对商场、品牌的信誉至关重要，也是每一个珠宝首饰营业员义不容辞的责任。

1. 交易纠纷产生的原因

(1)珠宝首饰的质量问题。商品的品质不良或珠宝首饰标识不清楚。

(2)商场提供的服务不佳。主要表现在珠宝首饰营业员的服务方式、服务态度及自身行为方面。

①珠宝首饰营业员的服务方式和服务态度欠妥，主要表现为以下几点。

(a)接待慢，搞错了顺序。这是指顾客临近柜台，要求珠宝首饰营业员展示、递拿珠宝首饰时，却迟迟得不到珠宝首饰营业员的接待，甚至后来的顾客已被营业员接待，而先到的顾客却没有人招呼。

(b)缺乏语言技巧。如不会打招呼，也不懂得回话；说话没有礼貌，过于随便；说话口气生硬，不会说客套话；等等。

(c)不管顾客的反应，一味地加以推销。这是指珠宝首饰营业员在接待顾客的过程中不考虑顾客的需求和偏好，只是喋喋不休地对珠宝首饰进行说明，引起顾客的厌烦和抱怨。

(d)珠宝首饰的相关知识不足，无法回答顾客的问题。例如，某顾客选中一件翡翠，询问营业员翡翠图案所代表的寓意，得到的答复是"不清楚"，令顾客非常失望。

(e)不愿意将柜台内陈列的精美珠宝首饰拿出来让顾客挑选。

(f)表现出对顾客的不信任。

(j)在顾客挑选珠宝首饰时表现出不耐烦的样子，甚至嘲讽顾客。

(k)结账时多收了顾客的钱。

②珠宝首饰营业员自身的行为不良。

(a)珠宝首饰营业员对自身的工作流露出厌倦、不满情绪，抱怨公司的福利待遇和工作纪律。

(b)珠宝首饰营业员对顾客指指点点、品头论足。

(c)珠宝首饰营业员自身衣着不整、浓妆艳抹、举止粗俗、工作纪律差。比如，有些商店男珠宝首饰营业员留长发、穿着花哨，夏天敞着怀、穿拖鞋；女珠宝首饰营业员身着奇装异服、浓妆艳抹。这些都会使顾客反感。此外，珠宝首饰营业员在岗期间扎堆聊天、举止轻浮、言语粗鲁、打闹说笑，都会给顾客留下不良的印象，会直接影响顾客的购买兴趣。

(d)珠宝首饰营业员之间发生争吵，互相不满、互相拆台。

2. 接受顾客投诉的原则

当顾客投诉时，珠宝首饰营业员一定要冷静地听完对方的陈述，并尽力去了解个中原委。特别要注意的是，在倾听顾客的投诉时一定要态度谦虚，不可以敷衍了事，否则，容易产生相反的效果。对大部分顾客来说，交易纠纷产生后，并不一定非要商店有何形式的补偿，只是要求能发泄一下自己心中的不满情绪,得到店方的同情和理解,在心理上得到一种平衡。而店方如果连"耐心倾听"都做不到的话,对顾客来说,必然是火上浇油,使不满升级。

真诚地与顾客交谈是对珠宝首饰营业员的基本要求。俗语说"将心比心",就是说,为人处事时要经常用自己的感受去体谅别人的感受。当顾客投诉时,他们最希望收获共鸣,希望自己能被人理解和认可。有时候一句体贴、温暖的话语,能起到化干戈为玉帛的作用。

根据受理投诉的原则,可将处理投诉的方法归纳为6项:虚心接受投诉,并且抓住投诉的重点,同时要清楚明了顾客的要求到底是什么;仔细调查原因,掌握顾客心理;采取适当的应急措施,为防止发生同样的错误,应当断然地采取应急措施;化解不满,诚恳地向顾客道歉,并且找出令顾客满意的解决方法;以顾客的不满为教训来改正自己的缺点;后续动作的实施。为了商店的信誉和名誉,店家除了赔偿顾客精神上以及物质上的损失之外,更要有经济上的后续服务,使顾客恢复对品牌的信心。

(1)顾客投诉初期治理。在顾客投诉发生初期,如果珠宝首饰营业员或经理能巧妙地加以平息,往往能起到事半功倍的效果。而初期处理投诉的诀窍,不外乎以下两点。

①妥善使用"非常抱歉"等语句来平息情绪。在顾客投诉发生初期,顾客往往是义愤填膺的,情绪非常激动,措辞激烈,甚至伴有恶言恶语。在这种情况下,珠宝首饰营业员或经理首先要冷静地聆听顾客的投诉内容,了解他不满的原因,然后要诚恳地向顾客道歉,待顾客情绪比较稳定时,再商谈投诉之事,问题就容易解决了。

珠宝首饰营业员向顾客道歉时,要注意以下3点。

(a)珠宝首饰营业员向顾客道歉时代表的是企业,而不是代表营业员本人。营业员有了这个正确的认识,就会慎重、认真地向顾客道歉,而不是抱着事不关己的态度处理问题。

(b)向顾客道歉时拿捏好分寸。当珠宝首饰营业员向顾客道歉、请求原谅之后,对于需要说明的地方一定要慎重、清楚地向顾客说明,并且一定要用婉转的语气,心平气和地加以解释。

(c)道歉要有诚意。珠宝首饰营业员一定要发自内心地向顾客表达歉意。若顾客的意见是正确的,营业员就应当愉快地接受,并当场明确表态,坦诚地承认自己的过错。否则,会令顾客觉得没有诚意。

②尽量按照顾客的意愿进行处理。珠宝首饰营业员应尽可能地按照顾客的意愿处理问题,并注意捕捉顾客在细节中表现的心理活动。

(2)情绪激动的顾客的投诉处理。在通常情况下,珠宝首饰营业员处理顾客投诉的步骤应当是:第一,耐心听完顾客的投诉;第二,诚心诚意地向顾客致歉;第三,按照上司的指示或自己的处理方式来和顾客进行沟通,解决问题。

然而,珠宝首饰营业员会经常碰到两种特殊情况:一种是顾客一开始投诉时,就显出极端的愤怒和强烈的不满,这说明他对所买到的珠宝首饰十分不满,或受到极为恶劣的服务,以致他在物质上或精神上受到极大的损害;另一种是在和珠宝首饰营业员沟通过程中,或是由于营业员措辞不当,或是由于不满营业员的说明,顾客勃然大怒。

不论上面哪种情况,造成的后果都是顾客的情绪极为亢奋,乃至一般的道歉不能马上平息他的怒火,营业员无法与顾客进行正常的沟通,没办法缓和紧张的气氛。这时一般可采取以下 3 种策略。

①撤换当事人。当顾客对某位珠宝首饰营业员的服务感到强烈不满时,便会产生一种排斥心理。假如该营业员继续按照自己的想法向顾客解释,顾客的不满会加剧。在此情况下,最好的办法是请该营业员暂时回避,另请一位店方人员充当调解人。

这位调解人最好是有经验、有人缘的高级主管,如珠宝首饰部经理、公关部经理或营业组组长等。由高级主管出面调解,顾客会有受重视的感觉。此外,由于高级主管有权做出某种决定,因而,顾客认为与之沟通能够切实解决问题。所以,由高级主管出面调解比由其他营业员出面调解效果更好。

②改变沟通场所。如果怀有不满情绪的顾客在店内大声吵闹,会严重影响公司的形象。在这种情况下,调解人首先要稳定住自己的情绪,不要受顾客情绪的影响。其次,要邀请顾客到办公室或会议室等环境处理问题;也可以让顾客独自等待一段时间,待顾客情绪稳定下来后,调解人或负责人再与之交谈,这时顾客可能会恢复理智而平静下来。在这种情况下,沟通就十分容易进行了。

③改变沟通时间。如果更换调解人或改变沟通场所都不能平息顾客的怒气,最好的办法就是取消当日的会谈,改天进行。当事人应登记顾客的地址、电话,改天到顾客家中拜访、道歉,直至顾客满意为止。

到顾客家中拜访,调解人或负责人可以准备些小礼品以表示诚意,这些小礼品并不一定十分贵重,但品质必须有保障。此时调解人或负责人再向顾客诚恳地道歉并加以解释,顾客就容易接受了。

(3)依照不同原因分别处理。顾客的投诉是由多种原因造成的,因此解决的方法不尽相同。

①处理由珠宝首饰品质问题引起的纠纷。顾客买到的珠宝首饰质地不良,商店负有不可推卸的责任。解决此类抱怨的方法有:向顾客真诚地道歉,并妥善办理退、换货;如果顾客由于使用该珠宝首饰而受到精神损失或物质损失,商店应适当给予补偿;事后,商家应仔细调查造成商品品质问题的原因,防止同类事件再度发生。

②处理由珠宝首饰使用不当引起的交易纠纷。由顾客使用不当而导致的珠宝首饰损害,有可能是由于营业员介绍不详而造成的。因此,在处理这类纠纷时,营业员应诚恳地向顾客道歉。如果珠宝首饰受到损害,责任确实属于顾客方,营业员应协助顾客进行维修或退、换货。

③处理由营业员态度引起的抱怨。由珠宝首饰营业员服务态度不佳而引发顾客抱怨,并不像由具体的珠宝首饰质量不良造成的纠纷有明确的证据,而且同样的待客态度和习惯,顾客也可能由于心理不同而产生不同的反应,所以,这类抱怨处理起来比较困难。不论这类抱怨产生的主要责任是否在营业员,店方都必须做出以下处理:经理(或调解人)应仔细听完顾客的陈述,然后向顾客保证今后一定加强对营业员的教育,不让类似情形再度发生;经理(或调解人)陪同当事人——引起顾客不满的珠宝首饰营业员向顾客赔礼道歉,以期得到谅解(当顾客情绪非常激动时,一般采用这种方式);同时,加强对营业员的教育力度,并建立相应的制度加以监督。

(4)处理因误会产生的抱怨。当处理由于误会而产生的顾客抱怨时,珠宝首饰营业员要平静、仔细地把事件的原委告诉顾客,让顾客了解真实情况。但是如果把原因说得太明确的话,容易使顾客恼羞成怒,所以要特别注意。在向顾客解释或说明时,应把握两点:第一,说话语气要婉转,不能让顾客难堪;第二,不能过于强调自己的清白无辜。珠宝首饰营业员在解释的时候,通常会受到顾客表面上的反驳。顾客很可能用"我不可能冤枉你"或"我绝不会那么糊涂,连这么简单的事都搞不懂"等话语来为自己辩解,掩饰自己的过错。在这种情况下,珠宝首饰营业员不要反复强调自己是正确的,而应诚恳地告知顾客,并不想使他难堪,只是想消除他的疑问和不满,这样,顾客就比较容易接受解释了。

3. 交易纠纷处理过程中的"十禁"

对商家产生不满的顾客犹如一堆干柴,任何一点火花都会燃起他的满腔怒火。如果沟通过程中,负责调节的珠宝首饰营业员说话不慎、用语不当,就容易使顾客火冒三丈,使矛盾更加激化。因此,在沟通中,绝对不要使用以下话语。

(1)"这种问题连三岁小孩都会。"当顾客不了解珠宝首饰特性或使用方法而向珠宝首饰营业员询问时,一些营业员会将这句话脱口而出。这句话容易引起顾客的反感,认为珠宝首饰营业员是在拐弯抹角地嘲笑他。

(2)"一分钱、一分货。""一分钱、一分货,当初你为什么不买贵一点的呢?"当珠宝首饰营业员说这类话时,通常会让顾客感到珠宝首饰营业员小瞧他,认为他买不起高档品,只配用廉价品,深深伤害顾客的自尊心。

(3)"不可能,绝不可能发生这种事。"一般商家对自己的珠宝首饰或服务都是充满信心的,因此,当顾客质疑时,珠宝首饰营业员常常斩钉截铁地否认。但是,这样的措辞表达了营业员对顾客的不信任,必然引起顾客的极端反感。

(4)"这种问题不该我管,你去跟厂家联系吧。"尽管珠宝首饰是厂家生产的,但是商店购进珠宝首饰进行销售,就应当对珠宝首饰本身的品质、特性有所了解。因此,以这句话来搪塞、敷衍顾客,会让顾客认为店方缺乏责任感。

(5)"这个问题我不清楚。"当顾客提出问题时,珠宝首饰营业员的回答若是"不知道""不清楚",说明他对品牌或产品缺乏最起码的了解。业务知识不过硬,会使顾客对品牌丧失信心。有责任感的珠宝首饰营业员一定会尽一切努力来解答顾客的疑问,即使真的不知道,也一定要请教专业人士后再来解答。

(6)"我绝对没有说过那样的话。"在商场上没有"绝对",不管珠宝首饰营业员说与没说,都不可以使用这种富有挑战意味的字眼,以免激起顾客的逆反心理。

(7)"我不会""不会""没办法""不行"这些否定的话语表示店方无法满足顾客的希望与要求,因此,应尽量避免使用。

(8)"对不起,这是本店的规矩。"用这种话来应付顾客抱怨的珠宝首饰营业员为数不少。其实,商店的店规是为了提高珠宝首饰营业员的工作效率,制订店规的目的是更好地为顾客服务,而绝不是为了监督顾客的行为和限制顾客的自由。因此,若顾客因不知情而违反了店规,珠宝首饰营业员不可以用店规做挡箭牌来责怪顾客。

(9)"总是会有办法的。"这一句态度暧昧的话通常会惹出更多的麻烦。因为对急着想要解决问题的顾客来说,这种"车到山前必有路"的不负责任的说法令人失望。

(10)"改天我再和你联系。"这是一句不负责任的话,在顾客提出的问题需要花费一些时间解决的情况下,最好的回答是"三天以后一定帮您办好""×月×日以前我一定和您联系"等。给顾客一个明确的答复,一方面代表店方有信心帮助顾客解决问题,另一方面也不会让顾客感到受愚弄。"您先回去吧,改天我再同您联系!"说这句话常常让顾客觉得是店方为了打发他而采用的缓兵之计。

第二节 珠宝首饰营业员售货技能

娴熟的售货技能是珠宝首饰营业员必须具备的。在市场竞争日益激烈的今天,珠宝首饰营业员仅有良好的服务态度、丰富的珠宝首饰知识是不够的,还需要具备高超的服务技能。只有这样,企业才能树立经营特色,提高竞争能力。本节主要对珠宝首饰的拿、放、展示、演示、包装及开票、价格计算等基本售货技能的技术要领进行了介绍。

一、珠宝首饰的拿、放技术要求

拿,是根据顾客的需要拿取珠宝首饰。放,是把珠宝首饰放在顾客面前,供顾客鉴别、挑选。珠宝首饰营业员从柜台里或货架上把珠宝首饰拿出,放在顾客面前,这个动作看似极其平常、简单,但要拿、放得当,动作利索,尽显珠宝首饰全貌,并不容易。可见,拿、放珠宝首饰也是一项技术,只有勤学苦练才能熟练掌握好这项技术。对珠宝首饰拿、放的基本技术要求如下。

1. 目测拿取力,求十拿九准

珠宝首饰营业员要学会根据顾客身型、年龄、着装来判断顾客的爱好和佩戴首饰的尺寸,从而主动、迅速、准确地拿出顾客需要的珠宝首饰。比如,卖戒指时,有的珠宝首饰营业员一看顾客的年龄、手指粗细,就能立刻拿出戒圈规格差不多的戒指。

2. 掌握方法,展示全貌

如果营业员掌握了正确的拿、放首饰的方法和技巧,就能迅速吸引顾客的注意力,使顾客产生购买欲望。展示珠宝首饰的目的是要让顾客看到珠宝首饰的优点,以便挑选。拿、放珠宝首饰的方法不是一成不变的。一些资深的珠宝首饰营业员在长期的售货实践中,总结出许多宝贵经验,值得借鉴。例如,顾客挑选吊坠时,有经验的营业员会选择一根款式朴素、光泽柔和的项链与吊坠搭配,置于暗色颈模上。这样不仅有整体感,还能突显吊坠的光彩,容易得到顾客的肯定。

3. 轻拿轻放,文明礼貌

顾客到商店里购买珠宝首饰,除了需要得到物质上的满足以外,还需要得到精神上的满足。这种精神上的满足指珠宝首饰营业员礼貌地把珠宝首饰拿给顾客,能使顾客首先在精神上得到满足,感受到营业员的热情,从而激发顾客购买珠宝首饰的欲望。所以,每个珠宝首饰营业员都应该研究拿、放珠宝首饰的动作,讲究文明礼貌。作为一名珠宝首饰营业员不仅要迅速、准确地拿、放好每一种珠宝首饰,而且应把文明礼貌贯穿于接待顾客的整个服务过程中。

二、珠宝首饰柜台陈列

珠宝首饰柜台陈列指珠宝首饰营业员利用现有的道具,采用一定的方法和手段,向消费者介绍、展示珠宝首饰的方法。珠宝商店的样品陈列,不仅可以吸引顾客挑选,扩大销售范围,而且可以从侧面反映出这个城市、地区物质文明和精神文明建设的风貌。

1. 柜台陈列的基本要求

(1)展览陈列和推销陈列。珠宝首饰陈列有两种形式:一种是供人观赏,专门展示样品的陈列,即展览陈列;另一种是使顾客产生购买欲望,以出售珠宝首饰为目的的陈列,即推销陈列。

①展览陈列的方法。展览陈列的目的是引人注意,使人产生兴趣、联想、激发购买欲望。因此展览陈列必有一定的专门技巧。展览陈列法,即是以整个展览空间的中心为重点的陈列方法。展览陈列方法主要有以下几种。

(a)中心陈列法。中心陈列法即以整个展览空间的中心为重点的陈列品编组法,把大型珠宝首饰放置于醒目的中心位置,小件展品按类别组合在四周的展架上,使观众一进入展览空间就能看到大型主题展品。这种陈列方法具有突出中心主题的效果。

(b)线型陈列法。线型陈列法即以展览空间单元为基础,采用垂直或平行排列的方式,按顺序摆放珠宝首饰。这样的设计可以更直观、真实、完美地表现出展品的丰富内容,使顾客一目了然,产生强烈的感染力。

(c)配套陈列法。配套陈列法即将有关联的珠宝首饰组合成一体,配套陈列。如成套首饰加上小摆设、装饰画、插花等,组合于同一展览空间内,显得别具一格。

(d)特写陈列法。特写陈列法即根据展出需要,将重点展品或细小展品替换为放大数倍的模型,或将展品照片扩放成大尺寸的特写照片,可冲击视觉、调节气氛。

(e)开放型陈列法。开放型陈列法即展示陈列多采取开放型,使展品与观众、珠宝首饰与顾客之间直接接触,顾客直接参与演示、操作,可接触体验。这种展示方式是一种具有较高实效、能充分体现展品或珠宝首饰最佳功能的陈列方式。

②推销陈列的方法。推销陈列的目的主要是使顾客将珠宝首饰做比较,进而对其产生信赖感。推销陈列的方法主要有以下几种。

(a)依种类分类陈列。大多数的珠宝专卖店在做推销陈列时,都是按照珠宝首饰的种类进行分类的。因为依种类来分,无论是统计还是进货,都很方便。

(b)依材料分类陈列。顾客购买珠宝首饰时一般不受这种陈列方式的影响,这是因为大多数顾客在购买时,都是在计划范围内选购,材料只是一个参考因素,主要还是考虑价格和实用程度。

(c)依用途分类陈列。依用途分类陈列指将珠宝首饰按照订婚、结婚等不同用途分类摆放。通常珠宝专卖店会将店内的一部分商品按此规律摆放,方便顾客购买。

(d)依对象分类陈列。一些珠宝首饰商店会将商品按购买者的类型分类摆放。这种陈列方法适合玉器,特别是玉手镯的陈列,因为不同年龄段的顾客对商品有不同的需求。

(e)依价格分类陈列。这样的陈列方式(即依珠宝首饰价格高低进行分类陈列)便于顾客进行"质"与"价"的比较。

(2)柜台陈列的基本要求。柜台陈列珠宝首饰主要是为了展示、宣传珠宝首饰和方便顾客选购。柜台陈列效果在一定程度上反映了珠宝首饰营业员的服务质量和业务水平。柜台珠宝首饰陈列的基本要求如下。

①应利用现有的设备,最大限度地展示各类珠宝首饰。这要求珠宝首饰营业员充分利用室内橱窗、各种陈列台展示珠宝首饰,或将珠宝首饰摆成各种利于顾客观看的形状。珠宝首饰应根据室内光线、柜台高低陈列,以便于顾客挑选。

②陈列的珠宝首饰要有代表性、系统性、季节性。所谓代表性,就是陈列的珠宝首饰要能代表整个柜组所经营的珠宝首饰的特色,以吸引顾客购买。所谓系统性,就是把一些在用途上有关系的珠宝首饰,按顺序系统地摆出来,以引起顾客联想,方便选购。所谓季节性,就是根据季节变化,把应季珠宝首饰摆放在醒目的位置,在较大范围内陈列。季节对于珠宝首饰陈列方式的影响很大,因为即使是最好的珠宝首饰,如果与季节需求不同,也有可能会滞销。所以,根据季节陈列珠宝首饰应在该季节到来以前,根据顾客需求及天气变化改变珠宝首饰的陈列,否则将丧失适时销售的良机。而那些过季的珠宝首饰,也要和顾客"见面",但可以适当缩小陈列面积。

③陈列的珠宝首饰要充分展示珠宝首饰的美感、质感特点和全貌。珠宝首饰陈列要有艺术性,根据不同珠宝首饰特点,可采用直线、曲线、斜线、梯形、塔形、交叉、对称、均衡、立体、形象、图案、单双层、多层、斜坡等陈列方法,把珠宝首饰的造型美或质感美展现出来。陈列的珠宝首饰要整洁、丰富、成对、成行,做到多而不乱,颜色搭配齐全、协调。有些珠宝首饰要充分展示全貌,以减少顾客的询问。

④把宣传珠宝首饰同普及专业知识结合起来。商家可以根据经销珠宝首饰的特点,增设一些珠宝首饰知识介绍,这不仅符合顾客的心理要求,而且可以使顾客了解更多的珠宝首饰相关知识。

2. 珠宝首饰展陈方式

珠宝首饰陈列是一门艺术,没有固定的规则,这就要求珠宝首饰营业员除了经常性地学习和实践外,还必须积累一些珠宝首饰学、美学、心理学和艺术造型等方面的基础知识。

(1)依款式特点展示。陈列珠宝首饰的主要目的是介绍珠宝首饰。因此,商家必须尽可能地把珠宝首饰的式样、花色、质地等方面展示出来。根据不同珠宝首饰的特点,可用立、正、反、倒置等方法进行陈列。

(2)色彩的搭配。珠宝首饰陈列一定要注意色彩的运用。色彩搭配是否协调,在很大程度上决定着珠宝首饰观赏效果的好坏。所谓色彩协调,即冷色与暖色相配,花纹交错,浓淡相间。这样能使珠宝首饰鲜明醒目、雅致美观,有助于加强宣传的效果。不同的色彩给人的感觉是不同的,我们要按不同的需要选择不同色彩的珠宝首饰进行搭配。如在喜庆节日,红色有着其他颜色无法代替的特殊作用,可以达到喜庆、热烈、欢乐的效果。

(3)文字的配合。文字是珠宝首饰陈列设计画面的重要组成部分。珠宝首饰的品名、规格、产地及用途等内容都需要用文字来表达。

(4)灯光的运用。为了使顾客看清柜台陈列的珠宝首饰,并使珠宝首饰更加五光十色、引人注意,商家应恰当地配以灯光,这对增加珠宝首饰的美感具有很大作用。一般要求是,灯光要柔和,要有助于衬托珠宝首饰的色泽,给人以优美的感觉。灯光不能太强烈,否则不美观协调。如果条件允许,商家应将灯具隐藏起来。对于需要突出宣传的珠宝首饰,也可用聚光灯或时明时暗的闪光灯,以吸引顾客的注意。

珠宝首饰陈列主要应综合考虑以上4个方面。但每一类珠宝首饰,其具体的陈列方式又不同。钟表、首饰、工艺品适宜用精致的道具和丝、毛织物衬托,表现其特有的风姿和贵重感。此类珠宝首饰在陈列时,不宜摆得过低或过高,摆放高度应以与视线平齐为宜,否则,会影响珠宝首饰在人们心目中的价值和装饰效果。

其他小件珠宝首饰适宜用支架、托板、立体板面、组合套箱、柜台平板等分组摆放、堆码或吊挂,要求排列整齐、层次清楚、虚实恰当,品名、商标、装饰图案一律面向顾客。

第三节 珠宝首饰陈列心理学

珠宝首饰的店堂陈列是珠宝类零售企业内部陈设的核心内容,也是帮助已进入珠宝店的顾客做出购买决策的重要促销方式。丰富美观、琳琅满目、摆放得体的珠宝首饰,本身就是最直观的实物广告。珠宝店堂陈设的目的是把珠宝首饰作为最直观的实物广告,吸引顾客的注意。本节将从顾客一般心理规律出发,介绍珠宝首饰陈列、摆布时与陈列设备使用中珠宝首饰营业员应了解的顾客不同的心理反应及相关对策。

一、珠宝首饰陈列的心理效应

珠宝首饰陈列的一切方法,归结起来,就是为了符合顾客一般心理愿望,所以经营部门在陈列珠宝首饰时应考虑以下原则。

1. 珠宝首饰陈列必须使顾客一目了然

珠宝首饰陈列应达到的效果是当顾客走近或站在柜台或展示架前时,就能形成对珠宝首饰全貌的整体感觉,不需费时便可了解到与珠宝首饰相关的内容,如产地、规格、价格、质地等。

2. 珠宝首饰陈列要提供使用功能,使之成为动态广告

陈列是为了刺激顾客的购买欲望,因此陈列的珠宝首饰应向顾客展示珠宝首饰的使用功

能和使用效果。这种方式对大多数感性购买者有较强的吸引和诱导作用,容易使顾客较快地产生购买欲望。

3. 重点珠宝首饰、特殊珠宝首饰的陈列方式要新颖

重点珠宝首饰指珠宝店某一时期的重点推广珠宝首饰、当季珠宝首饰等。特殊珠宝首饰指让利优惠的珠宝首饰等。心理学研究证明事物具备特殊性是引人入胜的前提。

珠宝店对重点珠宝首饰或特殊珠宝首饰应以专柜陈列、箭头指示等方式引起进入珠宝店顾客的注意

4. 珠宝首饰陈列时间不宜过长,陈列应遵循多变少动的原则

多变指同一位置的珠宝首饰不论其销售情况如何都要经常更换,以给人生意兴隆的感觉。而少动指一种或一类珠宝首饰的陈列位置,要相对固定,使顾客逐步习惯某类产品的固定销售位置,给顾客以稳定方便的感觉。否则,珠宝首饰陈列位置不断变换会使顾客感到混乱无序。如果个别类别的珠宝首饰确实需要更换陈列位置,应做到标志醒目、寻找方便。

5. 珠宝首饰陈列应适应顾客的一般购物习惯

顾客进店后的一般浏览深度和高度,货品摆放位置与顾客远近视觉的关系,货品最低摆放位置和最高悬挂位置等都要与顾客的购物习惯相适应。

6. 把最新的技术方法用于珠宝首饰陈列

珠宝店不论经营何种产品,都应成为新科技的展示厅,使顾客每一次走进珠宝店都能有一种鲜活的心理感受。因此,把最新的陈列技术方法用于珠宝首饰陈列也是重要的陈列原则之一。

二、珠宝首饰陈列的理性方面与感性方面

从消费心理的角度分析珠宝首饰陈列,可从理性与感性两方面入手。

1. 珠宝首饰陈列中理性与感性的内涵

在《销售学与广告学》一书中,德国的 H·库德博士提出:理性和感性都参与购买决策,二者构成一个不可分割的整体。但是,具体到每一个购买决策,理性认识动机与感性认识动机又不尽相同。不是理性认识动机处于统治地位,就是感性认识动机处于统治地位。

1)理性内涵

根据购买者的一般心理规律,顾客理性认识形成的购买动机,是基于对所购买珠宝首饰必要性和使用性能的客观思考和分析,是综合考虑珠宝首饰性能、价格、质量以及自身经济条件等因素后产生的。

当理性认识处于统治地位时,顾客面对陈列的珠宝首饰一般会有如下的心理反映。

(1)这种珠宝首饰能否满足自己的要求。

(2) 珠宝首饰性能是否符合本人的消费利益。
(3) 珠宝首饰价格的内涵是什么，是炫耀性价格，还是求实价格或处理价格。
(4) 珠宝店提供哪些售后服务。
(5) 对该珠宝首饰销售形势的估计和购买时机的选择。

上述种种，都是以理性认识为主的顾客购买前的心理准备状态，经过利弊的权衡取舍，最终形成购买决策。

2) 感性内涵

顾客感性认识形成的购买动机，是基于顾客自身对陈列珠宝首饰的某种主观心理愿望的冲动性反映，它带有较强的感情色彩。这类顾客对珠宝首饰的实用性考虑较少，而更多地注意珠宝首饰所形成的个性联想及珠宝首饰的美学效果。

当感性认识处于统治地位时，顾客面对陈列的珠宝首饰一般会有如下的心理反应。
(1) 珠宝首饰的某个方面符合个体的审美情趣和鉴赏心理，是个体兴趣和爱好的追求所在。
(2) 珠宝首饰给个人带来的愉快、舒适和享受的程度。
(3) 在珠宝首饰使用过程中给他人留下的印象如何，有何社会评价。
(4) 珠宝首饰的购买和使用与现有生活方式和个性发展的相互关系等。

顾客在理性认识处于统治地位的状态下购物时，表现为具有稳定、求实和成熟的心态；而在感性认识处于统治地位的状态下购物时，往往表现得冲动、敏感和富有激情。因此，珠宝首饰陈列要适应顾客的不同心态，并应当提高顾客在购买中感性认识方面的作用，以实现企业促销的目的。

2. 珠宝首饰陈列的理性认识方面

珠宝首饰陈列对顾客理性认识的影响主要表现在珠宝首饰陈列的规范性、目的性、合理性、实用性方面。

规范性指珠宝首饰陈列或摆布必须符合一般顾客对陈列的心理定式。如珠宝首饰应摆放应整齐，大小、排列方式和间隔距离应符合顾客的购物习惯。

目的性指珠宝首饰陈列要突出不同时期的重点。如突出某类珠宝首饰或企业在某一时段的营销重点，包括突出适合不同季节使用的主要珠宝首饰、某新产品及过时珠宝首饰等。

合理性指珠宝首饰陈列时的摆放密度、高度、最高最低放置点的选择，灯光色彩的搭配使用等应符合一般顾客对陈列的心理定式。如珠宝首饰陈列的高低幅度应在一般人的正常视觉范围之内等。

实用性指珠宝首饰陈列必须突出珠宝首饰的使用性能。因为在现实生活中，顾客购物的心理基础仍是以求实心理为主，所以珠宝首饰陈列时应突出价格、性能等。

3. 珠宝首饰陈列的感性认识方面

珠宝首饰陈列对顾客感性认识的影响，主要是通过突出情感导向的作用，渲染购物气氛，强化艺术效果，激发购物情绪。

购物气氛指珠宝首饰陈列与商场环境布置协同产生的气氛,以激发消费者浏览和购物的兴趣。

艺术效果指珠宝首饰陈列突显的和谐性与艺术性,能引起顾客对美的欣赏和共鸣。产品陈列以它的多姿、多态和多变来吸引顾客,不仅能通过使顾客感受到美感,推动其购买欲望的形成,而且还能影响顾客的审美能力。珠宝首饰营业员可以通过观察顾客的反应进一步判断他们对珠宝的美的判别和估价标准。通过了解顾客的审美观,珠宝首饰营业员还可以引导顾客进一步提高和发展审美意识。

购物情绪指珠宝首饰陈列应当能引起顾客的某些心理联想,当顾客站在珠宝产品面前时,产生的"这件珠宝很适合我"或"这件珠宝产品真不错"的心理感觉。顾客对珠宝首饰的向往通常是引发购买情绪的开始。这种情绪的形成,从购物现场环境看,一方面来自珠宝首饰本身,另一方面则取决于产品陈列中艺术效果对顾客情感的影响。购物情绪的引发和形成是珠宝首饰陈列的最根本目的。

在珠宝首饰陈列中,提高和突出陈列的感性认识是提高企业促销水平的重要环节。珠宝首饰陈列对顾客感性认识产生和形成的影响,不仅取决于珠宝首饰本身,更多地取决于陈列手段和技巧的应用与搭配。

三、珠宝首饰摆放策略及心理规律

1. 珠宝首饰摆放策略

珠宝首饰摆放的基本目的是促进销售,因此,在营业现场总体布置形式确立之后,在珠宝首饰摆放环节上,一般应掌握以下原则:一要方便顾客看样选购,促进珠宝首饰销售;二要方便营业员操作,尽量降低劳动强度,以提高劳动效率;三要有利于对珠宝首饰进行管理,减少差错的发生。根据这些原则,对处于不同位置的珠宝首饰,摆放策略可做如下选择。

(1)柜台珠宝首饰是店内货品的主体。营业员在实际摆放时应掌握以下原则。

①分类摆放。分类摆放即以珠宝首饰大类为基础,或根据珠宝首饰使用对象的需要对珠宝首饰进行摆放。具体方法有:其一,陈列单元按使用对象摆放,单元内珠宝首饰按款式分类;其二,特殊种类的珠宝首饰按其对环境的要求单独摆放。在摆放时要注意所摆珠宝首饰与其他珠宝首饰的相互影响和对周围小环境的要求。

②突出重点摆放。主要是指根据季节变化、经营重点和销售情况的变化对珠宝首饰进行摆放,其中以季节性摆放变化为主。许多种类的珠宝首饰,其销售随季节变化都有淡、旺季之分,珠宝店的整体布置和珠宝首饰的摆放应与季节同步。对于季节性很强的珠宝首饰,如项链类珠宝首饰,摆放时要特别突出应季珠宝首饰,一般应做到摆放位置突出,数量品种丰富;对于淡季和过季珠宝首饰,应缩小摆放面积,甚至不摆放。这样才能使珠宝首饰摆放与整个珠宝店的总体布置协调一致。为突出经营重点和新款产品,商家须扩大展位面积、突出展位位置,使摆放和销售空间相较于一般珠宝首饰所占空间大一些,使顾客一目了然。此外,对于在使用过程中有较强关联性的珠宝首饰,应注意要摆放在同一销售区内或在毗邻区内,这样既符合一般的购买习惯,又方便顾客购买。

③方便操作和清点的摆放。这主要是从内部管理和提高劳动效率的角度出发,提出的珠宝首饰摆放策略。首先,对于畅销、应季珠宝首饰,在摆放时应考虑到营业员频繁拿取的劳动强度,按照营业员在柜台内的相对固定站位,使上述珠宝首饰尽量摆放在离营业员较近的地方。按一般中国人的身高、体型计算,珠宝首饰摆放的横向范围大约为160cm,纵向范围为30~180cm,在这一范围内,营业员一般可以不走动,就能拿到身边上下、左右,乃至前后的珠宝首饰。这有利于提高营业员的劳动效率和减轻劳动强度。其次,珠宝首饰摆放要求实行定位定量,特别是对于常年销售、销量较稳定的珠宝首饰更应如此。从珠宝店管理的角度讲,珠宝首饰确定好摆放位置后,一般不应经常变换,且摆列的数量也应固定,每日补充珠宝首饰至固定数量即可。这样在清点珠宝首饰时,既方便数量的盘点,又不致出现珠宝首饰串柜等问题,有利于提高整个珠宝店的经营管理水平和效率。最后,珠宝首饰摆放从管理艺术的角度讲,应做到整洁、丰富,成行成列,错落有序。珠宝首饰数量多时,多而不乱;珠宝首饰数量少时,少而不空。珠宝首饰的摆放还应搭配协调,不同规格的珠宝首饰摆放有序。

(2)展示珠宝首饰的摆放。展示珠宝首饰一般不直接用于销售,而是起展览、装饰的作用。在珠宝店内部,展示珠宝首饰实物可以指示顾客某种珠宝首饰的销售位置,同时也可渲染和烘托整个珠宝店的购物气氛。因此,这类珠宝首饰主要是珠宝店的主营珠宝首饰、特色珠宝首饰、新颖珠宝首饰等。摆放时营业员要特别注意位置的选择,摆放位置既要醒目又要便于顾客从不同位置观看。

展示珠宝首饰摆放一般应注意以下几个方面。

①要充分展示珠宝首饰的美。由于这类珠宝首饰不直接用于销售,而是起展览、装饰,渲染和烘托购物气氛的作用,因此,在展示时要特别突出珠宝首饰本身的美感,以达到吸引顾客的目的。营业员可根据不同珠宝首饰的特点,配以适当的装饰物突出珠宝首饰本身的美感。

②要充分展示珠宝首饰的全貌。专用于展示的珠宝首饰,一定要便于顾客直观地了解珠宝首饰的全貌或特色。因此,在展示时营业员要尽量使珠宝首饰全面展开,有些珠宝首饰甚至可将内部结构直接展示给顾客。

③有些用于展示的珠宝首饰要允许顾客直接触摸和使用。

④用于展示的珠宝首饰要与珠宝店环境相协调。展示珠宝首饰时既要突出珠宝首饰自身,也要烘托整个珠宝店气氛。因此,展示珠宝首饰不能"一枝独秀",给整个商场购物环境带来负面效应。展示中商家要考虑到该商场的总体水平和档次,使每一种独立展示的珠宝首饰都能与整体购物环境大体匹配。

总之,在现代化的珠宝首饰销售中,珠宝首饰的摆放本身就是珠宝店促销方式的重要构成内容。因此,在现代营销中我们必须认真研究珠宝首饰摆放涉及的心理规律和心理效应问题。

2. 珠宝首饰摆放的心理规律

进入珠宝店的顾客通常有两类,一类是并无购买目的或尚未形成明确购买目的的浏览者,另一类是有明确购买目的的购买者。从珠宝首饰摆放的角度讲,对于进入珠宝店的顾客,不论他们是哪一类,都应使珠宝首饰摆放尽可能适应他们的选择和习惯心理,并力求满足其求新、求美的心理愿望,这样才能使珠宝首饰摆放本身成为吸引顾客、创造需求的有效手段。珠宝首饰摆放与顾客愿望一般有如下心理联系规律。

(1)珠宝首饰摆放位置与消费心理。通常顾客走进珠宝店后,都会有意无意地环视珠宝店内部的货位分布和摆放的珠宝首饰等,形成进店后的最初印象。顾客进店后对珠宝店的环视范围、视场等应成为珠宝首饰摆放的基本依据。瑞士学者塔尔乃教授的研究表明,顾客进店后环视的高度为 0.7~1.7m,上下幅度约为 1m,同时与人的视线大约呈 30°以内摆放的珠宝首饰最容易被顾客感受到。因此,可以认为以正常人的身高为标准,从腹部到头顶的高度范围,是珠宝首饰摆放最为理想的有效高度。

在营业现场顾客直接可视的范围内,人的视场与所视物的距离有如下对应关系(表 9-1)。

表 9-1　目视距离对应表

距离/m	1	2	5	8
平均视场/m	1.64	3.3	8.2	16.4

珠宝首饰的摆放位置不仅在高度上要与顾客的一般环视高度相适应,由表 9-1 可知还要根据顾客与所视物的距离来确定珠宝首饰摆放的合适位置,使顾客能较快地、清晰地感受到珠宝首饰的形象。

从便于顾客近距离浏览和选购的角度看,珠宝首饰摆放位置不应过低,特别是在自选商场中,大多数中、小件珠宝首饰的摆放高度一般不应低于 0.6m,否则,顾客在挑选时要不断地弯腰和俯视,而对于一般浏览者,这大大降低他们注意到该类珠宝首饰的概率。对于大件珠宝首饰,摆放空间一般应相对开阔,同时,对周围的购物环境也应做与销售珠宝首饰相关的促销性装饰。对于大、中型商场,在摆放大件珠宝首饰时,商家应把珠宝首饰摆放在高于地面 5~10cm 的地床上,并要注意对地床的装饰。

(2)珠宝首饰分类摆放与消费心理。如何对品种浩繁且日益增多的珠宝首饰进行分类摆放和陈列呢?市场经济发达的国家也只是在珠宝首饰经济迅速发展的近几十年内才形成共识和解决方法,即珠宝首饰摆放必须按照顾客的购买习惯,以方便顾客寻找、挑选和购买为目标。

在现实的商业经营过程中,根据对顾客一般购买习惯和购买行为的分析,可以将珠宝首饰分为方便珠宝首饰、选购珠宝首饰和贵重珠宝首饰 3 类,对这些珠宝首饰摆放的一般心理要求如下。

①方便珠宝首饰。这类珠宝首饰一般属于首饰中的必需品,需求弹性较小,珠宝首饰价格较低且购买频率较高,选择性相对较差,多数珠宝首饰不需要频繁的售后服务。顾客对方便珠宝首饰的购买要求,主要是便利和成交迅速。因此,摆放位置应选择在专柜进门处、主通道两侧或出入口附近,也可摆放在临街销售窗口。对于有出入顺序的珠宝店,方便珠宝首饰应摆放在出口附近。同时,从消费心理的角度考虑,顾客如果需要购买多种珠宝首饰,通常是先购买选择性较好的珠宝首饰,再购买选择性一般的珠宝首饰。采用上述的摆放策略,能符合大多数顾客在购买方便珠宝首饰时,求方便、快捷迅速的心理要求。

②选购珠宝首饰。这类珠宝首饰一般属于品种较多,相对重要的珠宝首饰。对于这类珠宝首饰,顾客的购买频率相对较低,购买时选择性较好,珠宝首饰的使用周期较长,有些品种还有售后服务要求,需求弹性也相对较大。在购买时,顾客希望有更多的选择机会,有更好的局部购物小环境,能对珠宝首饰的质量、价格、功能、式样等进行认真细致的比较和筛选。因此,摆放这类珠宝首饰时,商家应选择营业面积大、光线好、噪声低和其他不利因素较少的地方,形成利于顾客选择的良好购物环境。将珠宝首饰在各楼层之间进行合理摆放的依据是:珠宝首饰间的连带关系,相关程度;珠宝首饰自身的体积及搬运的方便程度;各品种珠宝首饰购买频率和挑选频率的差异;等等。如大件笨重的珠宝首饰应摆放在底层或离出口较近的地方,也可另辟专门出入口。选购珠宝首饰通常占珠宝店经营珠宝首饰的比重较大,是珠宝专柜的主营珠宝首饰。它一般是顾客评价珠宝店内部总体环境的主要依据,也是珠宝首饰摆放的主体。

③贵重珠宝首饰。这类珠宝首饰属于高档、高质、高价的"三高"珠宝首饰,其需求弹性也最大。顾客购买时多是较为慎重的,需要反复比较、挑选、评价,多次与他人或营业员交谈、询问或协商。决策过程一般较长,同时要求有较好的售后服务和质量保证。因此,贵重珠宝首饰的摆放地点,应选择较僻静的位置或珠宝店高层。小环境要布置得高雅、独特,以显其华贵,也可以以"店中店"的形式独设专柜专点。如在有些商家在珠宝店中设立"精品屋""珠宝厅"等,是为了满足顾客显示华贵的心理欲望。对于购买贵重珠宝首饰的顾客来说,他们通常对珠宝店有较高的选择要求。所以,普通的中、小型商场不宜经营贵重珠宝首饰。

(3)珠宝首饰摆放顺序、空间利用与消费心理。在一般购买行为中,顾客对珠宝首饰的摆放顺序是否合理,是否符合购买习惯与购买心理,大多不会有直接或明显的心理反应,而是以一种间接的、迂回的形式表现出来。那么,珠宝首饰的摆放顺序应如何适应顾客的心理习惯呢?主要包括以下几个方面。购买频率高的珠宝首饰,应摆放在楼上或珠宝店深处;进出口分道的珠宝店,较重、易碎、怕压的珠宝首饰应摆放在出口附近;一般珠宝首饰摆放在入口附近。按照一般顾客行走的习惯,珠宝首饰摆放以逆时针顺序为好,因为大多数顾客习惯从右向左逆时针行走,把通用珠宝首饰、应季珠宝首饰、容易引起顾客购买兴趣的饰品按照逆时针顺序摆放,会起到激发顾客购买兴趣的作用。贵重珠宝首饰应摆放在高层或珠宝店深处,一般珠宝首饰应摆放在珠宝店底层或方便顾客到达的地方。如果按方便珠宝首饰、选购珠宝首饰和贵重珠宝首饰划分,规划顺序应该是:方便珠宝首饰在楼下,选购珠宝首饰在中层,贵重珠宝首饰在高层。

四、珠宝首饰陈列设备、用具的使用技巧

珠宝首饰陈列设备和用具主要指珠宝店内用于摆放、陈列珠宝首饰的柜台、货架、模型、辅助道具。从商业经营的角度看,各种陈列设备和用具的使用目的在于:其一,可使珠宝首饰得到充分协调的展示,达到美化珠宝首饰、吸引顾客的目的;其二,在一定程度上,能保护珠宝首饰使用价值不受影响,如封闭柜台对珠宝首饰的防尘保护等;其三,方便营业员操作,合理使用待销珠宝首饰的存放空间。

1. 珠宝首饰陈列设备、用具

我国珠宝店普遍使用的主要设备和用具有如下几种。

(1)柜台。在封闭型售货形式中,柜台是顾客与营业员之间的交易工作现场。它既是营业员的工作台,又是对顾客展示陈列珠宝首饰的展示台。在敞开型售货形式中,柜台一般只作营业员的工作台,较少用于陈列和销售珠宝首饰。柜台按式样可分为两种:一种是标准的长方体柜台;另一种是坡型的坡面柜台,它的优点主要是方便顾客观看柜台中下层的珠宝首饰,而不需过多地弯腰或低头。参考中国人的平均身高,柜台的高度一般以90~100cm为宜,宽度在50~70cm之间,长度可自选,但一般在120cm以上。柜台内部为单层或2~3层,底座高不应超过20cm。现代柜台大多由金属框架和玻璃组成,传统的多为木制。玻璃柜台中一般装有固定或可转换角度的照明灯,多为单色灯;也可装饰多色串灯,起衬托柜内珠宝首饰的作用,但使用较少。

(2)货架(也称为货柜)。在封闭型售货形式中,货架一般只作陈列展示珠宝首饰之用;在敞开型售货形式中,货架兼作销售柜用。货架一般分为两种:一种沿商场四周墙壁摆放,称为靠墙货架;另一种设置在商场中间不同位置,称为中心货架。

靠墙货架根据使用条件不同又可分为:上、下两部分货架和上、中、下三部分货架两种。两部分货架中,上部为主体,用于展示和销售珠宝首饰;下部用于储存珠宝首饰。三部分货架中,上部一般专用于陈列珠宝首饰,中部用于展示销售,下部用于储存。现代货架多由金属框架、玻璃和轻型板材制成,下边的储存部分一般用不透明的板材制成,上部多用玻璃,以方便顾客浏览。

中心货架由于使用场合不同,也可分为两种:一种是位于封闭式售货中环岛式货位的货架,它与靠墙货架中的上、下两部分货架相同,为单面式;另一种是用于敞开式售货中的双面货架,它专用于陈列待销售珠宝首饰,一般为全隔层敞开式货架,高度多不超过180cm,两面宽度各为40~45cm(总宽度为80~90cm),采用直线式摆放,隔层为金属网、轻型板材,陈列较轻的珠宝首饰也有用玻璃隔层的。这类货架多为可拆卸、拼装或可调层间距的组装型货架,在使用过程中主要依珠宝首饰的体积、形状、质量及顾客使用频率高低等来决定货架的组合与珠宝首饰的摆放方式。

2. 珠宝首饰陈列设备、用具的使用技巧

营业现场使用的各种设备和用具,并无统一的、格式化的标准。从一般意义上讲,这些设备和用具要有完善的使用功能和较强的适用性。如何实现陈列设备和用具的最佳使用效果呢?

(1)要符合人体工程学的基本要求,给人以方便实用的心理感觉。人体工程学所要研究的重要内容之一就是人在从事某种活动时,人体各部位与物体各部位之间处于最佳状态时的比例关系。从珠宝店售货现场的角度讲,珠宝店中各种设备是营业员从事业务活动、顾客选购珠宝首饰时使用的基本物资设施。因此,设备的造型、结构、高矮、大小都应与普通人的身体比例基本相符。这样就能使营业员和顾客在拿放、挑选、浏览珠宝首饰时感到便捷,即在敞开式售货形式中,总能使顾客较方便地看到自己所需要的或感兴趣的珠宝首饰。特别是销售流行珠宝首饰、应季珠宝首饰等的营业员,更应注意提高设备的有效使用率,如将设备摆放和展示在最引人注意的位置上。

设备的科学设计、合理使用虽然不会带来直接的经济效益,但可以促进企业效益的提高。从顾客角度讲,进入珠宝店后,能够方便地触摸或清晰地看到所需珠宝首饰,必然可增强购买信心和提高对珠宝店服务的满意程度;从营业员角度讲,减少劳动中的不便,是提高劳动效率的最基本要求。

(2)合理使用各种设备,使其产生潜在的促销效应。珠宝店中的货柜、货架、柜台、陈列用具及人体模型等,既要方便珠宝店内部管理和满足购物现场的合理使用需要,更要突出珠宝首饰对顾客的吸引力。因此,各种设备、用具必须与珠宝店的总体环境协调,包括:珠宝店内部结构与各种设备摆放方式的协调,各种设备相互之间的协调,同一设备内部结构的协调,设备与所陈列和展示珠宝首饰间的协调。协调是形成美的基础,而美又是吸引顾客的最有效手段。通常,有效使用各种设备时应注意以下几点。

①珠宝店出入口处不能摆放高大的陈列柜或较宽的柜台,否则消费者一进入珠宝店就会产生拥挤和不便的感觉。从心理学角度讲,敞亮宽阔的环境使人趋向活跃和兴奋,而窄小闭塞的环境使人感到压抑和沉闷。因此,宽大敞亮的出入口是形成良好印象的第一步。

②专用于展示的珠宝首饰陈列柜,应放在离入口不远的主通道上。这样可使消费者及时了解珠宝店经营的最新珠宝首饰信息。

③普通的陈列用具,如支架、模型等,在使用时不要摆放过平或成一条线,而应高低、大小、上下、左右错落有序,形成不对称的协调美。因为,不对称的协调容易使人的心理感觉趋于活跃和新奇,而完全一致的一条线摆放给人以呆板乏味的感觉,难以激发顾客的购物情趣。

④各种设备、用具一定要制造精巧且不宜过多,不能喧宾夺主。同时,用具要注意与珠宝首饰的性质、特色、形状基本一致,合理搭配。

第四节　珠宝首饰营业员心理分析

珠宝首饰营业员是珠宝销售活动的主体,在珠宝销售活动中是最活跃的分子和最具魅力的因素。珠宝首饰营业员只有自身具备了良好的心理素质,才能准确地认知和把握消费者心理,进而通过有效的手段与消费者进行沟通,促使珠宝销售活动顺利进行。因此,珠宝首饰营业员具备良好的心理素质是其职业角色心理与行为的要求。珠宝首饰营业员直接为消费者服务,是珠宝店的"活招牌",对于树立珠宝店在消费者心目中的良好形象和威信是至关重要的。

珠宝首饰营业员的职业心理素质,指珠宝首饰营业员从事珠宝销售活动所必需的各种心理素养品质的总和。它包括珠宝首饰营业员的认知、情感、意志、气质、性格、能力等方面。具备这些素质是珠宝首饰营业员从事珠宝销售活动的基本条件。为此,要打造一流的珠宝店,首先要塑造具备一流素质的员工,而这就必须研究探讨珠宝首饰营业员应具备的职业心理素质。

一、职业心理对珠宝首饰营业员仪表的要求

珠宝首饰营业员的仪表指珠宝首饰营业员的外表,包括容貌姿态、着装修饰和行为风度等。人的仪表是人的心理状态的自然流露,珠宝首饰营业员必须在心理上有清晰、强烈的形象意识。

1. 容貌、体型要给顾客以精神、健康的感觉

人的容貌具有生物性和表现表情的社会功能。人的容貌都是具有一定表情的容貌,它总是和个体最典型和最具表现力的某种表情形式相联系,并展现一个人的神韵和风采。体型同容貌一样,不仅具有审美价值,而且能在一定程度上反映个体的心理特点,对他人有深刻的影响。为此,珠宝首饰营业员的容貌端正、自然,体格健壮,精神饱满,有助于使顾客乐于接受其服务。良好的容貌、体态与先天素质和后天的修饰有关,但主要是通过锻炼和修饰而获得的。

2. 服饰穿着要给顾客以舒适、端正的感觉

服饰穿着,包括服装、首饰、眼镜、手表等,是附着于人体的展示物,在现代社会中是表现自我的重要手段。在珠宝销售行业中,珠宝首饰营业员服饰穿着整洁合体、美观大方,与环境相和谐,与顾客的需求相适应,与职业的特征相符合,就能给顾客留下清新、明快、稳重的视觉印象,使顾客感受到珠宝店的经营成就和对顾客的尊重,从而使顾客对珠宝店和服务人员产生不同程度的信任,增强珠宝店的经营效果。

3. 行为风度能给顾客以稳重、文雅、亲切的感觉

与服饰穿着的形式美相联系的是人的行为风度。珠宝首饰营业员的行为风度,主要指珠宝首饰营业员在接待顾客时所表现出来的动作、姿态等。一般来说,珠宝首饰营业员站立时要保持身直、挺胸、两肩平正,要给顾客留下挺拔、舒展、健美的印象。销售人员的行姿要"轻、稳、灵",不要给顾客留下慌乱无章的感觉;坐姿要稳,身体稍微前倾,并注意手脚的空间位置,要表现出对顾客的尊重与期待。珠宝首饰营业员只有大方文雅、热情庄重,才能在接触时使顾客产生良好的感觉,促进其消费。营业员的行为风度是顾客评价珠宝首饰营业员态度和珠宝店形象的重要标志之一。

二、职业心理对珠宝首饰营业员气质的要求

气质指人们心理活动的速度、强度、稳定性和灵活性等全部能力特点的总和,具有稳定和可塑两面性。根据国外职业分类规范和国内心理学界的研究成果,职业气质有变化型、重复型、服从型等类型,它对珠宝首饰营销具有重要的影响。

珠宝销售这个特定的职业,对销售人员的气质有着特殊的要求,主要表现为以下3点。

1. 感受性、灵敏性不宜过高

感受性指个体对外界刺激达到一定强度时才能引起反应。灵敏性指个体心理反应的速

度和动作的敏捷程度。在珠宝销售活动中,珠宝首饰营业员处在一个受多种因素影响的环境之中,他们应该具备与各种不同类型人沟通交流的能力。因此,为了保证珠宝首饰营业员能处于热情饱满的最佳工作状态,对珠宝首饰营业员的感受性和灵敏性要求就不能过高,否则会使顾客产生不稳重或过急的感受。

2. 忍耐性和情绪兴奋性不能低

忍耐性指个体在遇到各种刺激和压力时的心理承受能力。情绪兴奋性指个体遇到高兴或扫兴的事情时,能否控制住自己的情绪,使自己始终处于一种喜事不骄、挫折不馁的状态。在珠宝销售活动中,珠宝首饰营业员长期处于销售活动的第一线,接触各色各样的顾客,这就要求珠宝首饰营业员要具有良好的情绪控制和调节能力,精神饱满地把这单一而持久的服务工作做好。

3. 可塑性要求强

可塑性指珠宝首饰营业员对珠宝销售环境中出现的各种情况及其变化的适应程度。珠宝销售工作没有固定的模式,总是因人而异的。在"顾客是上帝""顾客一切都是对的"的服务宗旨下,凡是顾客需要的合理的服务,珠宝首饰营业员都要予以满足,这才是优质服务。为此,珠宝首饰营业员要有较强的可塑性,以适应不同顾客不断变化的要求。

三、职业心理对珠宝首饰营业员性格的要求

性格即"特征""标志""属性"或"特性"。每个人性格都有不同于他人的独特之处。性格在一个人的心理活动中的地位和行为中的作用是非同一般的。那么,从珠宝销售活动角度看,优秀的珠宝首饰营业员,应具备哪些性格特征呢?

首先,珠宝首饰营业员要有谅解、支持、团结、诚实、谦虚、热情等积极的性格特征。珠宝销售工作是与人打交道的工作,珠宝首饰营业员与顾客建立和谐的人际关系,使顾客感到亲切、乐于接受服务,是实现珠宝销售沟通、愉快交往的条件。其次,珠宝首饰营业员要独立,适应能力强,有事业心、责任心和恒心。一般说来,独立性强的人抱负水准高,适应能力强的人有开拓精神和应变能力,有事业心、责任心和恒心的人工作勤奋、效率高。具有相反性格特征的人,难以满足对珠宝首饰营业员角色行为和心理的要求,也难以成为称职的珠宝首饰营业员。

为了塑造符合职业需要的良好的性格特征,我们应加强对珠宝首饰营业员职业心理和行为规范的培训,不断提高个人的心理素质修养。

四、职业心理对珠宝首饰营业员的情感要求

情感是人的心理活动的一个重要方面,是人对客观事物与自身需要之间关系的反映。在日常生活中,当需要被满足时,人们会产生热爱、满意、愉悦等情感体验;反之,会产生憎恨、不愉快、痛苦、羞耻等情感体验。

情感影响人的心理和行为。按照职业心理要求,珠宝首饰营业员的情感应具备以下4个

方面的特征。

1. 要有良好的情感倾向性

情感倾向性指一个人的情感指向什么和由什么而引起。珠宝首饰营业员良好的情感倾向应指向全心全意为顾客服务的宗旨。在珠宝销售活动中,珠宝首饰营业员应关心、热爱、尊重顾客,一切为顾客着想,真正从职业意识上认识到"顾客永远是对的"。

2. 要有深厚的情感

深厚的情感指与真正的理想、信念、人生观紧密相连的情感。有深厚情感的珠宝首饰营业员都是情感倾向性良好的人。他们的热情是能够通过珠宝销售活动表现出来的。

3. 要有稳定而持久的情感

稳定而持久的情感指与情感的深厚性联系在一起的,并在相当长的一段时间内不变化的情感。这就要求珠宝首饰营业员要将积极的情感稳定而持久地投入到工作中,为顾客服务。同时,营业员对工作应持之以恒,对顾客要始终如一。

4. 要有较高的情感效能

情感效能指情感在人的实践中所发生作用的程度。它是激励人们行为的动力因素。一般来说,情感效能高的珠宝首饰营业员能够把任何情感转化为积极学习、努力工作的动力。

五、职业心理对珠宝首饰营业员意志的要求

意志指人们为了实现预定目的而自觉努力的一种心理过程。作为珠宝首饰营业员,要想在复杂多变的接待服务环境中,把自己锻炼成一名优秀的珠宝首饰营业员,要想不断地克服来自各种主、客观原因造成的各种心理障碍,就要不断发挥主观能动作用,提高自己的素质修养。

对珠宝首饰营业员来说,坚强的意志品质,主要包括下述4个方面。

1. 自觉性

坚强的意志具有自觉支配自己行动,努力实践既定目标的特点。一名自觉性较强的珠宝首饰营业员具有坚强的意志,在珠宝销售活动中会在意志的调节和控制下,自觉地支配自己的行动,始终不渝地为提高自己的业务水平而努力。同时,他们也能正确地对待自己所取得的成绩与进步,虚心地向他人学习,改正自己的不足,勇于克服各种困难,战胜各种挫折。

2. 果断性

果断性指一个人善于迅速地根据情况的变化,采取相应措施的意志特点。具有果断性的珠宝首饰营业员,在处理珠宝销售过程中的各种问题时,能够反应机敏、迅速果断、勇于负责,同时,对于工作中碰到的各种矛盾,也能权衡利弊、全面考虑,并恰到好处地利用一切可以利用的条件,不失时机地予以处理。

3. 自制力

自制力是一种对个人情感、行动的约束能力。自制力较强的珠宝首饰营业员,能够控制自己的情绪,谦让和忍耐,不论与何种类型的顾客打交道或遇到什么问题,都能镇定自若、应付自如。有自制力的珠宝首饰营业员能克服困难和调节自己的行动,遇到困难和繁重的任务时不回避,对工作不挑拣,讲求岗位责任性。

4. 坚韧性

坚韧性指服务人员面对外部障碍时所产生的一种锲而不舍的意志特点。对于珠宝首饰营业员来说,尤其是推销人员,如果缺乏坚韧的意志,就难以应对外部多变的环境和顾客,难以在复杂的市场环境中有所作为。因此,为了磨炼坚韧的意志,珠宝首饰营业员一定要有明确的奋斗目标与努力方向。只有目的性越强,行动越坚决,排除一切干扰的能力才会日益提高,珠宝销售效果才会越好。

六、职业心理对珠宝首饰营业员能力的要求

任何人的能力都是借助于某些条件而形成的。这些条件包括:智力、知识技能、实践的机会、个人的努力程度等。珠宝首饰营业员的能力直接影响着珠宝销售的效果,同时也是影响珠宝店经济效益的重要因素。珠宝首饰营业员应具备以下几项能力。

1. 敏锐的观察力

珠宝首饰营业员最令顾客佩服的能力,就是能把顾客最感兴趣的需求说出来。要达到这一效果,珠宝首饰营业员首先要具备敏锐的观察力。人们经常把真实的自我隐藏在内心世界里,如果营业员无敏锐的观察力,顾客偶然表现出来的真实自我便会悄然消失。珠宝首饰营业员的观察能力主要取决于对工作的兴趣度、注意能力以及当时的心境,同时还与他所掌握的专业知识有关。

2. 稳定而灵活的注意力

珠宝首饰营业员的注意力是在其注意的基础上所形成的一种专心致志的心理现象。它是人的心理活动指向和集中在一定的事物上后,人进入通常所说的"全神贯注""凝神专注"等状态。

职业心理对珠宝首饰营业员注意力的要求是:在岗位上,注意力集中稳定,适时灵活转移,克服过分集中或分散的弱点。具体来说,在珠宝销售过程中,珠宝首饰营业员应精力集中地为顾客服务,只有这样,才能动作敏捷,及时周到地接待顾客。销售人员对于影响精力集中的各种不利因素要有较强的"抗干扰"能力。

3. 良好的记忆能力

良好的记忆能力能帮助珠宝首饰营业员及时回想出在服务环境中所需要的各种信息。对于珠宝首饰营业员来说,良好的记忆能力是珠宝销售工作的智力基础。因此,强化珠宝首饰营业员的记忆能力是提高珠宝销售能力的重要方面。

4. 较强的交际能力

交际能力是珠宝首饰营业员进行人际交往的本领。根据珠宝销售活动的特点,职业心理对珠宝首饰营业员交际能力的具体要求如下:第一,应重视给顾客留下良好的第一印象;第二,要有简洁、流畅的言语表达能力;第三,要有妥善处理各种矛盾的应变能力;第四,要有吸引顾客的能力。

总之,珠宝首饰营业员应具有的能力素质,是一种互相制约的多元化的能力系统。在工作中,它们互相渗透,综合地发挥作用。

第五节 接待顾客的技巧

顾客在购买珠宝首饰的过程中,既有共同的心理活动过程,又有不同的个性特征,不同的顾客会表现出不同的购买动机和购买行为。为此,对于面向广大顾客的零售珠宝店,在销售过程中,营业员必须按照顾客心理活动的特点及规律来确定自己的销售策略,采用可满足顾客购买心理要求的销售服务技巧,以提高销售效果。本节在分析顾客购买心理过程的基础上,着重介绍了营业员销售服务的技巧。

一、待机

所谓待机,就是指在顾客还没有进店之前,或进店后还没有提出购买要求时的等待营销机会的过程。待机是顾客心理从"注意"到"兴趣"阶段的过渡阶段。待机时间的长短一般与珠宝首饰价格的高低有关,价格愈高往往待机的时间愈长。在待机的时段里,营业员应随时做好迎接顾客的准备,无论顾客什么时候进店或询问,都可以为顾客提供最好的服务。

在营业员待机的过程中,应特别注意以下几个问题。

1. 固定位置,坚守岗位

根据珠宝店的大小、经营珠宝首饰类别,商家规定了每个营业员的岗位和服务范围,并要求全体营业员严格遵照执行,这是做好销售服务的首要工作。一般来说,一个营业员要管理2~5个柜台,如果经营的是名贵的珠宝首饰,一个营业员可以负责4~5个柜台,因为这些珠宝首饰比较贵重,顾客不会一次购买太多。

2. 根据营业情况,适当调整位置

在营业时间里,有时会遇到生意清淡,顾客很少,营业员无所事事的情况。如果仍然让三

名营业员同时待机,既浪费了人力,又容易使营业员产生懈怠情绪而疏于接待顾客。因此,在这种情况下,可指定其中的一名营业员做些如整理珠宝首饰、贴标签、打扫卫生等工作,其他两名营业员站立,随时做好接待顾客的准备。当三名营业员需要交替吃饭、休息时,只允许一人离去,另外两名营业员随时保持待命状态。

珠宝店应遵循因店制宜的原则,根据营业情况,把营业员所有可能站立的位置编制成基本形态及队形,使每位营业员都知道自己在什么情况下,应站在什么位置,以便更好地为顾客服务。

3. 固守位置且注意"补位"

柜台必须设置"守备位置",即无论客流量有多大,营业员只要站在这个位置,就能看到整个柜组的状况以及珠宝首饰陈列的情况,并要求经常有营业员站在这个位置上。同时,营业员还应特别注意"守备位置"的替补情况,如当处于"守备位置"的 A 因事必须暂时离开时,B 就要立刻自动替补上去,而当 B 离开时,C 就要递补上去,依此类推,这种替补方法可以称为接力式守备法。

每个营业员必须遵守固定位置、坚守岗位的规则。在实际工作中,营业员的固定位置经常会因接待顾客而改变,但这只是暂时性的,待顾客离去后,营业员就要尽快地回到自己原来的位置。

4. 营业员的姿态仪容反映出一个珠宝店的管理水平

营业员在柜台里站立时应该姿态端正,站在离柜台 10cm 左右之处,两脚平踏地面,两手放在身前轻轻地提着或是轻放在柜台上。这样的站立姿态既不容易感觉疲劳,又使顾客看着优雅。同时,营业员必须正面面对顾客,以极其自然的状态,来观察顾客的一举一动,并等待良机与顾客做初步接触。

另外,营业员的仪容打扮也很重要。营业员应注意卫生、妆容端庄淡雅、衣着大方,以端正的姿态、优雅的仪容迎候顾客。

5. 要引起顾客的注意

当柜台前暂时没有顾客时,营业员可以做一些辅助性工作,如检查、整理、补充珠宝首饰等,这样做既可以为下一次接待顾客做好准备,又可以引起顾客的注意。

二、初步接触

所谓初步接触,是指当顾客对某种珠宝首饰产生兴趣时,营业员应通过主动打招呼接近顾客。营业员与顾客初步接触的最佳时机,应该是顾客购买心理的"兴趣"阶段与"联想"阶段之间。因为"兴趣"阶段之前是"注意"阶段,如果接触时间过早,会使顾客产生戒心或感到紧张。但是"联想"之后就产生"欲望"了,如果接触时间过晚,又会使顾客感到被冷落,从而降低购买兴趣。所以,根据顾客购买心理活动过程,在"兴趣"阶段与"联想"阶段之间做初步接触,是销售服务工作成功的关键所在。

营业员寻找与顾客初步接触的适当时机,是非常重要,同时也是非常困难的一项工作。所以有人说,只要初步接触的时机恰当,销售工作就已经成功一半了。营业员在初步接触顾客时,应把握以下几个最佳时机。

1. 当顾客认真观看珠宝首饰时

一般来说,当顾客较长时间观看某件珠宝首饰时,说明他对这个珠宝首饰产生了兴趣,而且心理过程可能很快就将转移到"联想"阶段,这时营业员一定要把握时机,开始做初步接触。营业员可以站在顾客的正面或旁边,也就是顾客看得见的地方,轻轻地说"有什么需要我帮忙的吗""您想看看这件珠宝首饰吗"等话语。

2. 当顾客抚摸珠宝首饰时

人的视觉与触觉在挑选珠宝首饰时都发挥着重要作用。尤其是光线不好或顾客想进一步仔细观看时,触觉可以使顾客对珠宝首饰的了解更加切实可靠。如果顾客较长时间抚摸某件珠宝首饰,就说明他对这件珠宝首饰产生了兴趣,营业员可以适时与之接触。但是,营业员应该注意的是,切忌在顾客刚抚摸珠宝首饰时就与之语言接触,这样容易引起顾客的猜疑。此时营业员应稍微等一等,使顾客对这件珠宝首饰的了解再深入一些,然后针对他感兴趣的首饰做一些简单说明,以增强其购买欲望。

三、销售要点

所谓销售要点,就是营业员根据顾客的心理需求,介绍珠宝首饰的主要特征,如设计、性能、品质、价格等,以增强其购买信心。介绍销售要点阶段处于顾客心理的"比较"阶段与"信心"阶段之间。在此阶段,营业员要对顾客选择珠宝首饰的主要特征做更简明、更浓缩的要点说明,要进一步观察顾客自然流露的对各种珠宝首饰的不同态度,了解其倾向性,对顾客倾向购买的珠宝首饰,有意识地做进一步重点说明,消除他们的疑虑,推动其购买行动。在介绍销售要点阶段,营业员应注意以下几个问题。

1. 应考虑"5W1H"

营业员在接待顾客时必须充分考虑珠宝首饰的使用情况,以便拟定正确的销售要点。拟定销售要点时,应考虑以下几方面。

①何人使用(who):销售珠宝首饰时,一定要考虑到使用的对象是什么人。
②在何处使用(where):这种珠宝首饰在什么场合使用才是最合适的。
③什么时候用(when):这种珠宝首饰适合于什么时间使用,特别要注意珠宝首饰的季节性及气候性。
④需要什么(what):了解顾客最需要的是什么,是否还有其他需要,所需要的数量是多少。
⑤为什么要使用(why):了解顾客使用珠宝首饰的原因,如表示身份、满足嗜好等。
⑥如何使用(how):这种珠宝首饰如何使用,是不是顾客都知道使用须知,特别是某些种

类的珠宝首饰,如链节、链扣的使用方法,一定要告知顾客。

2. 语言简明扼要、具体

美国的一位研究"销售要点"的专家艾尔蒙·惠勒曾说过一句发人深省的话:"说明销售要点时,字数要像打电报那样的简短,而不要像写信那般的冗长。"因此,营业员说明销售要点时,应注意语言简明扼要、重点突出。

3. 销售要点要随时代变迁而变化

销售要点要随着时代的变迁而变化。如过去介绍钟表的销售要点时强调"走时准确",而今天,由于科技的高速发展,走时准确已不成问题,顾客除要求钟表具有使用功能外,更要求其具有美学功能,因此,销售要点还应该包括"外形新颖、典雅"。

4. 销售要点要因人而异

顾客的购买需求不同,购买心理也就不同。营业员应针对不同的购买对象,实施不同的销售要点说明。同一种珠宝首饰的销售要点很多,营业员应根据顾客的喜好,选择珠宝首饰的某种特性,向顾客做要点说明。因为这时顾客的购买心理活动过程处于"比较"阶段与"信心"阶段之间,所以营业员只要对符合顾客喜好的要点进行说明,就能增强顾客对该珠宝首饰的购买信心。

四、成交

所谓成交,是指顾客表示购买意愿后,营业员收取货款,将珠宝首饰包装好交给顾客的过程。成交处于顾客心理活动过程的"信心"阶段与"行动"阶段之间。营业员在顾客"拍板定案"后,应妥善办好成交手续,动作准确、利索,以减少顾客的等候时间。营业员在此阶段,应注意以下问题。

1. 货款收付

货款收付是销售过程中一项非常重要的工作。这项工作既要方便顾客,又要避免差错,因而从事这项工作的营业员责任重大,不可疏忽。每个营业员都要严格执行操作规程,力争做到万无一失。营业员在收取货款时应注意以下几个问题。

(1)要让顾客知道购物金额。顾客如果决定购买某种珠宝首饰后,营业员应将价格标签指给顾客看,同时口述一遍珠宝首饰的价格,以免出现因顾客看错金额而产生的无谓纠纷。

(2)接过货款后,要将金额口述出来。营业员收到顾客所付的货款后,一定要将金额口述一遍,行话叫作唱收,以便双方确认金额是否正确。

(3)找零时应再把金额复算一次。有时顾客购物时付的是大钞,需要找零,营业员在给顾客找零时,应把找零的金额再复算一遍。如:"这枚戒指430元,您给我500元,现在找您70元,请点一点。"营业员一定要等顾客当面点清并点头认可后,再把珠宝首饰交给顾客。待顾客离去再去接待其他顾客。之所以这样做,主要是让顾客有较充裕的时间再把找零的钱数一遍。此时如果金额有误,双方可以再进行沟通。如果是线上付款,也应与顾客核对清楚,并做好账目记录。

2. 珠宝首饰包装

珠宝首饰包装是一件标准较高、技术较强、要求较严、要领复杂的工作。珠宝首饰包装的目的是便于顾客携带、保护珠宝首饰、提高珠宝首饰价值和为本珠宝店做好广告宣传。营业员应掌握以下珠宝首饰包装技术。

(1)包装盒要适合珠宝首饰的尺寸。包装盒的尺寸一定要适合珠宝首饰的大小,这样包装后的珠宝首饰才会显得美观、大方。如果包装盒太小,就无法将珠宝首饰全部装进去;而包装盒太大,又会因珠宝首饰太小而出现不必要的损伤。

(2)包装要快捷而美观。当顾客决定购买珠宝首饰后,营业员要尽快把珠宝首饰包装好,以缩短顾客的等候时间。同时,营业员应根据珠宝首饰的品种选用不同的包装材料,力求使珠宝首饰美观、大方。

(3)包装要简洁实用。包装的目的包括保护珠宝首饰和便于顾客携带,因此珠宝首饰包装要简洁实用,包装不可太累赘、烦琐,以免浪费包装材料或浪费顾客时间。

总之,营业员在销售服务过程中,必须充分考虑到顾客购买心理活动过程的不同阶段,各种类型顾客购买行为的规律,灵活地运用销售服务技巧,提高服务质量。

第十章　珠宝首饰网络营销篇

第一节　珠宝网络营销概述

一、珠宝网络营销的定义

我们正身处一个飞速发展的以国际互联网及计算机应用技术为基础的网络时代。经过多年的发展，尤其是近几年的快速发展，网络应用技术已经取得了巨大的发展，万维网系统图文并茂，使网络操作变得轻松简便，极大地加速了互联网商业化的进程。网络营销是20世纪90年代逐渐形成的一门新的学科，经过短短数十年发展，已经取得极大的成功。我国于1994年获批接入互联网。目前，各类网络营销手段已经开始被我国各珠宝企业广泛采用，各种网络营销活动，如网络市场调研、网络广告、网络分销、网络促销等正大规模、高速度地介入到各珠宝企业的生产经营活动之中。

网络营销即网络市场营销，指利用计算机网络、计算机通信和数字交互技术实现营销目标的新型营销手段。

珠宝网络营销（jewellery online marketing 或 cybermarketing）全称是珠宝网络直复营销，属于直复营销的一种，是珠宝企业营销实践与现代信息通信技术、计算机网络技术相结合的产物，是企业以电子信息技术为基础，以计算机网络为媒介和手段进行的各种营销活动（包括网络调研、网络新产品开发、网络促销、网络分销、网络服务等）的总称。

珠宝网络营销根据其实现的方式有广义和狭义之分，广义的珠宝网络营销指企业利用一切计算机网络[包括Intranet（企业内部网）、EDI行业系统专线网及Internet（国际互联网）]进行的营销活动，而狭义的珠宝网络营销专指国际互联网网络营销。国际互联网是全球最大的计算机网络系统。

现代经济的发展、企业经营模式的转变以及互联网的普及，都给珠宝企业带来了新的挑战。了解网络营销，更好地利用网络营销，成为现代珠宝企业生存和继续发展的重要途径。

二、珠宝网络营销的优势

随着互联网的迅速发展，以大数据为支撑的数字经济迅速发展，对我国传统商业模式造成巨大冲击。在互联网的大潮中，淘宝、京东、拼多多等电子商务平台逐渐发展并日趋成熟，对线下实体销售造成巨大冲击，移动支付更是成为电商发展的重要助力，电商通过互联网实现买方与卖方的有效信息沟通。在电商迅速发展的同时,直播行业也开始顺应潮流,以迅雷不及掩耳之势迅速占领市场。艾媒咨询发布的行业研究报告显示,截至2019年,中国直播电商市场规模达到4338亿元。不过,与欧美国家相比,目前我国消费者对网上购买珠宝的认可程度还很低。调查显示,在25~34周岁的美国人中,将近84%的消费者称他们更喜欢网上购物这种更便捷的方式。可见,如果能够提高消费者对网上购物的认可度,我国珠宝电子商务市场的潜力是巨大的。珠宝网络蕴藏无限市场,孕育商机万千,网络营销极具发展前景,必将成为21世纪珠宝企业营销的主流。

传统的实体店销售能够让顾客和商家面对面交流,并亲眼看到实物,这种营销方式带来的真实感和愉悦是别的方式无法替代的。但是珠宝网络营销作为一种全新的营销模式,与传统营销方式相比具有明显的优势。

第一,珠宝网络营销具有传播范围广、速度快、无时间地域限制、无版面约束、内容详尽、可利用多媒体传送、形象生动、双向交流、反馈迅速等特点,有利于提高珠宝企业营销信息传播的效率,增强珠宝企业营销信息传播的效果,降低珠宝企业营销信息传播的成本。

第二,珠宝网络营销无店面租金成本,能实现产品直销,帮助企业减轻库存压力,降低经营成本。

第三,国际互联网覆盖全球珠宝市场,通过它,企业可方便快捷地进入任何国家的市场。尤其是世界贸易组织第二次部长会议决定在下次部长会议之前不对网络贸易征收关税,网络营销更为企业开辟了一条通向国际市场的绿色通道。

第四,网络营销使任何珠宝企业都不受自身规模的绝对限制,都能平等地获取世界各地的信息及展示自己,这为中小珠宝企业创造了一个极好的发展空间。利用互联网,中小企业只需花极小的成本,就可以迅速建立起自己的全球信息网和贸易网,将产品信息迅速传递到以前只有财力雄厚的大珠宝公司才能接触到的市场中去,平等地与大型企业竞争。从这个角度看,珠宝网络营销为刚刚起步且面临强大竞争对手的中小企业提供了一个强有力的竞争武器。

第五,珠宝网络营销能使珠宝消费者拥有比传统营销方式更大的选择自由度。珠宝消费者可以根据自己的特点和需求在全球范围内不受地域、时间限制,快速寻找满足品,并进行充分比较,有利于节省消费者的交易时间,降低交易成本。此外,互联网还可以帮助企业实现与消费者的一对一沟通,便于企业针对消费者的个别需求,提供一对一的个性化服务。

消费者价值观的改变、行业竞争的激烈化使网络科技的高速、互动、智能等特点显得越来越有吸引力。只要找出网络和珠宝企业正确的结合点,建立适当的营销操作模式,就可以有针对性地利用各种网络技术使现代珠宝营销赢得成功!

三、珠宝网络营销的发展现状及趋势

自从Polygon公司于1984年开始运行全球第一个珠宝电子商务平台以来,珠宝网络营销在全球已开展了将近40年。自此以后,许多国外珠宝公司都开展了网上电子商务业务,特别是20世纪90年代末,钻石的在线销售在美国兴起之后,诸如Blue Nile、Mondera、Diamond.com、Bidville、Bidz等众多的珠宝公司纷纷将业务投入到珠宝电子商务领域中。珠宝产品的在线销售无须中间商和高昂的店面费用,降低了经营成本,使得珠宝可以大幅度地降价销售,如通过网络销售的钻石的价格只有传统珠宝店铺钻石价格的50%～70%,在线钻石销售就这样以其低廉的价格吸引了众多珠宝消费者。

1) 珠宝网络营销的发展阶段

相对于国外发展较早且较为成熟的珠宝电子商务体系,国内的珠宝电子商务起步较晚、基础薄弱。我国真正开展珠宝网络营销也只有7～10年的时间,珠宝网络营销的发展大致经历了以下3个阶段。

(1) 2003年以前为我国珠宝网络营销的萌芽期。这段时期的珠宝网络营销平台主要受国外珠宝电子商务的启发而建立,较早的珠宝电子商务网站有八佰拜、21世纪和优雅网等。

(2) 2004—2006年,是中国珠宝网络营销的急剧扩张期。在这段时期,大量的电子商务类珠宝网站纷纷建立,网上钻石销售悄然兴起。还有大量的珠宝企业和珠宝公司建立了自己的专门网站。另外这一时期珠宝电子商务市场开始进行细分,各类珠宝商品在电子商务网站的网页上被分门别类地列出。

(3) 2007年以后,我国珠宝网络营销进入激烈竞争和理性发展阶段。随着中国经济的发展和珠宝市场的兴盛,越来越多的珠宝企业意识到进行网络营销的必要性,越来越多的企业以不同的形式,不同程度地参与了这场世纪性的变革。

2) 制约珠宝网络营销发展的因素

经过这些年的发展,国内珠宝网络营销取得了一些成就。虽然开办自己网站的珠宝企业数量在逐年增加,但是真正意义上实行网络营销的珠宝企业还是极少数,仍然有诸多的问题需要解决。制约珠宝网络营销的因素有很多,主要有如下几点。

(1) 观念不新。目前珠宝首饰行业的从业人员多数观念较为传统,对互联网认识相对模糊,以至于网络营销难以普及。

(2) 认识不深。多数企业开办网站时还没有意识到要进行网络营销,网站的作用多数停留在广告宣传的基础上,缺乏数据库、互动交流程序、数据分析统计程序等必要的营销辅助手段。

(3) 管理不力。由于企业对网络营销的认识不够,自然就会忽略了网络之外的管理。经过网络经济神话般的起落之后,企业应当意识到,网络经济不是一个独立的王国,它只是传统经济的有力补充,网络之外还有很多工作需要继续由企业自己来完成。网站建好之后,多数企业就只是把它"供养"起来,希望终有一天会像YAHOO那样成长起来,却忽略了对网站的维护、信息追踪、用户研究等。

(4) 可信度不强。珠宝首饰不是日用品,也不是标准化的产品,以目前的表现技术,加上尚未健全的网上支付手段,人们还较不愿意直接在网络上购买珠宝。目前,上网人数虽然在不断增加,但距理想的普及率还有一定的距离,也没有达到充分发挥网络作用的水平,这在一定程度上也制约了网络营销的开展。

尽管如此,相当一部分参与过网络营销的企业或多或少地尝到了一些甜头。一些专业网站推出的企业网络营销服务不错。他们有较为完整、专业的营销理论指导,能较专业地针对营销进行程序设计,也深知企业和消费者的需求。此外,这些网站比较稳定的、较大的访问量也保证了一些市场调研、分析的顺利进行以及结果的准确性。进入较大型的专业网站是珠宝企业进行珠宝网络营销的捷径，但建设属于企业本身的网站进行网络营销是一股不可阻挡的潮流。随着行业从业人员的年轻化，科学技术的普及化，企业在自己的网站进行的网络营销将和专业网站组织的网络营销将互通有无，互补长短，在不久的将来共同推动珠宝首饰这个传统的行业向新的经营方向前进。

第二节 珠宝的网络营销策略

一、珠宝网络营销的支持条件和理论基础

网络营销是当代信息社会中网络技术、电子技术、数据处理技术在商务领域中应用的产物，是当代高新技术手段与商贸实务、营销策略相结合的产物，是当代营销领域革命的产物。在网络环境条件下，时间和空间的概念、市场的性质、消费者的概念和行为等与营销有关的要素都发生了深刻的变化。珠宝首饰作为一种特殊的商品，在进行网络营销时有同其他商品网络营销的共性，也有其特殊性。

1. 珠宝网络营销平台

珠宝网络营销平台一般是建立在 Web 平台基础上的，配之以相应的支持网络销售的应用软件和保证网络安全和电子支付需要软件的平台。营销平台建设的关键问题是 Web 站点的建设。

从事珠宝网络营销的企业，必须首先接入因特网，并建立自己的网站。在数字化时代的进程中，无论是一家国际知名珠宝品牌公司还是一家中小型珠宝企业，建立自己的网站都是十分必要的。企业建立一个网站可以立即享受诸如抢占网络商机、提升公司形象、加强客户服务、时效惊人的好处。从目前的国际互联网络发展趋势看，珠宝企业申请专有的网址（域名），建立自己的网站，并不是一件很难的事。企业只要有一台连接互联网的电脑就可以马上建立自己的网站。

从技术角度来讲，建立一个珠宝营销网站需要从以下几方面着手。

(1)申请域名。一个好的域名会在无形中增加珠宝企业网站的点击率。

(2)硬件设备的购置及网络的建设。

(3)选择合适的后台数据库。国内许多珠宝企业在站点建设的过程中都忽视了数据库在信息站点建设中的作用，页面的设计大都采用静态文件方式，这在建站初期数据不多的情况下尚能应付，但在数据量大的情况下，没有数据库的有力支持，根本无法做到信息及时、正确的更新。有了后台数据库的支持，珠宝企业可以将页面的设计、布局、形式同内容分离，更有利于信息的维护和页面布局的更新。

(4)Web 的安全性。建立珠宝网站的目的是进行珠宝网络营销，因此站点的安全就显得更加重要。很多时候，顾客了解珠宝是通过相应的珠宝图片，所以珠宝企业网站上珠宝图片的安全性是一个不容忽视的问题。设计和管理一个有效而可靠的 Web 珠宝商业服务站点，

必须事先制订一套全面的 Web 服务安全策略。安全策略将应用于所有 Web 服务系统、数据库、电脑平台、软件以及网络,它们的作用是处理、交互或者提供访问途径。

珠宝公司建立珠宝网络营销站点的方式可以有两种:一种就是自己建立网站,另一种是外购整体网络服务。如果珠宝企业规模较大、资金充足,而且与外界交流时需要大量的信息,选择建立接入因特网的企业网是比较理想的选择。自建一个中等规模的网站,需要花费在高速网络专线、服务器通信设备方面的资金大约为 20 万元,每年还要支付 10 万元左右的信息和通信费用以及人事费用等。自建网站的好处在于能够更灵活、方便地同外界联系。

如果珠宝公司与外界没有很多的信息交流,资金有限,那么选择外购整体网络服务的方式比较理想。珠宝公司选择这种方式只需负担较少的费用,且整体网络服务包含了提供专业设计与维护,总成本远低于自建网站。

2. 电子支付系统

开展网络营销,最关键的问题是网上资金的支付与结算。对于珠宝网络营销也是如此。如何处理每日通过网络产生的成千上万个交易?如何解决世界范围内的网络营销活动的支付问题?答案就是——利用电子支付。

所谓电子支付,是指从事电子交易的当事人,包括消费者、厂商和金融机构,使用安全电子支付手段,通过网络进行的货币支付或资金流转。电子支付具有方便、快捷、高效、经济的优势。

目前的电子支付系统可以分为 4 类:大额支付系统、脱机小额支付系统、联机小额支付系统和电子货币。大额支付系统主要用于处理银行间大额资金转账,通常支付的发起方和接收方都是商业银行或在中央银行开设账户的金融机构。脱机小额支付系统主要指自动清算所(automatic clearing house,ACH),主要处理预先授权的定期贷记(如发放工资)或定期借记(如公共设施缴费)。联机小额支付系统主要指 POSEFT 和 ATM 系统,其支付工具为银行卡(信用卡、借记卡或 ATM 卡等)。电子货币是现金支付工具,即电子形式的现金,代替目前流通的纸币和硬币。

在以上 4 类电子支付系统中,珠宝网络营销通常采用联机小额支付系统和电子货币两种方式。

3. 珠宝网络营销的理论基础

珠宝网络营销的全称是珠宝网络直复营销,属于直复营销的一种。直复营销中的"直"指不通过中间分销渠道而直接通过媒体连接企业和消费者,在网络上销售产品时顾客可通过网络直接向企业下订单并付款;直复营销中的"复"指企业与顾客之间的交互,顾客对这种营销方式有一个明确的答复(买或是不买),企业可统计这种明确回复的数据,由此可对以往的营销效果做出评价。通过网络销售产品最大的特点就是企业和顾客之间的交互,不仅可以以订单为测试基础,还可获得顾客的其他数据甚至建议。由此可见,珠宝网络营销是一类典型的直复营销。

珠宝网络营销的这个理论基础的关键作用是说明珠宝网络营销是可测试、可度量、可评价的。有了及时的营销效果评价,珠宝企业就可以及时改进以往的营销形式,从而获得更满意的结果。所以,在珠宝网络营销中,珠宝企业应该更加重视营销测试。

二、珠宝网络营销的基本内容和模式

珠宝网络营销的基本内容包括:企业网站/主页宣传、数据库开发与维护、顾客—企业网络交互服务、网络广告、市场调研分析、订货支持等。

1. 企业网站/主页宣传

建立企业网站/主页是网络营销的第一步。企业可以自己注册一个互联网域名(相当于店铺的名称地址),也可以申请成为一些大型专业/行业网站的企业会员,在上面开展网络营销。当然,第二种方案比第一种方案成本低得多,但拥有自己网站的自由度比"寄人篱下"的自由度大得多。拥有自己的网站之后,珠宝企业就可以有选择性地、有针对性地开展一些网络营销设计,实现几乎所有的网络营销工作;将信息挂在其他大型网站上,可以节省成本,也可以借助大型网站的优势迅速增加知名度,但营销的效果取决于所选大型网站给予会员企业的协助程度。

2. 数据库开发与维护

数据库包括企业的产品数据库、顾客资料库等。没有数据库的网络营销可以说失去了意义。产品数据库可以方便地组织管理企业的产品,顾客资料库则便于跟踪、掌握顾客的情况,它们是市场调研的基础,是网络营销服务对象的载体。拥有自己网站的企业应该配备这样的数据库,没有自己网站的企业在选择"大站靠山"的时候则要了解清楚该网站有没有这方面的技术设计。

3. 顾客—企业网络交互服务

没有交互服务也就没有了反馈信息的渠道,也就无法做好营销工作。交互服务的方式是多样的,但要注意所采用的方式要方便、快捷、准确。

4. 网络广告

珠宝企业既要在网站/主页上为企业做广告,也要通过互联网的广告途径,在其他网站上发布广告

5. 市场调研分析

市场调研和市场分析是网络营销的重要工作。通过精心设计的程序,我们可以对访问数据库、商品点击统计、交互服务记录等信息流动过程进行分析统计,快速地获得最广泛的市场调研资料。同时进行的后台分析将为我们提供快捷准确的分析结果,协助企业做好市场分析。

6. 订货支持

由于本质特点的制约,珠宝首饰的直接网上销售成功概率几乎不到10%,因此,珠宝首饰网络营销在产品销售方面要做好的事情就是订货支持,也就是说,不必强调具体的网上交易。按目前的技术,关键是做好产品展示与推介,完善顾客的意见跟踪,促进购买计划的进一步落实。

传统营销和网络营销的整合讲求信息的协调统一,讲求企业与消费者的互动交流。网络营销只是企业营销整体方案的一部分,要与企业战略策划相互协调、相互支持。成功的网络营销原则是:确立个性化的顾客服务体系;充分发挥网络互动优势,开展互动营销;利用网络"虚拟"的特点降低营销成本。

珠宝首饰的营销有其固有的特点,在进行网络营销改革的时候,不能一刀切,照搬那些已经成功的模式。制订合适的网络营销模式必须考虑顾客类群和产品特点对网络营销的适用性。

调查显示,网络用户以中青年居多,他们大多有理想、头脑冷静、品位高,但往往缺乏耐心。所有这些特点,恰好适合生产、销售面向新生消费主力军的高质素珠宝首饰的企业。网络营销迎合了这个类群的需求。

珠宝首饰是特殊的商品,顾客在购买前常常需要仔细观察,这样会对企业的网络营销造成一定的进入障碍。但珠宝首饰营销的其他一些特点则是极为适合进行网络营销的,例如,珠宝首饰消费者很注重服务的性质(支付高的消费金额当然希望获得高品质的服务)、讲究产品创意(要满足人们先睹为快的心理)、要求一些产品极具收藏价值(需要通过网络传播来培养人们对产品的审美品位)。由此可见,只要建立合适的模式,珠宝首饰的网络营销一定会走出一条适合自己发展的道路。下面列举的是一些成功的珠宝网络营销模型,我们可以从中领略珠宝网络营销的魅力。

友好模型——珠宝企业通过提供优质的服务,增强与顾客的友谊,稳定长久消费关系。利用先进的互联网技术和数据库系统,我们可以通过顾客数据库熟悉每一位顾客的资料,通过网站里的FAQ(常见问答)、E-mail(电子邮件)、BBS(公告板系统)甚至实时的CHAT ROOM(聊天室)便利地与顾客进行无地域、无时间限制的沟通,增进与顾客的交流,深化与顾客的友谊,达到"认识一个、留住一个"的目的,建立起稳定的生意关系。

"开胃"模型——珠宝企业利用顾客资料库和产品数据库,把最新的有用信息(如新货上市、图片展示、专题促销、折扣优惠等)通过网络传送给每个客户,同时也让自己的产品保持进步的形象,刺激消费者的消费欲望,吸引顾客到店里仔细鉴赏、购买,甚至直接通过网络购买。

"减肥"模型——让顾客感到购买方便,企业的管理成本也得到下降。丰富、完整的产品数据库和优化的网页程序可以让顾客不必光临店铺就可以直接订购货品,使成本下降,价格也更具吸引力。这种模型对于已经树立良好形象、工艺被行内普遍认可、产品管理标准化的企业比较适用,如素金饰品的生产、批发厂家。

开心模型——开发新的娱乐方式,让顾客在娱乐之中不知不觉地参与企业的销售活动,形成二次/多次惠顾。一些企业利用3D技术,让顾客通过企业网站上的一些特别设计的程序，进行新款式首饰的自助设计以及效果观看，既让顾客直接了解企业的新产品，又可以满足顾客自己动手的个性喜好，促成现实交易。有的企业通过网站上定期更新的一些小游戏，吸引顾客经常访问，成功推介新产品。

品牌模型——网络可以让企业的形象在几秒钟内传遍世界，可以增强一个企业品牌的形象，对于热切希望创造品牌而又无力支付巨额广告费用的企业，网络无疑是最省钱、最有效的工具。

三、珠宝首饰网络营销战略

网络营销竞争的优势在于能够以快且准确的方式获取顾客信息，并能将产品说明、促销、顾客意见调查、广告、公共关系、顾客服务等各种营销活动整合在一起，与顾客进行一对一的沟通，不受时间和地域的限制，达到营销组合所追求的综合效益。然而，也正是随着网络的发展，有形的珠宝市场转向信息化市场，使珠宝企业的目标市场、顾客关系、企业组织、竞争形态及营销手段等发生了改变，企业既面临着新的挑战，也拥有着无限的市场商机。珠宝企业必须确立相应的网络营销战略，提供比竞争者更有价值的产品和更高效的服务。

珠宝网络营销有别于传统的珠宝营销，因此珠宝网络营销必须以新的营销观念为指导，从网络特征和消费者需求变化的角度实现战略观念的创新。在网络营销的环境下，珠宝企业应该树立网络整合营销观念和"软营销"观念。

第三节　珠宝网络营销成功案例

一、国外珠宝首饰营销成功案例

案例一：让利高达30%～70%的Ice

Ice在线上提供高达30%～70%的折扣，这是列举的几个案例中价格最低的一个在线珠宝商。Ice充分利用互联网大幅降低珠宝销售过程的成本，同时把这部分成本回馈给消费者，以获得巨大的价格优势，从而建立自己的竞争优势，并且在低价战略下也提供基本的服务保障。

案例二：高档奢侈品的网上通路——Ashford

Ashford是一家在纳斯达克上市的公司，曾经收购了美国最大的在线艺术品销售商Guild.com，亚马逊与它结盟时曾用1000万美元收购其16.6%的股权。Ashford成功地确立了在线高档商品销售通路的专业地位，在线销售约400个品牌，15 000种高档商品，其平均消费额为300美元/笔。Ashford的特点是利用互联网提供传统销售商无法提供的商品数量，同时发挥了利用互联网减少商面库存、节约成本的优势。与Ice不同的是它把节约的成本以另一种方式展现，就是提供别人不可想象的商品数量，从而确立自己的竞争优势。

案例三：美国最大的珠宝零售商——Blue Nile

1998年，Blue Nile的共同创建者之一、CEO Mark Vadon在购买结婚钻戒时，意识到珠宝网络营销这一零售理念将会普及且极具盈利性。他写了一份业务计划书，获得了600万美元的风险投资,于 1999 年 5 月收购了这家企业。几个月后,他推出了这家更名为 Blue Nile 的企业,Blue Nile 现已是一家领先的珠宝零售与知识介绍站点。

Blue Nile 的定位非常准确,即为男性在网上提供高品质的钻石礼品。该零售商从事该业务第一年时的日平均销售额为 20 万美元,而就在第二年,即 2000 年,其第一季度的销售额直线上升,达 1010 万美元。

当消费者做出在网上购买价值数千美元的商品的决定时,他们对网站的信誉尤为看重。因此,Mark Vadon 想给访问者留下的第一印象就是 Blue Nile 是一个处理业务的安全场所。他还提供了选择宝石的步骤,以证明该网站也是一个强大的知识介绍工具。

案例四:泰国的 Thaigem

1998 年,泰国的考根第一次尝试在网上销售自己的珠宝,结果发现真的卖了出去,于是她朝这个方向发展,现已成为泰国最大的珠宝供货商之一,月销售额为 70 万美元,其中 80%的珠宝销往美国。Thaigem 在经营中坚持了薄利策略,仅加 20%的利润销售,并且承担了所有可能的风险。它承诺可 5 天内无条件退货,同时承担退货的邮费。

二、国内珠宝首饰营销成功案例

在我国,珠宝网络营销也渐成气候,不少企业都陆续在网上销售珠宝产品。其中尤为引人注目的企业有钻石小鸟、戴维尼、珂兰钻石、欧宝丽等,它们在发展中摸索出了自己的特色。

案例一:钻石小鸟

2002 年,钻石小鸟(www.zbird.com)以"蓝色尼罗河"(Blue Nile)为样板,在国内建立了钻石销售网站。为了适应中国国情,钻石小鸟对网站进行了一些改造,比如加进体验中心、实体店等元素,开创了"网络+体验中心+实体店"的模式。简而言之,就是"鼠标+水泥"模式。该模式通过网络平台结合实体店的形式,重点解决网络营销在消费者心目中的信任度低的难题。因此,钻石小鸟在北京建 SOHO 写字楼,在上海的港汇广场、华旭国际大厦等地段开设了多家实体店及体验中心。

案例二:戴维尼

2005 年成立的戴维尼(www.popdiamond.com),主要通过联手银行进行纯粹的珠宝网络营销,创建了 B2C 虚拟网络经济模式,即"企业+银行"模式。具体做法是将所有钻石珠宝产品信息在网上发布,再由中国工商银行、招商银行等提供在线分期付款服务。在网络付款环节中加入银行信誉担保,其主要目的也在于极大地解决虚拟网络中的经济诚信问题。

虽然,戴维尼像 Blue Nile 一样,纯粹通过网络销售珠宝,减少了营销费用和店面费用,但难免水土不服,因为中国的钻石消费者和其他商品的消费者一样,他们相较于网上的商品还是更相信"眼见为实",何况价格动辄数千上万元的钻石。

案例三:珂兰

2007 年创办的珂兰(www.kela.cn),亦称是坚定的纯电子商务,采用"网上销售+体验中心+优质二次营销服务"的销售模式,联手银行,创建 BBC 模式:即通过"企业(business)+银行(bank)"将产品销售给客户(customer)。珂兰所有的钻石珠宝产品,均可通过中国工商银行、民生银行、光大银行等提供的分期付款方式进行购买。

案例四：欧宝丽

欧宝丽（www.obolee.com）做网络营销是后来者居上,开创了"自有工厂＋网络＋工厂体验中心＋银行"的销售模式。具体来讲,除了集珠宝网络营销之大成,欧宝丽还独有"自有工厂",它的"自有工厂"让其他珠宝网络营销企业望尘莫及。

由于拥有自己的大型珠宝工厂,欧宝丽比其他珠宝网络营销商更具有专业背景。因为工厂本身就具备鉴别产品的能力,产品质量更有保证,售后服务更有保障,可以为消费者提供更完善的售后服务和质量保证体系。

此外,欧宝丽还能实现全部现货供应、提供现场镶嵌等服务,顾客还可以当场选择钻石、款式及镶嵌工艺,不必等待很长时间。欧宝丽给购买钻石的消费者提供了一个全新的选择模式。

欧宝丽自身的这些优势,是其他珠宝网络营销企业不具备的,使它在竞争中更胜一筹。但是,这样的模式必然承受着来自市场及同行的压力,欧宝丽被指责"珠宝倾销""破坏市场规则"。

珠宝网络营销作为一个新生事物,目前在美国有超过40%的珠宝企业在利用互联网开展营销业务。在北美、西欧国家和日本,自1995年以来,加入互联网的企业数量以每月翻一番的速度增加。美国《财富》统计的全球前500家公司几乎全都在网上开展营销业务。据国际电信联盟和美国国际数据公司统计,在互联网日益普及的今天,截至2022年12月底,我国网民规模达到10.67亿,网购用户规模约为8.45亿,电子商务经过10多年的积淀,在网络进行纯产品销售已逐渐成熟。珠宝奢侈品顶级消费行业也逐渐走上网络舞台。

中国最早的珠宝销售网诞生于2000年,从2004年开始,这种新型的网络钻石销售模式才开始逐渐地成熟起来。钻石小鸟、九钻、戴维尼都是第一批崛起的网络钻石销售商,并先后获得风投公司真金白银的支持。他们效仿的都是国际钻石网络销售鼻祖——Blue Nile,这家1999年在美国创建的公司,只用了不到5年的时间销售总额就超越了宝格丽、卡地亚和蒂芙尼三大品牌的销售总额。

中国目前约有2000家在线珠宝商在规模达230亿元人民币的珠宝市场中竞争角力。网络销售发展的潜力是巨大的,谋求新的适合自身发展的道路,是珠宝网络营销制胜的不二选择！

第十一章 珠宝企业销售人员培训知识

第一节 专营店规范与制度

一、员工是公司的代表

当顾客踏进店内的瞬间所形成的印象和感受到的气氛可以决定该店的形象,所以我们要注意第一印象——瞬间的"好印象"。

以下是珠宝企业销售人员的"九要"与"九不"。

珠宝企业销售人员要穿着整齐清洁的制服,不穿没有熨烫或沾满污渍的制服;要端正佩戴名牌,保持发型整齐,仪表整洁,不佩戴不合时宜的首饰;女员工须化淡妆,涂浅色透明指甲油,不化夸张的妆容,涂深色指甲油;男员工留配合公司形象的短发,不蓄长发或夸张染发;女员工须留配合公司形象的发型,不长发披肩或夸张染发;员工应保持个人卫生,如口气清新,避免打哈欠不掩口或吐胃气、有口臭、满身汗味和体味;应专注店内工作,不能携带传讯工具;应专心为客人服务,不使用干扰客人的电子设备;应保持安静,不能在店铺内大声喧哗、谈笑、吃零食,不在后坊休息时大声谈话。

二、工作守则

1. 工作时间及地点

(1)所有店员皆须前往公司指派之店铺工作,并须遵守该店铺之营业时间,提前30分钟准时到达店铺,于商场/店铺营业时间终止、收银数目点算正确、验货数量正确无误后方可离开。

(2)通常公司专营店的排班制为做一休一制。

2. 出勤记录

(1)所有员工须在考勤系统上记录自己的上、下班时间,公司将此资料作为员工出勤的记录,公司会终止聘用经常迟到或在未经批准情况下缺勤的员工。

(2)在任何情况下,皆不可指使或替代其他员工在考勤系统上记录出勤资料,否则将视作严重违反公司规定而受到相应处罚。

(3)如遇突发事项或因生病须临时请假,必须于报到时间15分钟内致电所在店铺的店长或区域经理请假。

(4)所有不按照正确批核程序请假之缺席者,皆视作违反公司纪律而须接受公司处分,凡无故缺席连续超过3天而又无合理解释者,皆视作自动与公司终止合约,在此情况下,公司有权追讨该员工给公司带来的各种损失。

3. 工作仪表及态度

(1)建议所有员工按照以下要求搭配服饰,并穿公司提供的制服,以整洁的仪容紧守工作岗位。穿着密头密尾的黑色光面皮鞋,鞋跟高度不可超过5cm,并须穿上肉色长袜;女员工须化淡妆,包括涂口红和眼影,并可佩戴适量铂金或白色K金首饰;公司制服必须保持整洁,领带要系好,将名牌佩戴于制服上衣左上角。

(2)所有员工皆须抱"以客为尊"的态度,诚恳有礼地款待顾客。

(3)店员不得在店铺营运范围内饮食、阅读、打瞌睡、听私人音响,不得赌博、吸烟、酗酒、吸毒、打斗及进行任何不道德之行为。

(4)店员不得在店铺内喧哗、嬉戏、说污言秽语或表现任何其他不雅行为。

(5)店员不可因与同事闲谈而忽略店内顾客,必须习惯性地在店铺内外或专柜周围派发宣传单。

(6)在工作期间,员工须保持良好的精神状态。

(7)员工上洗手间不宜超过15分钟,吃饭不宜超过30分钟,凡离开货场或外出必须告诉同事,并将钥匙交给店长或当值主管。

(8)员工不得接受任何与公司保持业务往来的团体或者个人所赠予的酬劳或礼物。

(9)员工皆须保持店铺与后坊的整洁与整齐。所有文具,包括账本及销售记录,绝不可放在店铺显眼处;并须保持货品陈列整洁。

(10)在工作时间内,店员不得在与本身职责无关的地方出现和游荡。

(11)除基本需求外,店员不应该逗留在后坊太久。

(12)在店铺内接待亲友不超过5分钟。

三、其他

(1)公司严禁员工从事各项有损公司利益的活动,如任何员工有欺诈、讹骗、偷盗、擅离职守、故意不服从合法及合理命令、滥用公司财物、破坏公司财产、蓄意限制销售量、伪造公司记录或文件等行为,公司会及时解雇该员工而不需给予通知期或代通知金。

(2)员工如在店铺内发现任何不法行为,须立即向店长报告,再由店长通知公司管理层及警方。

(3)员工不可泄漏公司的任何机密及商业资料。

(4)员工必须遵守公司的安全规定。

(5)未经公司预先批准,不得同时受雇、服务于其他公司。

(6)员工必须遵守公司颁发的规定和条例。

四、工作职责

珠宝企业销售人员工作职责可分为以下几项。

(1)向顾客提供周到、有效且符合公司要求的服务,令顾客满意。

(2)具备基本的专业知识和技能,向顾客描述产品的特性和优点,达到公司要求的销售额。

(3)定期清洁陈列架及所有玻璃橱窗,确保工作区域整洁。

(4)担当收银职责,确保收银与票据金额相符。

(5)确保每日所负责柜台的货品数量准确,识别可能的安全隐患和偷盗风险,并知道如何防范和处理。

(6)完成公司要求的营业指标百分比。

五、纪律处分制度

所有员工在与上级、下属或其他外部合作伙伴相处时,都应严格遵守和执行公司规定的各项规章制度。

纪律处分应遵照以下程序:

——影响工作的不当行为,由上一级主管进行纠正面谈;

——违反纪律的行为,由上一级主管发出口头警告;

——口头警告后再次违反或发生较严重的违反纪律行为时,由上一级主管发书面警告;

——店长屡次违反或(重复)严重违反纪律时,由区域经理提出解雇议案,经总经理及董事长批准后执行;

——店员屡次违反或(重复)严重违反纪律时,由店长提出解雇议案,经区域经理及总监批准后执行;

——所有的口头警告和书面警告以及相关的文件都应以书面形式收存在员工个人档案中;

——如果公司认为员工对公司或其他员工的生命、财产施加严重的威胁,或造成严重后果时,公司保留立即采取行动的权利。

以下是一些可能导致纪律处分乃至终止聘用的不当行为(并不包括所有的不当行为)。

——违反公司政策、规章和价值观的行为;

——违反公共道德、秩序和国家法律法规的行为;

——篡改公司文件或故意以口头或书面形式给出错误信息的行为;

——没有正确保管保密信息,导致保密信息被泄漏或公布的行为;

——工作期间开展未授权的活动,导致工作受到干扰或破坏;

——自身或导致他人违反安全规则,从而危及生命或导致重大伤害或对公司造成巨大损失的行为;

——不正当的或未经授权使用或蓄意破坏公司设施和财产的行为;

——拒不执行职责范围内或主管要求的任务或工作;

——冒犯、侮辱他人的行为；
——不诚实（偷窃、弄虚作假等）的行为；
——顾客投诉，经管理层证实确为员工犯错；
——遗失保险库或柜门钥匙；
——没有锁好店铺内柜门；
——离开岗位时将保险库或柜台钥匙插在库门、柜门上或放在不适当的地方；
——遗失发票、质量保证书或货品价签；
——向公司做出欺诈行为；
——交接不清楚，造成工作上的失误；
——在售货范围内吃东西；
——在工作时间内，外貌或制服不整洁；
——收铺时将货品遗留在柜台内；
——在售货时漏将货品质量保证书（鉴定卡和公司保证书）交给顾客；
——遗失顾客定金；
——电脑牌损坏超过 10 个，未上报公司；
——违反换班规定，造成店铺人员不足；
——遗失货品。

第二节　销售技能

一、FAB 销售手法和 AIDA 销售手法

1. FAB 销售手法

Feature——特性：向顾客说明货品的特点。
Advantage——优点：因为这一货品的特性而产生的优点。
Benefit——好处：货品给顾客带来的好处。

2. AIDA 销售手法

Attention——注意：向顾客展示货品。让顾客触摸货品，为顾客搭配。
Interest——兴趣：简略介绍货品的特性、优点、好处。列举其他顾客购买的例子。
Desire——欲望：强调货品如何满足顾客特殊需要。强调货品的畅销程度或可能随时售完，鼓励尝试。
Action——行动：主动询问顾客想购买哪种首饰。主动介绍其他陪衬产品。

二、与顾客闲谈的话题

与顾客闲谈的话题包括但不限于：

——询问顾客的上班或居住地点；
——有关顾客的孩子；
——商场最近的宣传、推广活动；
——停车场优惠；
——称赞顾客,如发型、衣着、首饰(问哪里买的?);
——介绍清洗服务；
——询问顾客购物后将去什么地方,可建议路线；
——会员卡的使用方法；
——午/晚餐手段,询问吃过午/晚餐没有；
——问天气；
——介绍公司即将推出的新款货品,取得顾客的联络方式；
——附加推销；
——近来最新的电影、电视剧及新闻；
——询问熟客工作近况；
——询问近来有没有见过 X 小姐(顾客的朋友);
——若是回头客,询问为什么中意本品牌；
——介绍自己的名字,并向顾客表明有空可随时找我咨询；
——问 VIP 客户以前买的首饰的佩戴情况；
——关心客人,提醒顾客把首饰放入手袋。

三、顾客常见问题的问与答

(1)问:铂金现在多少钱一克?(你们的铂金多少钱一克?为何有些地方只售＊＊＊元一克?)

答:我们的铂金货品不是按照克数来卖的。因为我们的货品是靠款式和工艺上取胜,工厂将铂金做成一件件工艺精良、款式新颖的首饰,若只按照克数来卖首饰就不能体现我们款式的独特和工艺的精美了。

(2)问:Pt850、Pt900 和 Pt950 有何区别?

答:这是按照铂含量不同来区分的。Pt850 是含有 850‰的铂和 150‰的钯等其他白色稀有金属的首饰用铂金,Pt900 和 Pt950 首饰用铂金的铂含量分别为 900‰和 950‰。由于铂含量不同,所以它们的韧性和硬度均不相同,适合制作不同款式的首饰。

(3)问:你们的钻石是哪里产的?

答:钻石原石产自不同的国家,比如俄罗斯、澳大利亚、南非、中国等,钻石批发商从各个钻石出产地进口未打磨的钻石原石,送去打磨中心打磨,再分销给其他钻石批发商。所以钻石的好坏不在于它的产地,而是看它的 4C 级别和我们"XXX"的第五 C(certificate)——证书保证。小姐,您需要什么样的钻饰,让我来帮您挑选吧!

(4)问:你们的钻石是什么级别?

答:每一颗钻石的 4C 级别(质量、净度、颜色、切工)都不一样,如果要每一项都很完美,这样的钻石是非常罕有的。我们的钻石切工非常优良,钻石看起来闪烁无比,我可以拿一些来给您看(如果顾客要求4C级别非常高的钻石,可以予以订货)。

(5)进入世界贸易组织(WTO)后,钻石价格没有大幅度的波动吗?

答:进入世界贸易组织后,钻石的进口税收将有所减低,但整体下降幅度将不会有太大变化。其实进入世界贸易组织后,我们的钻饰价格已经有所调整了,所以您可以放心购买。

(6)问:为何你们的货品要拥有会员卡才能打7.5折或8.5折,而别家店只要顾客开口便打5折或6折?

答:为了公平对待每一位顾客(不是每一位顾客都会谈价钱的)并保护会员的利益,我们会以明码实价、公平简单的手法去售卖钻饰,令顾客放心。如果别家店今天打5折或6折,明天打3折或4折,顾客利益不就没有保障了吗?

(7)问:你们的铂金戒指为何都镶有一颗小钻石?

答:我们的铂金戒指是结婚对戒,是用来送给您心爱的人,而钻石象征永恒不变和忠贞不渝的爱情,所以我们的铂金戒指上都有一颗小钻石,如果您送给心上人,不正代表您真挚的心意吗?

(8)问:货品买回去,如果觉得不喜欢,是否可以再换别的款式?

答:在挑选首饰时,我们会帮您挑选最适合您、并得到您认可的款式,令您满意而归。同时我们也要保护所有顾客的利益,确保每一位顾客所买饰品均为崭新的饰品。但如果您购买的首饰有质量问题,我们一定会帮您更换。

(9)问:铂金饰品佩戴一段时间后是否会发黄发黑?

答:铂金饰品只要佩戴得当,经常清洗和保养是一定不会发黄发黑的。我们出售的饰品是提供终身免费清洗和保养服务的,要不要我为您介绍几款呢?

(10)问:为何对戒同款,但有Pt900和Pt950之分?

答:为配合市场需要,公司将原有款式对戒的铂金成分做了调整,所以现在推出的铂金戒指标识改为Pt950,指铂金的百分含量为95%。

(11)问:你们是香港品牌,为什么货品不是在香港加工的?又比在香港的售价高?

答:我们公司在深圳有加工厂,公司所有货品,包括香港店铺的货品都是由这一工厂加工的。在香港,大部分货品的材质为18K金,所以价格相对便宜。

(12)这些项链的质量不过相差零点几克,为什么价格却相差很大?

答:我们铂金首饰的价格不是按照质量来计算的,而是按照首饰的款式和工艺来计算,这几款项链的工艺都不相同,所以价格有所差异。您喜欢哪一条,我拿出来给您试一下。

(13)问:我的铂金戒指和你们的款式相同,工艺也一样,就是比你们的少一颗1分的钻石,价格要相差500元,难道你们1分的钻石要卖500元吗?

答:买1分的钻石当然不需要500元。我们的铂金戒指虽然只镶有一颗1分的钻石,工艺成本却比不镶钻的铂金戒指的工艺成本要多出5倍。

(14)问:为什么18K白金最先变黄的是弹簧扣而不是其他地方?

答:因为项链在佩戴时与人体接触最多的部位是弹簧扣,受到酸性体液的影响,氧化也最快,所以,弹簧扣最容易氧化变黄。

四、接待各类顾客的销售技巧

顾客类别与接待技巧见表 11-1。

表 11-1 顾客类别与接待技巧

类型	特点	应对技巧
创造型	喜欢新货品,喜欢追求潮流,留意时尚品牌	介绍新货品,表现冲动及狂热,说话要有趣味性,交换潮流意见,尊重顾客
融合型	要求得到营业员注意及礼貌对待,喜欢与人分享自己的开心事,容易与人熟悉	殷勤款待,多了解其需要,关注他所分享的事情,关注他所关注的人,如子女、朋友,多加建议、加快决定
主导型	自己做主,要求其他人认同他的观点,支配一切	在适当时才主动招呼,不要与他"硬碰硬",听从指示,不要催促
分析型	详细了解货品设计及特色,要物有所值,关注所付出的价钱,需要多一些时间做出购买决定	强调货品的物有(超)所值,详细解释货品的好处,有耐心,货品知识准确

五、销售人员应该具备的基本素质

作为一名优秀的销售人员,掌握良好的销售技巧,不仅会给你带来意想不到的成效,还能使自己在工作中找到乐趣、树立信心。下面是一些销售人员应该具备的基本素质。

(1)有提出问题的能力。
(2)接待顾客时积极、主动、热心、诚恳。
(3)在与顾客交谈中能抓住推荐更高价货品的机会。
(4)能妥善处理顾客的不满与抱怨。
(5)会推销货品的优点。
(6)能不带成见地接待顾客。
(7)机动灵活,能随机应变。
(8)能提供顾客所需的相应货品知识。
(9)有良好的交际能力和说服能力。
(10)抱有从失败中总结经验教训的态度。
(11)真正关心顾客,并能在态度中表现出来。
(12)能以对所售货品充满信心的态度接待顾客。
(13)能将丰富的经验用于销售。

(14)能对新到的货品、商店的服务做出介绍。

(15)就成功和失败的例子,能经常与同事交换意见。

销售人员若能够将这些自我表现检查项目,作为自己的目标,一定会成为一名符合标准的优秀销售人员。

主要参考文献

杜金柱,陶克涛,2001.消费心理学[M].北京:中国商业出版社.

林宁,1999.顾客心理与营销决策[M].广州:广东经济出版社.

摩攸,2009.翡翠级别标样集[M].云南:云南美术出版社.

钱旭潮,王龙,2021.市场营销管理——需求的创造与传递[M].北京:机械工业出版社.

王金清,2000.营销心理学[M].大连:东北财经大学出版社.

王力可,2010.顾客心理诱导术[M].北京:企业管理出版社.

余来文,甄英鹏,苏泽尉,等,2021.互联网思维——直播带货的运营法则[M].北京:企业管理出版社.

张蓓莉,2006.系统宝石学[M].北京:地质出版社.